OS DEUSES DO OLIMPO

Barbara Graziosi

OS DEUSES DO OLIMPO

Da Antiguidade aos Dias de Hoje, as Transformações dos Deuses Gregos ao Longo da História

Tradução
CLAUDIA GERPE DUARTE
EDUARDO GERPE DUARTE

Editora
Cultrix
SÃO PAULO

Título original: *The Gods of Olympus.*

Copyright © 2013 Barbara Graziosi.

Copyright da edição brasileira © 2016 Editora Pensamento-Cultrix Ltda.

Texto de acordo com as novas regras ortográficas da língua portuguesa.

1ª edição 2016.

Todos os direitos reservados. Nenhuma parte desta obra pode ser reproduzida ou usada de qualquer forma ou por qualquer meio, eletrônico ou mecânico, inclusive fotocópias, gravações ou sistema de armazenamento em banco de dados, sem permissão por escrito, exceto nos casos de trechos curtos citados em resenhas críticas ou artigos de revistas.

A Editora Cultrix não se responsabiliza por eventuais mudanças ocorridas nos endereços convencionais ou eletrônicos citados neste livro.

Editor: Adilson Silva Ramachandra
Editora de texto: Denise de Carvalho Rocha
Gerente editorial: Roseli de S. Ferraz
Preparação de originais: Alessandra Miranda de Sá
Produção editorial: Indiara Faria Kayo
Assistente de produção editorial: Brenda Narciso
Editoração eletrônica: Join Bureau
Revisão: Nilza Agua

Dados Internacionais de Catalogação na Publicação (CIP)
(Câmara Brasileira do Livro, SP, Brasil)

Graziosi, Barbara
  Os deuses do Olimpo : da Antiguidade aos dias de hoje, as transformações dos deuses gregos ao longo da história / Barbara Graziosi ; tradução Claudia Gerpe Duarte, Eduardo Gerpe Duarte. – São Paulo : Cultrix, 2016.

  Título original : The gods of Olympus
  Bibliografia
  ISBN 978-85-316-1348-7

  1. Civilização – Influências gregas 2. Deusas gregas 3. Deuses gregos 4. Mitologia I. Título.

16-00190   CDD-292.211

Índices para catálogo sistemático:
  1. Deuses gregos : Religião clássica 292.211
  2. Grécia : Deuses : Religião clássica 292.211

Direitos de tradução para o Brasil adquiridos com exclusividade pela EDITORA PENSAMENTO-CULTRIX LTDA., que se reserva a propriedade literária desta tradução.
Rua Dr. Mário Vicente, 368 — 04270-000 — São Paulo, SP
Fone: (11) 2066-9000 — Fax: (11) 2066-9008
http://www.editoracultrix.com.br
E-mail: atendimento@editoracultrix.com.br
Foi feito o depósito legal.

Para Johannes

SUMÁRIO

PREFÁCIO: Simônides era sábio 9

INTRODUÇÃO: Retrato de família 13

PARTE I   NASCIMENTO: A GRÉCIA ARCAICA 25
                1. À vontade na Grécia.. 27
                2. Visões épicas 39
                3. Opiniões críticas 53

PARTE II   DIÁLOGO: A ATENAS CLÁSSICA 63
                4. Educação para a Grécia 65
                5. Exílio e morte.. 77
                6. Ficções e fantasias.. 89

PARTE III   VIAGEM: O EGITO HELENÍSTICO 101
                7. Mais distante do que Dionísio 103
                8. Deuses mortos e planetas divinos.................... 115
                9. À vontade em Alexandria 127

PARTE IV   TRANSFERÊNCIA: O IMPÉRIO ROMANO......... 137
           10. As Musas em Roma 139
           11. Ancestrais, aliados e *alter egos* 151
           12. Os mutantes 161

PARTE V   DISFARCE: CRISTIANISMO E ISLAMISMO......... 171
           13. Humanos como vocês 173
           14. Demônios 183
           15. Roupa de saco e cimitarra 199

PARTE VI   RENASCIDO: A RENASCENÇA....................... 211
           16. Petrarca pinta os deuses.............................. 213
           17. Carnaval cosmopolitano de divindades............ 225
           18. Antigos deuses no Novo Mundo 239

EPÍLOGO: Cabeça de mármore... 249

APÊNDICE: Os doze deuses 261

LISTA DE ILUSTRAÇÕES 265

LEITURA ADICIONAL E NOTAS 269

AGRADECIMENTOS 293

PREFÁCIO

SIMÔNIDES ERA SÁBIO

ESTE LIVRO TRATA DA HISTÓRIA dos deuses do Olimpo – os mais incivilizados embaixadores da civilização clássica. Até mesmo na Antiguidade, dizia-se que os deuses eram cruéis, excessivamente interessados em sexo, loucos ou apenas tolos. No entanto, eles se revelaram vigorosos sobreviventes: os mais antigos textos e imagens com frequência os retratam como itinerantes, e eles conseguiram permanecer em movimento durante milhares de anos. Quando os gregos conquistaram o Egito, começaram a se parecer com faraós; quando os romanos conquistaram a Grécia, mesclaram-se às divindades locais de Roma; no cristianismo e no islamismo, continuaram a viver como demônios, metáforas, alegorias e princípios astrológicos; e, na Renascença, anunciaram uma nova crença na humanidade. Como muitos migrantes, adaptaram-se às novas circunstâncias, ao mesmo tempo que retinham a essência das suas distantes origens. Este livro narra as viagens e transformações dos deuses do Olimpo durante mais de dois milênios e ao longo de milhares de quilômetros. Ele abrange o intervalo entre a Antiguidade e a Renascença, porque é nesse período que os deuses do Olimpo fizeram sua jornada mais extraordinária – uma jornada que os transformou de objetos de culto religioso em símbolos da criatividade humana.

Certas histórias sobre a civilização clássica enfatizam as semelhanças entre a Antiguidade e a modernidade; outras insistem nas diferenças. Esta obra propõe uma abordagem diferente: em vez de oferecer comparações, concentra-se nos processos de transformação. Conta uma história heterogênea, com muitos personagens, lugares e encontros variados. Os deuses do Olimpo eram muito diversificados; para acompanhar a trajetória deles, precisamos combinar ideias de várias disciplinas acadêmicas, mas é proveitoso permanecer atento à vitalidade indisciplinada dos próprios deuses. Eles eram versáteis e tenazes, tendo conseguido captar a imaginação do mundo mesmo depois da morte de seus últimos adoradores.

Quando examino imparcialmente este projeto de escrever a respeito dos deuses, compreendo que ele possa parecer inadequado pelo menos sob dois pontos de vista. Os leitores contemporâneos, até mesmo aqueles com forte interesse na civilização clássica, não parecem se dedicar muito às divindades do Olimpo. Por outro lado, as pessoas de tempos mais antigos investiam tantos pensamentos e energia neles, que é quase impossível fazer justiça às suas ideias, concepções e experiências. Ao me ver diante da perspectiva de desapontar tanto meus interlocutores mais antigos quanto os modernos, meu instinto seria continuar a pesquisar indefinidamente os deuses do Olimpo, sem efetivamente escrever uma única palavra a respeito deles.

Existem, na realidade, bons precedentes para que eu fizesse exatamente isso. O orador romano Cícero, em seu estudo *Sobre a Natureza dos Deuses*, menciona o poeta grego mais antigo, Simônides, como seu modelo de vida ao lidar com os deuses. Esse Simônides se encontrou certa vez em uma difícil situação: o tirano de Siracusa perguntou a ele o que era um deus. Simônides implorou para que lhe fosse concedido um dia para pensar no assunto. Passado um dia, ele pediu dois, e depois quatro. Quando o assombrado tirano perguntou ao poeta o que ele estava fazendo, afinal, Simônides respondeu o seguinte: "Quanto mais tempo eu passo pensando no assunto, mais obscuro ele me parece".[1] Simônides foi um sábio, e compartilho de sua posição. Mas também compartilho da ideia de que os deuses vicejam no diálogo – que a personalidade, a aparência e o significado deles são definidos, e redefinidos, por pessoas que falam a seu respeito, tentando discernir também o que os outros dizem sobre o assunto. Como insinua Simônides, esse é um diálogo que dura mais que o tempo de vida de uma pessoa. Ela já prosseguiu durante milênios e envolveu gente dos mais diversos lugares. Tudo o que posso fazer é entrar no diálogo, oferecer minha perspectiva e, talvez, fazer uma sugestão: pensar a respeito da humanidade envolve pelo menos alguma reflexão sobre os deuses do Olimpo.

INTRODUÇÃO

RETRATO DE FAMÍLIA

O MUNDO DOS ANTIGOS GREGOS era repleto de divindades: ninfas habitavam vales e córregos, nereidas viviam nas profundezas do mar e sátiros perambulavam pelas florestas. Havia titãs, aprisionados nas entranhas da terra, harpias aladas e sereias... Era difícil controlar, ou até mesmo contar, essa profusão rebelde de deuses, mas os gregos acreditavam que todos estavam subordinados a Zeus, o deus supremo, e a seus parentes imediatos, que moravam com ele no Olimpo. Os doze deuses do Olimpo eram as divindades mais importantes da Grécia antiga, e podiam viajar para toda parte. As ninfas, as nereidas e os sátiros permaneciam confinados às suas paisagens natais, mas os deuses do Olimpo consideravam o mundo inteiro como sendo seu, exigindo adoração aonde quer que fossem: Homero, por exemplo, descreveu as viagens deles até a distante África e o norte da Europa. Em parte porque sempre foram considerados poderes universais, os deuses do Olimpo se revelaram interessantes para diversos povos.

Na Grécia antiga, a personalidade de cada deus emergia de várias fontes. Havia os cultos locais, com seus rituais específicos e atmosferas exclusivas; o nome divino dos deuses, que tinha várias explicações possíveis; histórias e poemas que as pessoas compartilhavam; e pinturas e esculturas que representavam os deuses, particularmente estátuas de culto abrigadas nos templos. Esses diferentes elementos se combinavam e recombinavam de distintas maneiras em todo o mundo grego: cultos semelhantes associados a deuses diferentes; poemas e mitos que viajavam mais rápido do que a adoção de novas práticas rituais; e imagens que transcendiam até mesmo as barreiras da linguagem. Tudo isso torna quase impossível apresentar descrições definitivas e universais dos doze deuses do Olimpo. É sempre necessário examinar detalhadamente textos específicos, objetos e lugares nos quais os deuses aparecem, e ter em mente que relacionamentos entre diferentes fontes e experiências estavam em constante modificação.

Como grupo de doze, os deuses do Olimpo foram reunidos principalmente na poesia e na arte. Zeus era o mais poderoso deles – mas não era todo-poderoso, uma vez que precisava e ansiava pela companhia da própria família. Por esse motivo, como todos os patriarcas, teve que se conformar com um meio-termo incômodo entre poder e conforto. Sentado no Monte Olimpo, governava o mundo inteiro, mas, na montanha sagrada propriamente dita, sua família constantemente debilitava a autoridade dele. Sua esposa, Hera, ressentia-se dos casos amorosos do marido, desafiando-o e, às vezes, até mesmo conseguindo induzi-lo a fazer o que ela queria; Posêidon, irmão de Zeus, exigia respeito; a irmã Ártemis lhe agradava a fim de conseguir presentes e promessas; o irmão Apolo o impressionava e inibia; e o pequeno Hermes o fazia rir, por mais desobediente que fosse. Ocasionalmente, Zeus fazia ameaças e trovejava para fazer lembrar à família que ele era o único governante do universo, mas essas explosões eram breves e inúteis, porque o próprio Zeus preferia as negociações da vida em família à solidão do poder absoluto. Depois de imensas brigas, os deuses faziam as pazes em uma grande refeição regada a néctar e ambrosia, implicavam uns com os outros, cantavam e riam juntos – até que Zeus e Hera, enfim reconciliados, retiravam-se para o seus aposentos.[1]

Uma maneira rápida de conhecer os membros dessa animada família é visitá-los em Londres, onde ainda são alvo de uma constante e dedicada atenção. Diariamente, centenas de pessoas caminham pela rua Great Russell, sobem as escadas do Museu Britânico, viram à esquerda depois da loja de *souvenires* e se encaminham diretamente para a principal parte da exibição, na Sala 18: os Mármores Elgin. Lá, os visitantes se veem diante

*1. Um desenho linear dos doze deuses do Olimpo no friso do Partenon.
Deslocando-nos do ritual no centro para a esquerda, vemos Zeus (1),
Hera com uma serva a postos (2), Ares (3), Deméter (4), Dionísio (5) e Hermes (6).
À direita da cena ritual, vemos Atena (7), Hefesto (8), Posêidon (9), Apolo (10),
Ártemis (11) e Afrodite com Eros entre os seus joelhos (12).
No centro da composição, adoradores oferecem um manto à deusa Atena.*

dos doze deuses do Olimpo, sentados nos respectivos tronos. O friso do Partenon, cujo *design* foi supervisionado por Fídias no século V a.C., representa os deuses cercados por um grandioso cortejo de cavalaria, carros de guerra, cidadãos idosos, músicos, mulheres, magistrados, bois e ovelhas. Trata-se de um ato comunal de devoção, que culmina na oferenda ritual de um manto à deusa Atena.[2] Hoje, esses antigos adoradores são cercados, um por um, por multidões de modernos admiradores, que também fazem fila, em reverência, diante dos deuses. O mais alarmante a respeito da cena no friso é que os deuses parecem completamente desinteressados pelos seres humanos que prestam tributo a eles. Nós os vemos de perfil, sentados no trono e conversando uns com os outros, enquanto no meio do grupo deles – ou, mais exatamente, diante do grupo, de acordo com as convenções da arte de Fídias – os adoradores realizam sua cerimônia. O friso narra uma história um tanto desanimadora a respeito do relacionamento entre deuses e mortais, porque Atena nem sequer repara na oferenda, limitando-se a continuar a conversa com Hefesto, que está à sua direita. No entanto, precisamente porque os deuses estão tão indiferentes ao que acontece no plano humano, temos a emocionante oportunidade de observá-los a nosso bel-prazer, descobrindo como interagem uns com os outros no Olimpo.

À esquerda da oferenda ritual, Zeus e Hera olham fixamente um para o outro. Hera segura seu véu nupcial, em um gesto que enfatiza o *status* de esposa de Zeus, pois ele evoca o principal momento da antiga cerimônia matrimonial ateniense, quando a noiva ergue o véu e revela o rosto para o marido. De acordo com os gregos, o equilíbrio de todo o universo repousa, de maneira inquietante, no casamento entre Zeus e Hera. Todos sabem que esses dois deuses têm um relacionamento difícil: Zeus é um adúltero inveterado, que seduz ou estupra deusas, mulheres e rapazes aonde quer que seu capricho o conduza; e as reações de Hera são alternadamente de resignação, ressentimento, fúria e dissimulação. Suas mudanças de humor encerram algo de malevolência e instabilidade, e Zeus percebe que não pode confiar nela – embora, às vezes, ela ainda assim consiga ludibriá-lo, em particular quando desempenha o papel de esposa encantadora, conseguindo o apoio de todos os membros da família do Olimpo. O único filho do casal é, apropriadamente, o deus Ares, uma personificação da guerra no que há de mais insensato. Ao lado de Hera, posta-se uma jovem serva, que olha para Ares com uma expressão coquete; o deus, contudo, está sentado de costas para ela, isolado e inquieto. Com as mãos em volta do joelho direito e os pés levantados do chão, ele parece prestes a se levantar e partir. Na realidade, tem poucos assuntos a tratar no Olimpo – isto é, a não ser quando consegue deslizar furtivamente para a cama da deusa do amor, Afrodite. Zeus considera o próprio filho, Ares, "o mais odioso dos deuses do Olimpo",[3] e mal pode esperar para vê-lo pelas costas.

À esquerda de Ares, uma deusa solitária e pesarosa está sentada com a mão no queixo, em uma postura de expectativa. Trata-se de Deméter, deusa da agricultura. Ela está ressentida com o irmão, Zeus, porque ele promoveu o casamento de sua encantadora filha Perséfone com Hades, o governante do Mundo Subterrâneo. Agora, Deméter aguarda pacientemente que a filha venha visitá-la, o que só acontece uma vez por ano, na primavera. Deméter sempre toma medidas para que a terra floresça a fim de dar as boas-vindas à filha quando esta enfim emerge do mundo sombrio de Hades. A tristeza de Deméter é a tristeza de muitas mães: as meninas se casavam cedo na Grécia clássica, por volta dos 14 ou 15 anos de idade, e geralmente com homens que tinham o dobro de sua idade.

A história da encantadora Perséfone e do repugnante Hades deve ter soado familiar para as pessoas da Antiguidade.[4] A angústia por causa da ausência da filha provoca uma cisão entre Deméter e Zeus. Ela visita apenas raramente a montanha sagrada, e sempre vai sozinha; Perséfone e Hades estão maculados pelo contato com os mortos e não têm um lugar no Olimpo. No friso do Partenon, Deméter segura na mão a tocha que usou para procurar Perséfone quando esta desapareceu no Mundo Subterrâneo, e que se tornou um símbolo de seus rituais secretos, os mistérios eleusinos, nos quais os atenienses aprendiam com Deméter e Perséfone a negociar os limiares da morte: os portões de Hades.

Um deus animado ergue uma taça de vinho à esquerda de Deméter. Trata-se de Dionísio, filho de Zeus e Sêmele, uma mortal que se incendiou ao se encontrar com Zeus e continuou a arder desde então. Por ser apenas semideus, Dionísio luta por reconhecimento, especialmente porque os adoradores não raro demoram um pouco para reconhecer seus poderes. Ele é o deus do sexo orgíaco e da embriaguez – experiências que fazem os meros mortais se sentirem divinos por um breve período, mas que não inspiram necessariamente respeito. Rapazes arrogantes às vezes tentam resistir a esse deus, abstendo-se de sexo e, assim, permanecendo castos, mas acabam destruídos pelo deus e seus seguidores. Existe uma incerteza com relação ao *status* de Dionísio no Olimpo: nem todos os gregos concordam com o fato de seu lugar ser entre os doze deuses principais. Alguns sugerem que Héracles tem mais direito, porque, embora também seja filho de Zeus com uma mortal, pelo menos concluiu doze trabalhos impossíveis, em vez de incentivar o comportamento ébrio, libidinoso e indisciplinado.

No friso, Dionísio se apoia no irmão favorito, Hermes, filho de Zeus com a deusa secundária Maia. Hermes, o deus mais jovem da família do Olimpo, comporta-se como uma criança rebelde: rouba, mente, faz travessuras, embora, no entanto, nunca seja castigado. Na realidade, é o despreocupado protetor dos impostores e ladrões – um objeto roubado é chamado de *hermaion* em grego antigo, uma "coisa de Hermes". Hermes é muito querido tanto pelos deuses do Olimpo quanto pelos que habitam o

Mundo Subterrâneo, e com frequência atua como intermediário entre essas diferentes esferas. Ele não sofre como Deméter, tampouco é aprisionado como Perséfone, cruzando com facilidade a fronteira entre os dois mundos, e de um modo ligeiro. Ele é o mediador de mensagens entre deuses e mortais, confiante em sua habilidade de superar todas as barreiras. Os intérpretes ficam sob sua proteção especial: comunicações bem-sucedidas de desconhecidos e inimigos, divindades e pessoas mortas são todas obras de Hermes. (Hoje em dia, o termo "hermenêutica" ainda presta um tributo aos poderes especiais de interpretação desse deus.) Todo mundo gosta de Hermes. No friso do Partenon, Dionísio se apoia nele com óbvia tranquilidade, enquanto o próprio Hermes está sentado no final da fileira de deuses, contemplando o cortejo ateniense. Situado entre deuses e mortais, encontra-se precisamente onde gosta de estar.

Do outro lado da oferenda, Atena vira as costas para o manto que se destina a lhe agradar. Sua atitude altiva e relaxada reflete a de Zeus, e, de fato, Atena e Zeus tendem a pensar da mesma maneira – o que, talvez, não seja de causar surpresa, já que ela nasceu literalmente da cabeça dele. Em vez de prestar atenção aos adoradores, Atena conversa com Hefesto, o deus das forjas e dos ofícios. Como dupla, os dois são o contraponto de Zeus e Hera no outro lado da composição. A correspondência não é apenas visual, mas também mitológica: assim como Zeus deu à luz Atena, Hera concebeu Hefesto sozinha. Alguns relatos dizem que, como Hera não usou o sêmen masculino, sua prole se revelou defeituosa e feia; outros sugerem que Zeus, enfurecido com a chegada de Hefesto, lançou-o para fora do Monte Olimpo, desfigurando-o para sempre. O mito grego é flexível, floreando diferentes histórias em torno da mesma essência básica: a imperfeição de Hefesto está de alguma maneira relacionada à sua concepção partenogênica. Assim como seu meio-irmão, Atena governa as artes e os ofícios: é responsável pela construção naval, pela fabricação dos carros de guerra, pela fiação da lã, pela tecelagem e outras atividades que requerem tecnologia e sofisticação. Até mesmo na guerra ela defende a tática e a disciplina, não tendo nem um pouco da raiva insana e assassina de Ares. É apropriado o fato de que Atena e Hefesto tenham sido os deuses protetores de Atenas, uma cidade progressista e voltada aos avanços tecnológicos.

2. Detalhe do friso do Partenon: Posêidon, Apolo e Ártemis.

Na realidade, os atenienses tinham um mito especial a respeito dessas duas divindades: diziam que Hefesto certa vez tentara estuprar Atena, mas havia ejaculado na coxa dela, e que seu sêmen — que fora atritado contra a terra onde caíra e misturado a ela — dera origem aos primeiros atenienses. O mito expressava o estreito relacionamento entre os atenienses e seus deuses protetores: Atena estava tão próxima de ser uma mãe para eles quanto uma virgem poderia sê-lo.

À direita de Atena e Hefesto, no friso do Partenon, encontra-se um deus barbado, de aparência severa: trata-se de Posêidon, outra importante divindade de Atenas. Ele tentou se tornar o patrono da cidade oferecendo seu cavalo aos atenienses, mas Atena o sobrepujou com a rédea e o carro de guerra. Ele ofereceu uma fonte de água salgada, porém, uma vez mais, ela o sobrepujou com a dádiva superior da oliveira. Enquanto Atena oferece recursos para domar a natureza e curvá-la às necessidades humanas, Posêidon é violento e rudimentar. Por ser irmão do próprio Zeus, e senhor do mar, trata-se de uma poderosa divindade, que precisa ser tratada com extremo respeito. As preces feitas a Posêidon tendem a expressar desejos envolvendo algo negativo: que ele não faça naufragar um navio ou que não cause um terremoto – ou que inflija essas coisas ao inimigo. Existe, em resumo, muito a se perder ficando do lado oposto ao de Posêidon. Sentado ao lado dele, seu sobrinho, Apolo, parece ter consciência disso: tem a aparência respeitosa de um jovem que recebe um sermão de um tio um tanto austero.

Apolo é o filho mais bonito e esplêndido de Zeus, mas não é um candidato viável para o cargo supremo por ser ilegítimo, não pertencendo, portanto, à prole de Hera, e sim da deusa secundária Leto, que viajou por todo o mar Egeu a fim de encontrar um lugar seguro onde pudesse dar à luz. Quase todas as localidades apresentavam muito temor da raiva de Hera, motivada por ciúme, para aceitar acolher a futura mãe de Apolo, mas, no final, a árida ilha de Delos lhe ofereceu abrigo. Apolo respeita o pai, tendo consciência de que nunca poderá sucedê-lo. Em vez disso, o que faz é atuar como seu porta-voz para as pessoas na terra: os profetas e as profecias estão sob sua proteção. Ele ama a beleza e a proporção, a música e a verdade. Sua irmã gêmea, sentada à sua direita, também ama a música e a dança, mas tem uma personalidade mais passional: Ártemis adora animais selvagens, a caça e atirar dardos com o arco. E odeia a ideia de ser subjugada por um homem; na realidade, Zeus, seu pai, concedeu-lhe a virgindade permanente. No friso do Partenon, ela usa o cabelo puxado para cima, como adequado a uma jovem, e puxa o manto para cobrir os seios, em um gesto que é ao mesmo tempo sensual e tímido. Afrodite, sentada a seu lado, pode ter ofuscado sua beleza, mas não podemos mais distinguir isso em detalhes ao ver o friso de Fídias, pois o tempo cuidou de erodir suas feições. Tudo o que sabemos é que está apontando para alguém no cortejo e tem o jovem Eros entre os joelhos. Sua linguagem corporal revela seu objetivo: os festivais religiosos estavam entre as poucas situações na antiga Atenas em que homens e mulheres não aparentados podiam se encontrar e passar algum tempo juntos. Os gregos devem ter sentido o efeito dessa liberação regular de Eros, por parte de Afrodite, entre os adoradores na vida real, assim como ela parece pronta a fazer o mesmo no friso do Partenon.

O Partenon coloca diante dos espectadores um conjunto de personagens que são instantaneamente reconhecíveis: marido e mulher presos em um casamento destrutivo, um rapaz inquieto, uma mãe que sente falta da filha casada, um tio barbado que dá conselhos ao sobrinho, uma jovem que de súbito toma consciência de que seus seios estão em desenvolvimento. Em certo nível, os deuses gregos são familiares porque são, tão somente, uma família. Mas também são familiares por outra razão: têm sido uma presença constante na história humana, desde a Antiguidade até o presente. Quando Roma conquistou a Grécia, eles adquiriram novos nomes, mas conservaram suas características peculiares. E, apesar de todos os disfarces subsequentes, ainda são reconhecíveis hoje em dia.

Assim como os deuses que ele retrata, o próprio Partenon mudou de identidade várias vezes no curso de sua história. Foi construído por volta de 440-430 a.C., no auge da autoconfiança e do poder atenienses. Cerca de quatro décadas antes, os gregos haviam derrotado os persas, contrariando todas as probabilidades; as grandes batalhas das Guerras Persas – Maratona, Termópilas, Salamina e Plateia – provaram que os gregos, embora numericamente inferiores e politicamente divididos, eram capazes de resistir ao maior império de sua época. No entanto, antes de se retirar, os persas tinham infligido um dano considerável aos gregos. Em 480 a.C., tinham tomado e incendiado Atenas, destruindo seu mais importante monumento: o templo de Atenas no alto da acrópole. O Partenon substituiu esse templo mais antigo, sendo concebido como símbolo supremo do orgulho ateniense. Atena *Parthenos*, "a Virgem", era a deusa protetora do templo e da cidade, e não seria derrotada.

O cortejo no friso espelhava o efetivo cortejo que os atenienses faziam em homenagem à sua deusa protetora no festival mais importante da cidade. Em todo mês de julho, eles se reuniam e faziam fila em ordem ritual a partir dos portões da cidade, passavam pela praça principal e seguiam em direção à acrópole, onde paravam perto do Partenon. À frente do cortejo, uma menina oferecia a Atena um intricado manto tecido por seis mulheres que haviam sido especialmente designadas para a tarefa. Depois, os atenienses faziam um sacrifício – o ritual mais importante da antiga religião. Matavam animais, ofereciam os ossos e a gordura aos deuses, assavam a carne e a comiam em um grandioso banquete comunal. Tendo em vista que era difícil conservar a comida na Antiguidade, os festivais religiosos eram a ocasião ideal para consumir uma grande quantidade de carne enquanto ela ainda estava fresca. (O dramaturgo cômico Aristófanes associava o festival de Atena, sobretudo, a indigestão.) Durante muitos séculos, o cortejo de pessoas e animais entalhado no friso do Partenon correspondeu à *performance* ritual realizada diante dele: os atenienses adoravam sua deusa protetora no templo deles e se reconheciam em suas esculturas. Depois, no século V d.C., mil anos após o Partenon ter sido construído, ele foi convertido em uma igreja – uma igreja dedicada a outro *parthenos*: a Virgem Maria. Ainda assim, os deuses do Olimpo sobreviveram intactos, observando os novos rituais com seu olhar imortal. Outro milênio se passou, e presenciaram uma nova mudança: no início da década de 1460, os otomanos converteram a igreja em uma mesquita completa, inclusive com minarete. Uma vez mais, os deuses no friso não sofreram nenhum dano.

O verdadeiro perigo para eles apresentou-se em 1687, quando os venezianos sitiaram Atenas e bombardearam a mesquita do Partenon. Os otomanos haviam armazenado explosivos lá durante o sítio, de modo que o prédio se incendiou com rapidez. O fato de os venezianos terem explodido o Partenon depois da Renascença italiana exemplifica uma simples verdade: as prioridades dos soldados e dos políticos não são as mesmas dos eruditos e dos artistas. No entanto, os ideais da Renascença não morreram debaixo do fogo de artilharia veneziano. O general Francesco Morosini admirava – e saqueou – fragmentos das esculturas que acabara de destruir. Mais de um século depois, em 1806, lorde Elgin seguiu o exemplo dele: removeu todos os fragmentos do Partenon que conseguiu encontrar e vendeu-os para o Museu Britânico. E eles ainda estão lá – talvez não para sempre. O governo grego exige com urgência a devolução dos chamados Mármores Elgin para Atenas, onde um novo museu está pronto para abrigá-los. A atual controvérsia em torno da devolução das esculturas do Partenon é complexa. Ela envolve pareceres a respeito da integridade artística, da soberania nacional e – por fim e igualmente importante – das receitas turísticas, porque os visitantes com certeza seguirão as pegadas dos antigos deuses. Mas, sobretudo, a controvérsia revela uma verdade mais profunda: os deuses do Olimpo estão em casa, a essa altura, tanto em Londres quanto em Atenas, e, na verdade, também o estariam em diversos outros lugares.

Parte I

Nascimento: A Grécia Arcaica

Como surgiram os deuses, como se tornaram personagens singulares, colonizaram o Olimpo e formaram uma família: as respostas a essas perguntas podem ser encontradas ao se recuar até a época das primeiras migrações para a península grega, dos primeiros vestígios de cultos e das grandes civilizações da Idade do Bronze. E, depois disso, podem ser encontradas na Grécia arcaica, onde alguma coisa aconteceu entre os séculos VIII e VI a.C. Foi nessa época que os primeiros templos foram construídos, os primeiros cultos se deram neles, e Homero e Hesíodo definiram para os gregos quem eram os principais deuses, como tinham nascido e como se comportavam no Olimpo.

Homero e Hesíodo eram considerados grandes autoridades na questão dos deuses, embora nunca tenham deixado de ser questionados. Na realidade, tão logo seus poemas começaram a circular no mundo grego, as pessoas expressaram dúvidas a respeito de suas afirmações teológicas. Mesmo com a dádiva da imortalidade, os deuses dos poemas épicos pareciam excessivamente humanos e gregos demais para merecer respeito como forças de poder universal. As estátuas de culto abrigadas nos templos eram vulneráveis a objeções semelhantes. Críticos radicais dos primeiros tempos questionavam a visão antropomórfica dos poetas e artistas, inaugurando com isso uma longa tradição de debate — um debate que envolvia não apenas a natureza dos deuses, mas também a interpretação da poesia e da arte.

1

À VONTADE NA GRÉCIA

ELEVADO, VASTO E COBERTO DE NEVE grande parte do ano, o Monte Olimpo se ergue sozinho, completamente visível de todos os lados. Domina a paisagem por quilômetros a seu redor; seus picos deslumbrantes parecem particularmente desarmônicos quando avistados das planícies quentes e baixas à sua volta. Quando vista do mar, a montanha às vezes parece uma nuvem (veja a gravura 1).

Na Antiguidade, o Monte Olimpo era um local bastante isolado. As pessoas tinham poucos motivos para se aproximar dele, e nenhum incentivo para escalá-lo, mas podiam vê-lo – e, por sua vez, sentiam-se observadas também. Os gregos achavam que os deuses viviam entre os picos da montanha e observavam o que acontecia lá embaixo. Os poetas disseminaram essa ideia. Homero descreveu o Monte Olimpo com precisão, mencionando seus "numerosos picos", "neve abundante" e "declives", dando uma indicação exata de onde estava. Ao mesmo tempo, sugeriu que essa residência mítica dos deuses não era bem como parecia: "O Olimpo nunca é açoitado pelo vento, atingido pela chuva ou coberto pela neve; um éter destituído de nuvens se espalha ao redor dele, sendo envolvido por uma aura brilhante".[1] Desse modo, o Olimpo era simultaneamente um ponto de referência particular e um lugar na mente. As comunidades gregas podiam ver a montanha, concordar a respeito de sua condição sagrada e se sentir unidas pela sensação compartilhada causada pela paisagem; mas também eram lembradas dos deuses que não viviam no nosso mundo e nunca estavam sujeitos às afrontas do mau tempo.

Não está claro quando a montanha foi associada pela primeira vez aos deuses. Nos poemas de Homero, as divindades mais importantes são explicitamente chamadas de "olímpicas", mas ele não foi necessariamente a primeira pessoa a colocá-las na montanha sagrada. A *Ilíada* e a *Odisseia*, na forma em que as temos, datam do período arcaico (aproximadamente do VIII ao VI séculos a.C.), e a península grega foi povoada muito antes disso. Podemos reconstruir, em bases linguísticas, que os gregos eram descendentes de falantes de uma linguagem relacionada tanto com o sânscrito e o latim quanto com grupos linguísticos germânicos, eslavos e outros, sendo convencionalmente chamada de "indo-europeia". Migrando da Ásia central, os falantes indo-europeus, de modo gradual, fixaram-se na Europa, introduzindo ideias sobre os deuses amplamente compartilhadas. Portanto, por exemplo, o Zeus grego está relacionado com o sanscrítico Dyáus Pitār: ambos são versões do mesmo deus supremo, governante do céu. Não é de causar surpresa que, na Grécia, esse deus indo-europeu tenha se fixado no Monte Olimpo, o ponto de referência terrestre mais elevado da região. Mais difícil é definir exatamente quando isso aconteceu. Para responder a essa questão, é preciso datar as migrações indo-europeias e investigar as origens da epopeia homérica – ambos os quais temas bastante polêmicos.

Esplêndidas civilizações já floresciam na Grécia por volta de 2000 a.C., mais de mil anos antes da época de Homero: ruínas monumentais em Micenas, Tirinto e Pilos são testemunha disso. No século XII a.C., contudo, essas civilizações sofreram um colapso. Seguiu-se um longo período de declínio, em geral chamado de "Idade das Trevas". Foi somente no século VIII a.C. que as pessoas que moravam na Grécia assistiram a um novo florescer: os dois séculos seguintes se caracterizaram por um acentuado aumento da população, pelo surgimento da cidade-estado (*polis*), pela construção dos primeiros templos e estátuas de culto aos deuses, pela expansão das viagens e do comércio, pela fundação de novas colônias, pela reintrodução da escrita (um conhecimento que se perdera durante a Idade das Trevas) e pela fenomenal propagação da poesia épica. Os eruditos costumavam pensar que a Idade das Trevas correspondia à chegada das tribos indo-europeias provenientes da Ásia. As impressionantes ruínas arqueológicas de Micenas e de outros lugares eram consideradas como anteriores a essa migração, não tendo portanto nada a ver com Zeus e o restante do panteão indo-europeu. Acreditava-se que as numerosas tabuinhas escritas encontradas em sítios arqueológicos micênicos registravam uma linguagem que não tinha nenhuma relação com o grego, sendo talvez uma forma primitiva de etrusco. Essa teoria desmoronou de maneira espetacular na década de 1950, quando Michael Ventris e John Chadwick (que tinha trabalhado como criptoanalista na Segunda Guerra Mundial) conseguiram decifrar a Linear B: a escrita das tabuinhas micênicas. Para assombro generalizado, eles provaram que as tabuinhas na realidade registravam uma forma primitiva de grego.[2] Esse fato deixou claro que indo-europeus já viviam na Grécia muito antes da Idade das Trevas, sugerindo que adoravam essencialmente os mesmos deuses que as comunidades gregas posteriores, embora não tivessem templos que abrigassem estátuas de culto. Os arqueólogos tinham, era óbvio, datado equivocadamente a migração indo-europeia com base no registro material. Agora, os classicistas esperavam encontrar alguns fragmentos de poesia grega entre as tabuinhas escritas em Linear B, talvez versões primitivas dos poemas épicos de Homero que descrevessem o panteão olímpico. Na realidade, não descobriram nada desse tipo: no material imperecível, a escrita Linear B era usada exclusivamente para listas e inventários práticos. O Monte Olimpo nunca foi mencionado nas tabuinhas, e tampouco o foram histórias a respeito dos deuses. Ainda assim, até mesmo os documentos frios da burocracia micênica revelaram alguns fatos surpreendentes, ao registrar sacrifícios e outras oferendas a deuses específicos, por exemplo.

Tabuinhas de Pilos e Creta indicam, por exemplo, que Dionísio já era conhecido no segundo milênio a.C. Homero mal o mencionou, e textos gregos posteriores o apresentaram como um recém-chegado à Grécia, uma recente "importação" do Oriente decadente – mas este evidentemente não era o caso. Hoje sabemos que Dionísio foi sempre considerado um deus "novo" e subversivo, necessitado de reconhecimento, não importa quanto tempo já tivesse sido efetivamente adorado na Grécia.[3] Em resumo, sua juventude e exotismo são uma questão de personalidade, e não de idade. Homero deve ter mantido Dionísio fora do Olimpo não porque mal conhecesse esse deus, como se supunha, mas por estar excessivamente consciente de suas características: Dionísio teria estragado a festa no Olimpo com seus excessos ébrios. As tabuinhas em Linear B também produziram outras surpresas: o deus Apolo, por exemplo, era aparentemente desconhecido dos micênicos. Esse deus, que é "o mais grego dos deuses", como o chamou um famoso helenista, sendo um modelo de beleza e proporção, era na verdade um acréscimo tardio ao panteão grego, não tendo nenhuma credencial indo-europeia óbvia, e sendo sua influência, pelo menos parcialmente, semítica.[4] O deus canaanita Resheph foi identificado com Apolo bem prontamente em sua história.[5]

Havia também algumas diferenças entre os retratos micênicos dos deuses e a posterior aparência deles na Grécia arcaica – embora existissem também nítidas conexões bem como ecos sugestivos de antigos rituais micênicos na poesia homérica. Na Odisseia, por exemplo, Posêidon recebe uma devoção especial em Pilos, no Peloponeso, e é precisamente nesse lugar que as tabuinhas em Linear B que dizem respeito a seu culto foram encontradas. Do mesmo modo, Homero, em suas obras, diz que Hera tem "olhos de vaca", e as tabuinhas em Linear B revelam que ela havia recebido fartos sacrifícios de gado de adoradores micênicos, mais fartos até mesmo do que os oferecidos a Zeus. Talvez os primeiros falantes do grego tivessem olhado bem nos olhos de suas vítimas sacrificiais e visto nelas uma sombra da deusa. A impressão deles foi então passada adiante por meio das fórmulas do ritual e da linguagem poética: *Hera de olhos de vaca* tornou-se uma frase homérica padrão. Além dessas associações poéticas, havia também um aspecto inteiramente sólido de continuidade entre as civilizações da Idade do Bronze e a Grécia arcaica: as construções. No período arcaico, as pessoas ainda podiam ver as ruínas de esplêndidas fortificações em Micenas, Pilos e – o mais importante – Troia, na costa da Turquia, uma cidade que um dia fora um protetorado hitita. Os gregos teciam histórias em torno dessas ruínas, imaginando os grandes heróis que um dia teriam vivido e morrido ali. No caso de ruínas particularmente impressionantes, como os muros de Troia, chegou-se a sugerir que os próprios deuses os tivessem construído.

Uma das características mais extraordinárias da poesia grega é como ela, de maneira insistente e precisa, coloca suas narrativas de deuses e heróis no cenário do mar Egeu. Era como se, na repentina explosão das viagens e do comércio, que caracterizou o período arcaico, as pessoas quisessem permutar histórias não apenas sobre seus deuses, mas também a respeito dos pontos de referência, das ruínas e rotas de navegação. Homero descreveu todo o Egeu oriental, mencionando centenas de nomes de lugares, em um volumoso Catálogo de Navios no segundo livro da *Ilíada*. Hesíodo, na sua *Teogonia*, revelou como os deuses nasceram, colocando-os simultaneamente em um mapa. Zeus havia crescido em Creta, afirmava; Afrodite saíra das ondas próximo ao Chipre. Além de ouvir poemas a respeito de viagens divinas, os próprios gregos estavam cada vez mais preparados para viajar a fim de adorar os deuses. De acordo com fontes da Antiguidade, a primeira Olimpíada ocorreu em 776 a.C.: atletas, dançarinos, poetas e músicos de diversas cidades-estado se reuniram para competir uns com os outros na pequena aldeia de Olímpia, que provavelmente recebeu esse nome em homenagem à residência de Zeus. Os jogos foram organizados precisamente como um espetáculo para Zeus, mas também atraíram entusiásticas multidões humanas. Mais ou menos na mesma época, o oráculo de Delfos foi aberto ao público, proferindo as profecias de Apolo para todos os que faziam a viagem até lá. Logo, Delfos também começou a sediar competições de atletismo e poesia, a fim de garantir que Apolo não ficasse sem as celebrações de que seu pai desfrutava em outros lugares. Cruzando o Egeu de um lado para o outro tanto com a poesia quanto com veleiros, os gregos tomaram posse da paisagem e colocaram nela os seus deuses.

O *Hino Homérico a Apolo*, um belo poema arcaico que conta a história da busca de Leto por um lugar para dar à luz, ilustra o processo. Depois de nove dias de viagem em trabalho de parto, Leto finalmente dá à luz Apolo e Ártemis na árida ilha de Delos, agarrando-se a uma palmeira. Um santuário é construído perto da palmeira sagrada, e adoradores começam a visitar a ilha, levando oferendas e presentes. Recompensada pela bondade para com a deusa grávida, conta-se que Delos se torna rica, apesar de seu solo rochoso. Na verdade, na Antiguidade, Delos atraía peregrinos e adoradores de toda parte. A ilha define um padrão para o culto de Apolo: quando o deus cresce, prossegue o *Hino*, ele viaja para outro lugar intimidante: "um despenhadeiro que se projeta Monte Parnaso abaixo, em uma clareira acidentada". Lá, em Delfos, Apolo derrota um monstro com aparência de serpente chamado Píton e decide construir um segundo templo para si mesmo, onde irá proferir oráculos para os mortais que fizerem perguntas.

O poema nos diz que Apolo precisa de sacerdotes para o seu inóspito santuário em Delfos e, enquanto avalia o problema, "conscientiza-se de um rápido navio no mar escuro como o vinho", navegando a centenas de quilômetros de distância entre Cnossos e Pilos. Decidindo transformar a tripulação cretense em sacerdotes, ele se transforma em um golfinho e salta no navio, balançando-o terrivelmente enquanto os marinheiros cretenses se esforçam, em vão, para capturá-lo e jogá-lo no mar. Apavorados, seguem navegando e passam por Pilos – o destino deles –, rumando para o norte e alcançando Elis, até que o vento altera o curso deles para o leste, em direção ao golfo de Corinto, e enfim encalham em Krisa, perto da Itea moderna. Lá, Apolo, de repente, revela-se em uma chuva de centelhas: diz aos marinheiros cretenses que eles precisam abandonar sua ocupação, subir a montanha que assoma sobre a costa e cuidar de seu recém-fundado santuário. Acrescenta que eles terão uma boa vida, apesar da localidade pouco promissora, porque os peregrinos fornecerão um suprimento constante de presentes.

Pelo visto, os sacerdotes que efetivamente trabalhavam no santuário em Delfos de fato afirmavam ser de descendência cretense, justificando a vida a centenas de quilômetros do lar ancestral ao contar a história de Apolo, o golfinho. Por mais estranha que a história deles possa parecer, ela conquistou o espírito da época. Todos estavam em atividade no período arcaico: o comércio floresceu, novas cidades foram fundadas e o culto comunal se tornou arte de uma economia em rápida expansão. O *Hino Homérico a Apolo* menciona um grande número de lugares quando descreve as jornadas dos marinheiros cretenses, de Apolo e da sua mãe Leto, oferecendo

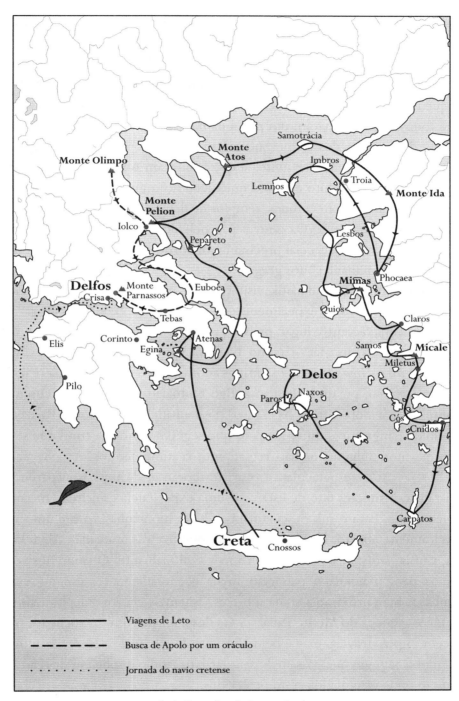

3. As Jornadas de Leto e Apolo.

assim uma turnê virtual do universo da Grécia antiga (veja o mapa na p. 33). Os leitores modernos provavelmente vão se esforçar para localizar todos os antigos topônimos, ficando com isso facilmente entediados; no entanto, as audiências gregas arcaicas devem ter se sentido emocionadas, já que reconheciam suas cidades e paisagens natais, compreendendo assim que todos desempenhavam um papel na biografia do deus. Foi por intermédio de histórias desse tipo que os grecófonos começaram a entender que deveriam permanecer juntos e que habitavam o mesmo mundo. No século V a.C., Heródoto afirmou que a condição grega era uma questão de "sangue e linguagem comuns, templos de deuses compartilhados, rituais e hábitos semelhantes".[6] Os centros pan-helênicos de culto, como Delfos, eram de importância crucial precisamente porque ajudaram a estabelecer os "hábitos semelhantes" dos gregos.

Para os turistas modernos, visitar Delfos continua a ser uma das maneiras mais eficazes de experimentar essa sensação de "condição grega", a ancestral conexão entre lugar, poesia e religião. O ideal é se aproximar do santuário vindo do mar — como fizeram Apolo e seus sacerdotes, de acordo com o *Hino*, e como os antigos adoradores o fazem na vida real. A partir da costa, perto de Itea, o antigo santuário parece um minúsculo ponto de mármore contra os escuros despenhadeiros do Monte Parnaso. A subida é íngreme e difícil, mas os que seguem a estrada rural que serpenteia montanha acima são regiamente recompensados. Ao chegar a Delfos, a vista é espetacular, e o ar, revigorante, de uma transparência cristalina; o simples fato de estar lá é uma experiência espiritual, mesmo hoje em dia. Para o sul, descortinam-se belas montanhas azuis e um vale inteiramente aberto, repleto de um mar de oliveiras prateadas. Além delas, cintila, à distância, o verdadeiro mar azul brilhante. Quando nos voltamos para o norte, a paisagem muda acentuadamente: um íngreme penhasco bem próximo assoma sobre os visitantes, e além dele erguem-se os picos gêmeos do Monte Parnaso. Os despenhadeiros e os rochedos parecem impenetráveis, mas é bem ali que começa o *Hierā Hodos*, o antigo Caminho Sagrado que passa pelo santuário de Apolo e sobe em direção ao templo onde os oráculos eram proferidos.

O complexo do santuário é construído sobre terraços estreitos escavados na íngreme encosta da montanha, explorando ao máximo o pequeno espaço. Dentro do santuário, o Caminho Sagrado sobe, prescrevendo duas curvas muito acentuadas. As ruínas de edificações elaboradas o comprimem de ambos os lados, de modo que os visitantes se veem constantemente diante de vistas inesperadas. Isso deve ter sido ainda mais real nos tempos antigos, quando estruturas intactas deviam obstruir a visão geral do santuário. Aglomeradas em volta da entrada, houve um dia muitas estátuas de tamanho natural sobre pedestais, comemorando guerras entre cidades-estado gregas – a vitória de Tegea sobre Esparta, por exemplo, e a vitória de Esparta sobre Atenas. Algumas estátuas também celebravam atividades pacíficas: os habitantes de Corfu, por exemplo, instalaram um grande touro de bronze em agradecimento a uma pesca extraordinária de atum. Depois das estátuas, um pouco mais acima, o Caminho Sagrado era ladeado por pequenos santuários, do tamanho de um pequeno quarto, ou "tesouros", construídos por cidades-estado individuais para abrigar oferendas votivas a Apolo. Houve, certa vez, trinta ou mais tesouros e, a julgar pelos mais bem conservados, eles eram requintados. Os atenienses construíram o seu em um dos melhores locais, um pequeno terraço triangular logo depois da primeira curva acentuada: estava situado diagonalmente em relação ao caminho, exibindo tanto a lateral quanto a frente para todos os que subiam, e também apresentando uma visão impressionante para os que desciam. O tesouro era construído inteiramente de mármore de Paros, contornado por um belo friso. Os atenienses supostamente tentavam sobrepujar o intricado tesouro construído um pouco mais abaixo pelo povo de Sifnos, mas não fica claro se conseguiram seu intento: é difícil superar o santuário de Sifnos, com suas duas mulheres belamente esculpidas segurando o teto como se fossem colunas. Os tesouros exemplificavam a postura competitiva das antigas cidades-estado gregas, mas também revelavam um senso de propósito comum, mostrando que todas as cidades e comunidades prestavam tributo a Apolo. Fazia sentido para as cidades-estado gregas esbanjar nos tesouros em Delfos os melhores trabalhos artísticos e materiais com que pudessem arcar, já que as edificações anunciavam sua devoção, riqueza e realizações para os numerosos peregrinos e diplomatas que viajavam para o oráculo de Apolo, provenientes de todos os cantos do mundo grego – e, na verdade, ainda de mais longe.[7] À medida que os visitantes subiam o Caminho Sagrado em direção ao templo de Apolo, passavam, essencialmente, por uma versão em pequena escala da Grécia, cidade-estado por cidade-estado. A experiência do turista moderno é, pelo menos nesse aspecto, não muito diferente: uma visita a Delfos, com seus tesouros aninhados em um único lugar, ainda oferece uma visão geral privilegiada do antigo mundo grego.

Depois da segunda curva acentuada, o Caminho Sagrado conduz ao templo principal, em cuja fachada estava esculpida a chegada de Apolo a Delfos. A imagem recordava a história contada no *Hino Homérico a Apolo*, espelhando a viagem dos peregrinos ao santuário: a jornada de Apolo era a mesma de seus sacerdotes e adoradores. Foi no templo, nesse ponto de convergência e chegada, que se deram conversas significativas: Apolo, por meio dos pronunciamentos da Pítia, sua venerável sacerdotisa, respondia às perguntas que os visitantes lhe faziam. Os peregrinos faziam indagações a respeito das coisas que mais lhes interessavam, como questões de paternidade e infertilidade (que parecem ter sido especialmente frequentes), o resultado de guerras e a possibilidade de povoar novas terras. A Pítia oferecia respostas fidedignas, porém um tanto obscuras, e vários outros sacerdotes estavam próximos e dispostos a interpretar os pronunciamentos dela mediante uma remuneração. Os peregrinos não raro seguiam refletindo sobre as respostas de Apolo, e consultavam outros especialistas ao voltar para casa. Depois desse longo processo de consultas e interpretações, as revelações de Apolo geralmente se cristalizavam em linhas de versos hexâmetros, sempre se verificando verdadeiras – mesmo quando a interpretação correta, às vezes, emergia apenas após os eventos relevantes terem acontecido.

Os eventos em Delfos podem parecer completamente desconcertantes de uma perspectiva moderna: é difícil entender por que os gregos se esforçavam tanto para atravessar o mar e subir uma montanha a fim de obter algum tipo de resposta confusa. No entanto, desconfio de que a visita a Delfos pudesse de fato oferecer uma ajuda concreta, pelo menos de duas maneiras. Em primeiro lugar, como o oráculo só ficava aberto para consultas durante um breve período no verão (acreditava-se que Apolo passasse o resto do ano no extremo norte da Europa), aqueles que queriam fazer perguntas ao deus em geral tinham que esperar: de modo crucial, o processo desacelerava as coisas e dava tempo às pessoas para examinar suas decisões. Levar tempo refletindo sobre questões importantes devia ajudar, não importa o que a Pítia efetivamente tivesse dito. Uma visita a Delfos também incentivava as pessoas a colocar seus problemas em perspectiva. Enquanto galgavam o Caminho Sagrado, passando por todas as oferendas votivas e tesouros, é provável que compreendessem que muitas outras pessoas, provenientes de diferentes partes do mundo, também tinham pedido ajuda a Apolo da mesma maneira. Quando os visitantes chegavam ao templo, uma inscrição lhes dava um conselho: "Conhece a Ti Mesmo". Eles eram convidados a refletir sobre a diferença entre eles mesmos e o deus Apolo, mas também eram obrigados a apreciar a própria semelhança com todos os outros mortais comuns que haviam se visto diante daquela injunção. Uma consulta em Delfos oferecia as vantagens do tempo e da perspectiva, portanto, sugerindo a todos os gregos que deveriam permanecer em união.

Era em centros pan-helênicos de culto como Delfos que a personalidade dos deuses foi se incrustando na memória coletiva dos gregos. Os visitantes ouviam as mesmas histórias, escutavam os mesmos poemas, viam as mesmas esculturas e passavam pelas mesmas experiências em Delfos; por conseguinte, passavam a se sentir da mesma maneira a respeito de Apolo. Do mesmo modo, em Olímpia, visitantes de diferentes cidades-estado assistiam aos mesmos jogos em homenagem a Zeus, sentindo que o deus os observava enquanto se reuniam e competiam naquele lugar particular de devoção. No período arcaico, a mitologia grega se desenvolveu como forma de entretenimento, tanto para deuses quanto para mortais, em reuniões religiosas. Ela era altamente criativa, mas também enraizada em uma paisagem muito real – a paisagem dominada pelo Monte Olimpo e seus deuses.

2

VISÕES ÉPICAS

ACREDITAVA-SE QUE HOMERO E HESÍODO tinham a habilidade especial de ver e descrever os deuses: de acordo com Heródoto, foram esses dois poetas "que revelaram pela primeira vez aos gregos como os deuses tinham nascido, como se chamavam, que honras e poderes desfrutavam, e qual era a aparência deles".[8] Essa tarefa, contudo, estava longe de ser simples. Por exemplo, quando Hesíodo decidiu compor seu grande poema a respeito das origens dos deuses, a *Teogonia*, teve muita dificuldade para decidir por onde começar. Ele sabia que, por ser um poeta épico, precisava iniciar com as Musas, pedindo-lhes informações – mas as Musas, filhas de Zeus e Memória [Mnemósina], eram deusas um tanto recentes, e ele queria falar sobre uma época anterior, uma época anterior até mesmo a Zeus, uma época anterior ao início de tudo. Por fim, optou por um meio-termo, oferecendo vários falsos começos. A *Teogonia* começa com uma invocação adequada às Musas, e Hesíodo acrescenta de imediato que essas deusas podem cantar não apenas a respeito de Zeus, Hera, Atena, Apolo, Ártemis e outros deuses do Olimpo, mas também sobre divindades anteriores: "Cronos, o ardiloso conselheiro, Alvorada, o Sol, a Lua brilhante, a Terra, o grande Oceano e a Noite escura".[9] Tendo estabelecido a capacidade das Musas de reconstituir as genealogias dos deuses no tempo, Hesíodo recomeça, narrando como ele próprio conheceu as deusas da poesia. As Musas se aproximaram dele enquanto cuidava de carneiros no Monte Helicão, diz ele, e foram bastante rudes com relação a seu trabalho. Chamaram todos os pastores de "criaturas desprezíveis, desavergonhadas, meros ventres!"[10] Elas propuseram então uma nova profissão para Hesíodo, caçoando um pouco mais dele: poderiam transformá-lo em poeta, afirmaram, porque sabiam como cantar mentiras que soavam como verdades. No final, decidiram contar a Hesíodo "coisas verdadeiras" a respeito dos deuses – de modo que ele as recompensou recomeçando seu poema, pela terceira vez, com um hino em homenagem a elas. Ele agora cantava a respeito do nascimento das Musas em uma ilha remota "nos vales estreitos e profundos de Eleutério", revelando como haviam galgado, pela primeira vez, o Monte Olimpo, deleitando enormemente o pai com seu canto e sua dança. E esse foi o conteúdo de seu primeiro canto: como a Terra fez sexo pela primeira vez com o Céu, dando origem à genealogia dos deuses, e como o próprio Zeus nasceu e se tornou governante, depois de derrotar o pai Cronos, filho da Terra com o Céu. A sequência de abertura na *Teogonia*, com os elaborados cantos dentro de um canto, estabeleceu a base da autoridade de Hesíodo: as Musas podiam narrar as origens dos deuses desde o início, e Hesíodo também podia, porque era amigo delas; ele as conhecera no Monte Helicão. As Musas deleitaram Zeus com seu canto, e o poema de Hesíodo também deleitaria o deus supremo – porque dava expressão ao canto delas.

Depois de todos esses preâmbulos, a *Teogonia* principia, com seriedade, pelo início de tudo, *ex archēs*.[11] E no início a Terra emerge do *caos*, uma palavra que provavelmente significa "vazio aberto" no poema de Hesíodo. Depois, a Terra dá à luz o tempo, na forma dos gêmeos Noite e Dia, e ao espaço: Céu, Oceano, Montanhas, Vales, Mares e Ilhas descendem dela. Logo, o Céu se torna amante da Terra, o que resulta na sua ruína. O Céu é um parceiro ciumento – ressente-se da capacidade da Terra de poder gerar sozinha – e um pai abominável, receoso de que os próprios filhos se tornem mais fortes do que ele quando crescerem. Por conseguinte, tenta manter sua prole comprimida dentro do corpo da Terra, obstruindo o processo de nascimento. Diante disso, a Terra planeja sua vingança: arma seu filho Cronos com uma foice enquanto ainda está dentro dela, e,

4. Cronos foi enganado e induzido a engolir uma pedra em vez de seu filho Zeus. Ele acabou vomitando essa pedra, que aterrissou em Delfos, onde acreditava-se ter ela marcado o "umbigo da terra". Esse omphalos, ou "umbigo", data do período Helenístico e está decorado com cordões umbilicais. Ele é hoje conservado no Museu Arqueológico em Delfos, enquanto uma pedra cônica comum marca o lugar dele no santuário propriamente dito.

quando o Céu se aproxima da Terra, "estendendo-se sobre ela, exigindo sexo",[12] Cronos sai do corpo da mãe e castra o pai. Os órgãos genitais do Céu caem no mar, flutuam até a ilha de Chipre, e deles nasce Afrodite. (Veja, na gravura 6, uma antiga representação desse nascimento.)

Cronos substitui então o pai como governante do universo e, por sua vez, começa imediatamente a conspirar contra os próprios filhos. Decide impedir que cresçam, comendo-os tão logo nascem. A *Teogonia* soa um tanto freudiana aqui (e Freud, na verdade, demonstrou interesse por ela): a decisão de Cronos de manter os filhos dentro do próprio ventre pode ser interpretada como um caso extraordinário de inveja do útero. Compreensivelmente, a esposa de Cronos, Reia, se ressente do comportamento do marido e, com o tempo, arquiteta um truque para salvar sua prole. Depois de dar à luz o filho mais novo, Zeus, ela o esconde em Creta e apresenta a Cronos uma pedra envolta em panos. Cronos vomita essa pedra, e ela aterrissa no lugar exato em Delfos onde Apolo um dia irá instalar seu oráculo. A pedra – a qual, de certo modo, profetiza onde será o lugar das profecias de Apolo – torna-se uma peça valiosa em Delfos. Conhecida como *omphalos*, "o umbigo", dizem que ela marca o umbigo da Terra.

A pedra – tanto na *Teogonia* quanto em Delfos – simboliza o fim da supremacia de Cronos e o início do domínio de Zeus. E, agora, o problema da sucessão surge novamente. A fim de impedir que os próprios filhos o substituam, Zeus mescla estratégias do pai e do avô, engolindo a esposa grávida, Métis, antes que ela possa dar à luz. Esse procedimento enfim funciona: ele só permite sair de sua cabeça a filha Atena, enquanto o irmão gêmeo dela, que iria suceder o pai, nunca vê a luz do dia. Ao engolir a esposa, Zeus adquire os recursos da inteligência feminina, exatamente os recursos que tinham derrotado o pai e o avô em gerações anteriores (*metis*, em grego, significa "raciocínio inteligente"). Atena torna-se o símbolo supremo da sabedoria andrógina: ela tem os recursos do pai e da mãe combinados – o poder e a inteligência. Mas ela é estéril, eternamente virgem, não representando, portanto, nenhuma ameaça ao domínio do pai. Zeus então coloniza o Olimpo, instalando lá os próprios irmãos libertados junto a seus filhos mais poderosos. O segredo do sucesso de Zeus é que ele não tem sucessores viáveis: não deixa que seu filho com Métis saia de sua cabeça, e Ares – o único filho que ele tem com sua irmã e segunda esposa Hera – é violento e tolo demais para garantir um consenso. Apolo é o filho mais majestoso de Zeus, mas é ilegítimo, e considera que seu papel é apoiar o domínio do pai, e não desafiá-lo. Quanto às filhas de

Zeus, são predominantemente virgens e, portanto, incapazes de ameaçá-lo dando à luz um poderoso neto. Zeus tem a sagacidade de casar Afrodite com Hefesto, que era coxo e incapaz, e isso a neutraliza também. Desse modo, depois de um período de agitação geracional e distúrbios cósmicos, a família olímpica se estabelece em uma ordem estável. Torna-se paralisada no tempo: as crianças continuam crianças, e Zeus permanece "o pai dos deuses e dos homens", na fórmula épica padrão, por toda a eternidade. A sucessão – e o tipo de poderosa aliança entre mães e filhos que derrubou o deus governante das duas primeiras gerações – continua a ser um problema apenas para os homens mortais na Terra.

O mito das origens de Hesíodo resulta em uma história estranha e perturbadora, e para os leitores de hoje um dos seus aspectos mais enigmáticos é a constante flutuação entre narrativa divina e disfunção familiar. O Céu (ou *Ouranos* em grego) é simultaneamente o céu e um tipo de personalidade reconhecível: o marido violento. A Terra de Hesíodo é claramente a Terra – com montanhas, rios, cavernas e vales –, mas também a Mãe Terra, a deusa Gaia, uma divindade antropomórfica pronta para castrar o parceiro a fim de preservar os filhos. Os editores modernos têm grande dificuldade para decidir quando escrever o nome da Terra com inicial maiúscula e quando deixá-lo em letras minúsculas, tratando o termo como se se referisse apenas à matéria. Os antigos gregos não tinham esse problema, porque só possuíam um tamanho de letra, mas a verdadeira questão não é tipográfica, e sim conceitual: Hesíodo não faz distinção entre princípios cósmicos, divindades antropomórficas e realidades materiais. O poder de seus deuses reside precisamente em uma mistura de diferentes apreensões. A Terra é a terra física, mas também é uma deusa de "seios amplos". Uma caverna é uma caverna, e também é o útero dela: monstros e deuses são nutridos ali. Atena, por sua vez, é ao mesmo tempo uma deusa antropomórfica e a inteligência racional.[13]

Não existe uma maneira única e ortodoxa de compreender os deuses, e fica evidente que os gregos achavam que sempre poderiam descobrir coisas novas a respeito deles, considerando em especial os conceitos de povos distantes. Narrativas muito semelhantes à *Teogonia* de Hesíodo circulavam ao redor de Jebel Aqra, uma imponente montanha na costa da

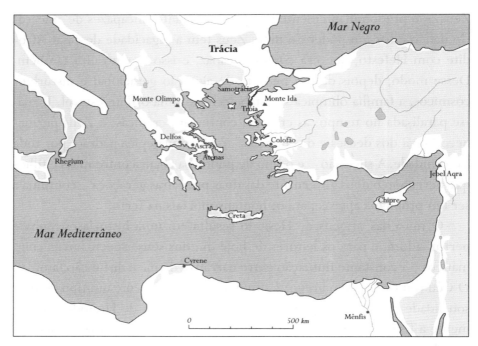

5. *Mediterrâneo oriental.*

Síria (veja o mapa acima). Os hititas, da encosta setentrional desse grandioso pico, contavam histórias a respeito do seu deus do trovão Tarhunta – como o pai dele tentara comê-lo, mas havia, em vez disso, quebrado o dente em uma pedra, e como Tarhunta substituíra o pai desdentado. A pedra que possibilitou a ascensão de Tarhunta ao poder se tornara um objeto de culto local. Nesse meio-tempo, os canaanitas, na encosta sul do Monte Jebel Aqra, celebravam Baal, senhor do relâmpago, como seu deus supremo. Os grandes viajantes devem ter achado fácil identificar o próprio Zeus com o hitita Tarhunta e o semítico Baal. Havia rotas de navegação que ligavam Delfos a Creta, como mostra o *Hino Homérico a Apolo*, e descobertas arqueológicas indicam que Creta também estava associada a Chipre e, em última análise, à costa síria. Não devemos ficar surpresos com o fato de os mitos viajarem com rapidez ao longo desses caminhos aquáticos, e de a *Teogonia* ecoar as histórias que circundavam o Monte Jebel Aqra. Hesíodo não estava tentando criar um pequeno mito paroquial para sua aldeia natal de Ascra, "ruim no inverno, horrível no verão e em nenhum momento boa", como a descrevia.[14] Seus deuses eram forças universais, e ideias a respeito deles podiam ser coletadas por toda parte.

Na realidade, tanto Hesíodo quanto Homero evitavam cuidadosamente as referências a cultos, lendas ou tradições locais. Com mais exatidão: o que ofereciam era uma visão dos deuses do Olimpo calculada para agradar a todos, ou pelo menos a todos os que entendessem a linguagem deles (que era uma mistura artificial de diferentes dialetos gregos). O artifício bem-sucedido da poesia de ambos era simples: em vez de descrever o relacionamento entre os deuses e seus variados cultos locais, revelavam a todos os falantes do grego como os deuses se relacionavam uns com os outros no Olimpo. Esses eram temas de interesse geral, não importando a maneira como comunidades particulares optavam por realizar seu culto. Quando os gregos ouviam Homero e Hesíodo, escutavam às escondidas e espionavam os deuses; descobriam até mesmo o que os próprios deuses tinham tentado manter em segredo – suas maquinações, casos amorosos e desavenças. Essas visões tinham um poder imenso, porque revelavam para todos os gregos a personalidade individual dos deuses, como pensavam e se comportavam.

O caso amoroso mais escandaloso do Monte Olimpo é o relacionamento adúltero entre Ares e Afrodite, esposa de Hefesto. Na *Odisseia*, essa história é o tema da breve aparição de um bardo cego chamado Demódoco. No Livro 8, quando Odisseu enfim chega à terra hospitaleira dos fenícios depois de muito sofrimento por terra e mar, é recebido com um grande banquete e entretenimento adequado. O destaque da noite é a história de Demódoco sobre como o feio Hefesto pegou Afrodite na cama com Ares. Ele usou sua destreza como deus dos ferreiros para fabricar correntes muito finas – tão finas que eram invisíveis a olho nu. Com elas, transformou a própria cama em uma armadilha, flagrando Ares e Afrodite juntos. Hélio, o deus-sol, brilhou sobre o casal nu, e todos os deuses deram uma boa olhada nos amantes capturados. Depois de muita hilaridade e humilhação divina, a dupla foi libertada; Ares foi visitar os bélicos trácios, enquanto Afrodite partiu para sua ilha natal de Chipre, onde as Graças lhe deram um banho restaurador.[15] O mais incrível a respeito dessa história na narrativa odisseica é que o bardo cego Demódoco evidentemente pôde ver e dar informações sobre a vida privada dos deuses, desde a maquinação de Hefesto com suas correntes finas até o espetáculo de Ares e Afrodite nus. Homero declara explicitamente que a competência poética de Demódoco é uma compensação para sua deficiência: "a Musa o amava enormemente, e lhe concedeu uma dádiva boa e outra má. Ela o privou dos olhos, mas lhe deu um doce canto".[16] A poesia é, nessa descrição, uma forma de visão, e Odisseu mais tarde cumprimenta Demódoco porque ele é capaz de cantar a respeito das proezas dos deuses e dos heróis "como se tivesse estado presente nelas" e as contemplado com os próprios olhos.[17] Assim como Demódoco, imaginava-se que o próprio Homero fosse cego: os gregos acreditavam que o poder divino de sua poesia era, da mesma maneira, uma imagem especular dessa terrível incapacidade na vida.

A visão sobrenatural de Homero lhe possibilitava localizar os deuses não importava onde estivessem ou o que estivessem fazendo. O início da *Ilíada* deixa isso copiosamente claro. Quando a história começa, os deuses tinham deixado o Olimpo para participar de um banquete com os etíopes, e Aquiles precisa esperar doze dias para que eles encerrem suas celebrações, voltem para a montanha sagrada e por fim prestem alguma atenção às queixas dele. Mas, enquanto Aquiles aguarda, Homero pode ver e relatar exatamente o que os deuses estão fazendo. Ele também pode nos dizer o que acontece quando Zeus retorna do banquete africano: a deusa secundária Tétis, mãe de Aquiles, informa a Zeus que o comandante em chefe grego Agamenon se apoderou da concubina e escrava de Aquiles, e que seu filho, enraivecido, retirou-se da luta a fim de dar uma lição no arrogante comandante. Zeus concorda em apoiar os troianos enquanto Aquiles se recusar a lutar: os gregos sofrerão fortes perdas, o que obrigará Agamenon a reconhecer seu erro e pedir desculpas.

Na narrativa subsequente, o poeta também está consciente o tempo todo dos pensamentos e das ações dos deuses; ele é capaz de até mesmo nos dizer quando Zeus se distrai e, com isso, deixa de cumprir a promessa que fez à mãe de Aquiles. No Livro 13, descreve como Zeus – que desfruta, sozinho, um momento de tranquilidade no topo do Monte Ida

– afasta o olhar da guerra que se dá abaixo dele, na planície troiana, e olha para mais longe, para os trácios e outras pessoas no norte distante. Nesse meio-tempo, Posêidon está de vigia no topo de outra montanha, na ilha de Samotrácia, e percebe a distração de Zeus. De imediato, decide tirar proveito disso e ajudar seus amados gregos no ataque a Troia. Saltando do seu local elevado em três grandes passos (a terra treme durante o avanço dele), Posêidon mergulha no mar, arma-se no seu palácio submarino e emerge com um séquito de monstros marinhos marchando em seu encalço. O deus então se junta aos gregos na planície troiana, ajudando-os enquanto Zeus ainda contempla o norte distante. Hera, de seu ponto privilegiado no topo do Monte Olimpo, percebe o que está acontecendo e – como ela também quer ajudar os gregos a contrariar os desejos de Zeus – decide visitar o marido no Monte Ida, seduzi-lo e ganhar um pouco mais de tempo para Posêidon.

Através dos olhos de Homero, temos a capacidade sobrenatural de ver Zeus e Posêidon situados em cumes opostos, contemplando a planície troiana embaixo deles, enquanto Hera fica de sentinela no Monte Olimpo. Podemos localizar os deuses em uma vasta paisagem e traçar o campo visual deles através de centenas de quilômetros. Tão logo Zeus afasta o olhar da planície troiana, ouvimos como os outros deuses entram em ação. Não é de causar surpresa que os gregos encarassem a habilidade de Homero de descrever os deuses como divina. Ele era capaz não apenas de enxergar em um relance todo o panorama do Mediterrâneo oriental e situar os deuses nele, como também de oferecer um relato detalhado de eventos que haviam acontecido antes de sua época, já que a Guerra de Troia encontrava-se em um passado longínquo. A poesia de Heródoto encerra algo vívido e extraordinário – e sua legitimidade se acentuou pelo fato de que concordava, em linhas gerais, com os relatos de Hesíodo. Os dois poetas compartilhavam a mesma linguagem épica e o mesmo entendimento generalizado com relação aos deuses. A maioria das discrepâncias entre os poemas era apenas uma questão de tom, um produto dos diferentes cenários em que se encontravam. A *Teogonia* descrevia as primeiras lutas cósmicas que conduziram ao domínio de Zeus, e sua atmosfera era, pelo mesmo critério, rude e ameaçadora. A *Ilíada* e a *Odisseia* foram estabelecidas em uma época em que Zeus já se encontrava com firmeza no controle, de modo que as divergências entre os deuses pareciam então pouco sérias e, por vezes, até mesmo grotescas. Por exemplo, quando os próprios deuses travam batalha na *Ilíada 21*, alinhando-se uns contra os outros, o conflito é apresentado como um entretenimento para Zeus, que se acomoda para assisti-lo abrigado em uma confortável "clareira no Monte Olimpo".[18] Ele está no comando, e, se os deuses querem brigar, tomando partido dos gregos ou dos troianos, isso não lhe causa grande preocupação; na realidade, ele aguarda com prazer o espetáculo, mais ou menos da mesma maneira como assiste à guerra entre os mortais ou, ainda, aos eventos esportivos em Olímpia.

A única discordância realmente séria entre Homero e Hesíodo diz respeito a uma única questão: a genealogia de Afrodite. De acordo com Hesíodo, Afrodite nasceu dos órgãos genitais castrados do Céu, uma história que fala sobre poderes primordiais de destruição e geração. Em contrapartida, na poesia de Homero, Afrodite era uma jovem deusa petulante, filha de Zeus e Dione. Não sendo mais de uma geração anterior à do deus supremo, como ela era nos poemas de Hesíodo, a Afrodite de Homero encaixou-se com facilidade na ordem patriarcal permanente de Zeus. O fato de Homero e Hesíodo divergirem a respeito da genealogia de Afrodite perturbou alguns gregos. Platão teria afirmado notoriamente que havia duas deusas chamadas Afrodite, que correspondiam a dois tipos diferentes de amor: "Afrodite Celestial", filha do Céu, patrona do amor superior entre os homens, e a "Afrodite Pandêmica", responsável pelo tipo comum de amor, aquele entre homem e mulher. Mas, antes mesmo da teoria influente de Platão, os intérpretes épicos notaram essa dificuldade relacionada à genealogia de Afrodite e tentaram colocar um remendo sobre as diferenças entre Homero e Hesíodo. Eles sentiam a necessidade de criar certa coerência, a fim de preservar ambos os poetas como autoridades no tocante aos deuses.

Um dos poemas em particular, um breve hino a Afrodite concebido para ser apresentado em um concurso de poesia em homenagem a ela, começa com uma educada e nova narrativa do mito de Hesíodo:

O forte alento úmido do vento a transportou,
através de ondas estrondeantes e espumantes, até a costa.
As Estações que vestem faixas douradas deram a ela boas-vindas de alegria,
e a envolveram em vestes eternas. Sobre a sua cabeça imortal
colocaram uma bela coroa de ouro intricado;
furaram o lóbulo das orelhas dela com flores de cobre e ouro
dispendioso da montanha, e em volta do suave pescoço e seios reluzentes
a adornaram com correntes de ouro...

Essa foi uma sagaz abertura. Não há dúvida de que os homens sempre despiram mentalmente Afrodite, convocando a deusa para seu quarto quando se viam diante de mulheres de menor expressão. O poema, de maneira mais respeitosa, optou por vesti-la, mas mesmo assim examinou-a de cima a baixo nesse processo. Depois desse início hesiódico, a narrativa, de repente, dá uma guinada em direção a Homero, sugerindo que outros deuses já tinham nascido e se reunido no Olimpo quando Afrodite emergiu das ondas. Como isso pode ter acontecido em detalhes, o poema não diz: talvez os órgãos genitais do Céu tivessem flutuado durante algum tempo antes de chegar a Chipre, e nesse meio-tempo Zeus nasceu, teve seus filhos e se instalou no Olimpo. De qualquer modo, quando Afrodite emergiu da espuma, os outros deuses estavam prontos para ela:

... seus ornamentos completos,
as Estações conduziram Afrodite a outros deuses, e estes ficaram
impressionados com a visão.
Deram a ela a mão direita à guisa de cumprimento, e cada deus rezou
para que ela fosse
a mulher com quem tivesse se casado, para levá-la para casa, tão
impressionados estavam com sua beleza.
Adeus para você, deusa de olhos negros cujo espírito é doce e gentil;
no concurso de poesia permita que esse cantor vença, e prepare o meu canto.[19]

O poema não falou explicitamente dos órgãos genitais decepados do Céu, e também permaneceu diplomaticamente em silêncio a respeito da decisão de Zeus de casar Afrodite com o olimpiano mais feio: o coxo e futuro marido traído Hefesto. Todos esses transtornos, essa feiura, essa complicação ficaram fora das esferas do hino – uma moldura obscura ao redor da luminosa deusa.

Os leitores modernos tendem a tratar os deuses como uma ficção tola, ou "sublimes frivolidades", como têm sido frequentemente chamados.[20] Esses leitores acreditam que a poesia épica é essencialmente livre para inventar o que quer que deseje, e que as contradições entre os poemas não têm muita importância. Nosso *Hino*, contudo, mostra que, em algumas circunstâncias, as contradições tinham importância, e que o tato se fez necessário. Composto como uma oferenda para Afrodite, o poema precisava induzir um curso respeitoso em relação a visões diferentes da deusa. De modo geral, os poetas épicos estavam atentos aos deuses, embora jamais sugerissem que eles eram moralmente perfeitos; na realidade, essa ideia teria lhes parecido absurda, considerando que as divindades evidentemente infligiam coisas horríveis aos inocentes mortais. A tarefa dos poetas não era defender os olimpianos, os quais, de qualquer maneira, não precisavam de nenhuma defesa humana. Com mais exatidão, a intenção deles era oferecer um panorama dos deuses e de suas ações, para que os mortais começassem a entendê-los.

O fato de que a poesia épica influenciou a maneira como os gregos se relacionavam com os deuses é indiscutível. Por exemplo, as viagens dos deuses descritas na poesia afetavam a atividade em seus santuários na vida real. Delfos, como vimos, só abria as portas no verão, porque os poetas diziam que era nessa época que Apolo visitava o local. Ao contrário do Deus onipresente da teologia cristã, os deuses gregos estavam presentes ou ausentes, e, quando se afastavam, os oráculos não funcionavam e as preces não eram atendidas. A palavra *atheos* em geral não significava "ateu" em grego antigo: em vez disso, comumente descrevia uma pessoa que tinha sido abandonada pelos deuses.

Uma inscrição descoberta no santuário de cura do deus Asclépio, filho de Apolo, em Epidauro, confirma isso, mostrando como as viagens divinas podiam efetivamente moldar as práticas religiosas.[21] A inscrição relata as experiências de uma tal de Sostrata, que foi ao templo esperando ficar curada de uma "falsa gravidez". Ela seguiu o ritual preciso de incubação – ou seja, pernoitou no santuário, teve a esperança de que Asclépio a visitasse em sonho e esperou que essa visita a curasse. Infelizmente, quando acordou após a incubação, sentiu-se ainda mais fraca do que se sentira na véspera. O deus não a curara, e seus parentes tiveram que levá-la embora carregada em uma maca. A inscrição nos diz que, enquanto o atormentado grupo se punha a caminho de casa, encontraram um belo jovem, que pediu para examinar Sostrata ali no local. Ele fez uma incisão no abdômen da moça, removeu duas bacias de alguma coisa (é difícil ler a inscrição nesse ponto), costurou a incisão e, desse modo, conseguiu dar fim à enfermidade. O que esse desconhecido fez pode se configurar para nós como uma prática médica eficaz – e, de fato, sabemos, com base nos textos hipocráticos, que essas abordagens empíricas da medicina estavam se desenvolvendo por volta do século IV a.C., justamente a época desse incidente –, mas Sostrata chegou à conclusão de que havia se deparado com o próprio deus Asclépio, disfarçado em forma humana. Ela supôs que ele estivesse em sua viagem de retorno ao templo, depois de se ausentar durante um período. A inscrição em Epidauro registrou sua gratidão e anunciou os poderes de cura do deus para outros peregrinos aflitos. O depoimento de Sostrata foi claramente proveitoso, tanto por causa do relato do fracasso inicial quanto do posterior sucesso: como o deus nem sempre estava presente no seu santuário em Epidauro, nem todos os peregrinos podiam esperar ser curados em todas as ocasiões. Os sacerdotes locais podem ter usado a história de Sostrata para explicar incubações fracassadas, para incentivar os peregrinos a voltar – e talvez para insinuar que ocorrências bem-sucedidas de curas por mãos reais também eram, no final, obra do deus protetor. Histórias a respeito dos deuses – em particular os poemas épicos de Hesíodo e Homero – oferecem descrições incríveis de como as divindades entravam e saíam da vida das pessoas; de como as disposições de ânimo e os movimentos inconstantes delas moldavam as experiências de todos. Um dos motivos pelos quais esses relatos continuam impressionantes ainda hoje é o fato de não tentarem *explicar* o que os deuses são, ou como agem. Combinando a metáfora com a realidade, sugeriu-se que os mortais comuns nunca poderão de fato entender o poder divino dos deuses. Às vezes, os deuses dos poemas épicos parecem inteiramente antropomórficos, mas podem, de repente, se tornar mais abstratos e misteriosos. Quando Hera viaja para o Monte Ida para seduzir o marido, por exemplo, ela não se apressa, fazendo sua jornada como qualquer marinheiro faria na vida real: subindo a costa leste da Grécia, chegando à Turquia e descendo pela costa asiática, evitando assim o mar aberto. Mas, quando Zeus acorda e a despacha para o Olimpo, ela se desloca de maneira bem diferente:

> ... como uma ideia que lampeja na mente de um homem que viajou por toda parte, e pensa na consciência da sua mente: "eu gostaria de estar naquele lugar, ou neste", e imagina muitas coisas; tão rápido viajou Hera na sua pressa, uma deusa.[22]

Os deuses do Olimpo são, e não são, como os seres humanos. Viajam como marinheiros, mas também o fazem à velocidade do pensamento. Pertencem ao nosso mundo, mas o transcendem. Os primeiros poetas épicos eram íntimos dos deuses; podiam vê-los e até mesmo falar diretamente com eles. Mas sua suprema realização foi descrever para nós os deuses do Olimpo em palavras, experiências e imagens que são inteiramente nossas.

3

OPINIÕES CRÍTICAS

É POR MEIO DE ELOQUENTES RELATOS dos deuses que os poemas épicos gregos cativavam suas audiências e continuam a nos impressionar muitos séculos depois. Quando lemos a *Ilíada,* por exemplo, quase conseguimos sentir nos próprios ossos os passos pesados de Posêidon, quando caminha a passadas largas pela Samotrácia, e "os picos elevados e árvores / tremem debaixo dos seus pés imortais".[23] Homero aqui se inspira no título de um culto a Posêidon, "o que faz tremer a terra", transformando-o em uma poderosa poesia. Safo, a mais celebrada poetisa da Antiguidade, oferece retratos igualmente memoráveis dos deuses — ao descrever, por exemplo, a dor de se apaixonar por uma moça e a satisfação que Afrodite pode proporcionar. A deusa vai resgatar Safo do Olimpo: "em um carro de guerra puxado por pardais esvoaçantes, batendo rapidamente as asas sobre / a terra escura".[24] Até hoje, ainda podemos reconhecer Afrodite em um bando de pardais voando através do céu, mesmo que não possamos discernir seu carro. A poesia atua por meio de detalhes, e é nos detalhes das suas aparições poéticas que os deuses do Olimpo ainda nos encantam. Mas esse nível de detalhamento pode se tornar um problema: os deuses do Olimpo parecem tão gregos, com seus carros de guerra e sandálias, que suas credenciais internacionais podem ser facilmente questionadas. A arte antropomórfica torna o problema ainda mais óbvio: os deuses realmente se parecem com os mortais? E, se for esse o caso, com quais mortais? Por que deveriam os deuses parecer particularmente gregos, se supostamente governam todo o universo? Não poderiam eles ter pele escura, por exemplo, ou olhos azuis? Essas questões parecem modernas, mas na realidade pertencem ao século VI a.C. Xenófanes de Colofão, o mais antigo crítico conhecido de Homero, fez a seguinte observação a respeito dos deuses:

> Os trácios pensam que os deuses são ruivos e têm olhos azuis; os etíopes acham que eles têm o nariz arrebitado e são negros.

Em um floreado polêmico, acrescentou:

> Se o gado, os cavalos e os leões tivessem mãos, e pudessem pintar com as mãos e executar trabalhos como os homens, os cavalos pintariam os deuses à imagem de cavalos, o gado à imagem do gado, e cada um deles moldaria o corpo dos deuses com sua própria forma.

Xenófanes não estava interessado em efetivas opiniões de trácios ou etíopes. Ele os mencionou apenas porque haviam sido citados nas obras de Homero: no início da *Ilíada*, como vimos, foi dito que os deuses do Olimpo visitavam os etíopes, e mais adiante no poema Zeus observou os trácios a partir do Monte Ida. Em decorrência, fazia sentido perguntar o que esses povos distantes pensavam de Zeus e se ele parecia com eles. Xenófanes também tinha outras objeções contra os deuses dos poemas épicos:

> Homero e Hesíodo atribuíram aos deuses toda ação que causa vergonha e reprovação entre os seres humanos: roubar, cometer adultério e enganar uns aos outros.

A verdadeira divindade tinha que ser muito diferente, na opinião de Xenófanes. Ele argumentou que era preciso haver "um deus, o maior entre os deuses e os homens, nem um pouco parecido com os mortais em aparência ou pensamento". O ser supremo não viajaria de um lado para o outro como os deuses do Olimpo, permanecendo completamente quieto:

> Ele sempre permanece no mesmo lugar, sem se mover; pois não é apropriado que viaje de um lado para o outro, mas ele agita tudo por meio do pensamento em sua mente.

Xenófanes propôs não apenas uma ordem teológica diferente, mas também uma nova base para o conhecimento humano: descartou a inspiração divina e as verdades apresentadas pelas Musas, afirmando que, "com o tempo, por meio da busca, os seres humanos descobrem o que é melhor".[25]

Ele não estava sozinho nesse empreendimento. Não muito longe de sua cidade natal de Colofão, em Mileto, outros pensadores gregos – Tales, Anaxímedes e Anaximandro – também se puseram a reexaminar os fundamentos do conhecimento humano sem se valer de opiniões herdadas dos gregos a respeito dos deuses. Deixaram de lado a complicada atmosfera de poesia, mito e culto, e tentaram estabelecer o que era efetivamente o caso por meio da observação direta e do pensamento lógico. O foco de suas inquirições era a natureza (*physis*); estavam interessados nos princípios fundamentais, nos corpos celestes e na "ordem" das coisas (*kosmos*, em grego). Tales, Anaximandro e Anaxímedes queriam descrever os princípios materiais do universo, e sabemos que Anaximandro não encarava a divindade como uma família de deuses, e sim como uma mente organizadora que criava ordem com base na matéria. Heráclito, em uma cidade próxima de Éfeso, também descartou as ideias gregas comuns sobre os deuses. As pessoas que rezavam para estátuas perdiam tempo, em sua opinião: tal prática se assemelhava a "conversar com uma casa".[26] Para ele, a verdadeira divindade era algo bastante diferente, um único princípio que dirigia todas as coisas. Esse princípio estava, "ao mesmo tempo, avesso e disposto a ser chamado pelo nome de Zeus".[27]

Tales, Anaxímedes, Anaximandro, Heráclito e Xenófanes são hoje aclamados como os pais fundadores da filosofia grega, mas vieram de um meio que não era de modo algum exclusivamente grego, e suas opiniões podem muito bem ter sido moldadas pelo lugar de origem deles. A Colofão de Xenófanes, situada na costa ocidental da Turquia, era uma cidade onde gregos, lídios, cários e persas mantinham um contato próximo, e com frequência hostil. Xenófanes deve ter compreendido que a poesia de

Homero e Hesíodo nada significava para os que não conseguiam entender sua linguagem e convenções. Portanto, empenhou-se em encontrar um conceito de divindade que fosse verdadeiramente universal, igualmente relevante para todos os seres humanos na Terra. Tales, Anaxímedes, Anaximandro e Heráclito, vivendo em meios também variados, buscaram, da mesma maneira, oferecer argumentos que agradassem a qualquer pessoa que apreciasse imparcialmente as questões.

Com exceção de Xenófanes, todos esses pensadores escreviam prosa, o que era, em si, uma escolha arrojada e inovadora que os distanciava dos costumes poéticos gregos de cantar a respeito dos deuses. Xenófanes, de certo modo, era o mais tradicional: criticava a poesia na própria interiorização da ideia: compondo versos. É difícil determinar por completo quais eram suas opiniões teológicas: temos pouquíssimos fragmentos de seu trabalho, e mesmo assim na forma de citações e paráfrases de autores posteriores (não raro cristãos). Como os resíduos da obra de Xenófanes foram especificamente selecionados para nós por defensores do monoteísmo, é difícil calcular a grandeza do papel que o deus supremo desempenhava em seu pensamento. Seu mais longo poema sobrevivente mostra que ele endossava alguns aspectos tradicionais da religião grega, como o comportamento ritual apropriado antes de um banquete: insistia em que as mãos fossem lavadas; que guirlandas fossem usadas; e que o vinho fosse derramado em um recipiente especial – ou no chão – como libação aos deuses.

A própria obsessão de Xenófanes por Homero e Hesíodo indica que ele os levava a sério como autoridades em relação aos deuses do Olimpo. Ambos haviam oferecido os elementos diante dos quais ele aguçara seu pensamento; ambos tinham moldado suas opiniões a respeito do que era importante e do que precisava ser corrigido. Os etíopes e os trácios foram destacados nas obras de Homero – e Xenófanes escreveu a respeito deles, em vez de escrever a respeito dos lídios ou dos cários, que podia ter encontrado na vida real em Colofão. O adultério divino, o roubo e a traição foram temas fundamentais tanto nos textos de Homero quanto nos de Hesíodo – e essas eram as imperfeições divinas que mais incomodavam Xenófanes. Mas ele estava também, de modo geral, mais interessado no antropomorfismo e na expressão deste último na pintura e na escultura. Sua experiência de raciocínio a respeito de cavalos, gado e leões se concentrava, afinal de contas, na formação de imagens em vez de na narrativa.

Ao criticar Homero, Hesíodo e a arte antropomórfica, Xenófanes atingiu o cerne da cultura religiosa grega. Suas objeções eram vigorosas, mas – como todas as declarações polêmicas – banalizaram o oponente. A visão grega dos deuses era, na verdade, mais complacente com o estranho e o desconhecido do que sugeriam seus argumentos. A Hera de Homero, que podia viajar como um marinheiro grego, mas que também se locomovia à velocidade do pensamento, mostra que os deuses nem sempre eram exatamente como os mortais.[28] A arte também encerrava maior variedade e flexibilidade do que Xenófanes fazia parecer: as imagens antropomórficas não eram a única maneira pela qual os gregos representavam seus deuses. Eles também adoravam objetos mais velhos e estranhos, alguns dos quais não eram mais elaborados do que uma tábua de madeira lisa. Na ilha de Ícaro, por exemplo, uma peça de madeira básica era venerada como sendo Ártemis. Até mesmo em Atenas, e mesmo depois que o famoso artista grego, Fídias, esculpiu uma maravilhosa estátua de ouro e marfim dessa deusa para o Partenon, as pessoas continuaram a venerar uma imagem mais antiga de Atena em um templo próximo, o *Erecteion*. Essa versão mais antiga parece ter sido um pedaço de madeira de oliveira sem traços característicos; no entanto, no grande festival da cidade em homenagem à deusa, era esse antigo pedaço de madeira que recebia a oferenda cerimonial de um manto, e não a escultura de Fídias. As mulheres cuidavam do pedaço de madeira de oliveira, lavavam-no, adornavam-no com joias e envolviam-no em traje ritual. Apesar das joias e da roupa, o pedaço de madeira dificilmente poderia ser uma estátua antropomórfica, e tampouco era considerado uma obra de arte: pelo menos segundo fontes cristãs posteriores, a madeira de oliveira não fora de modo nenhum esculpida por mãos humanas, tendo caído diretamente do céu.[29]

Os gregos pressupunham que os deuses tinham sido originalmente adorados na forma de pedaços de madeira ou de pedra informes, e compreendiam que as estátuas de culto eram um avanço relativamente recente, um aprimoramento humano sobre aqueles objetos de culto mais primitivos.[30] Na realidade, encaravam o antropomorfismo como um modo especificamente grego de representar os deuses – e tinham suas dúvidas a respeito dele exatamente por essa razão. No século V, Heródoto afirmou que as concepções homéricas e hesiódicas dos deuses eram um tanto recentes, e que os egípcios tinham tradições muito mais antigas e abalizadas do conhecimento divino. Ele também fez os seguintes comentários a respeito da religião dos persas:

> Ora, os persas, até onde eu sei com certeza, têm as seguintes práticas. Não é um dos hábitos deles construir estátuas, templos e altares; na realidade, eles consideram tolos aqueles que o fazem, porque (eu suponho) não antropomorfizam os deuses como fazem os gregos. Eles adoram Zeus indo para os picos mais elevados das montanhas e realizando sacrifícios; eles chamam toda a abóbada celeste de Zeus. Também fazem sacrifícios para o sol e a lua, e para a terra, o fogo, a água e os ventos. Originalmente, essas eram as únicas divindades para quem ofereciam sacrifícios, mas desde então também aprenderam com os assírios e os árabes a fazer sacrifícios para a Celestial Afrodite. Afrodite é chamada de Mylitta pelos assírios, Alilat pelos árabes e Mitra pelos persas.[31]

Essa desconcertante (e bastante inexata) etnografia do Oriente Próximo era típica de Heródoto. Ela sugeria que os deuses perambulavam livremente, adotando diferentes nomes e aparências; mas também apresentava uma ideia mais específica. Adorar estátuas, e imaginar que os deuses se comportavam como mortais, poderia parecer um tanto tolo, admitiu Heródoto. Ele fazia ecoar aqui não apenas a opinião de prováveis interlocutores estrangeiros, mas uma longa tradição grega que era cética com relação ao antropomorfismo, que havia sido claramente enunciada por Xenófanes e captada por um número significativo de outras pessoas.

O poder do ceticismo de Xenófanes era tão grande que já durante sua vida, no século VI a.C., Teágenes de Régio emitiu uma defesa dos deuses homéricos que visava precisamente protegê-los das acusações de antropomorfismo e imoralidade. À primeira vista, pode parecer improvável que Teágenes estivesse respondendo à crítica de Xenófanes sobre os deuses épicos, já que os dois homens viviam mais ou menos a mil quilômetros um do outro em linha reta (veja o mapa 5 na p. 44). No entanto, ambos conheciam muito bem os poemas épicos de Homero, e o trabalho deles pode muito bem ter viajado ao longo de rotas épicas: podemos imaginar rapsodos itinerantes, apresentações públicas e discussões resultantes a respeito da natureza dos deuses. Seja qual for o relacionamento exato entre Xenófanes e Teágenes, é evidente que as ideias se espalhavam com rapidez pelo antigo Mediterrâneo, e que a natureza dos deuses épicos era, de fato, uma importante preocupação no período arcaico.

Sabemos ainda menos a respeito dos textos de Teágenes do que sobre os poemas de Xenófanes; o que resta de seu pensamento chegou até nós, em grande medida, por meio de notas de margem, chamadas escólios, encontradas em alguns manuscritos medievais da *Ilíada*. A nota mais longa que temos diz respeito à batalha dos deuses nos Livros 20 e 21 do poema épico. Ela começa admitindo que alguns leitores consideram "inadequado" que os deuses briguem uns com os outros, mas enfatiza que, de acordo com alguns, os olimpianos deviam ser interpretados de modo alegórico, "com base na forma da expressão utilizada" (seja lá o que isso significa exatamente).[32] A nota prossegue descrevendo os deuses como propriedades físicas, o que possibilitaria que a batalha fosse interpretada como uma oposição entre diferentes elementos: por exemplo, Posêidon (água) luta contra Apolo (fogo). Alternativamente, diz a nota, os olimpianos podiam ser considerados como representantes de qualidades psicológicas: Atena (sabedoria) se opõe a Ares (insensatez); Hermes (inteligência) luta contra Leto (esquecimento). Tudo isso soa um tanto medieval ao ser ouvido pela primeira vez, mas a nota termina com um surpreendente floreio: "Esta forma de defesa é muito antiga, e remonta a Teágenes de Régio, o primeiro homem a escrever sobre Homero".

É difícil saber exatamente o quanto concluir dessa afirmação: para o autor da nota, Teágenes é claramente pouco mais que um nome, um "primeiro inventor" conveniente de uma espécie de interpretação que se desenvolveu ao longo dos séculos e se revelou proveitosa para os moralizadores amantes do poema épico. Se Teágenes, no entanto, efetivamente interpretou a batalha dos deuses precisamente dentro dos moldes sugeridos é algo duvidoso; por um lado, a identificação de Apolo com o fogo é provavelmente posterior ao século VI a.C. Por outro lado, é bastante plausível que Teágenes tenha apresentado essa forma geral de pensamento a respeito dos deuses, tendo em vista seu lugar no *continuum* do pensamento grego. Sabemos que intérpretes de Homero que trabalharam cerca de um século depois de Teágenes apresentaram interpretações alegóricas completas das divindades olímpicas: não as chamavam ainda de "alegorias" (o termo técnico era *hyponoiai*, "subpensamentos"), embora claramente o fossem. Metrodoro de Lâmpsaco, por exemplo, argumentou no seu tratado *Sobre Homero* que "nem Hera nem Atena, tampouco Zeus, são aquilo que as pessoas pensam que eles são quando instituem seus santuários sagrados, mas sim substâncias da natureza e disposições dos elementos".[33] E interpretações com trocadilhos dos nomes divinos, associando os deuses a fenômenos físicos, já figuravam nos próprios poemas homéricos: na *Ilíada,* por exemplo, lemos que Hera propagou uma densa névoa, *ēera*, para proteger seus amados gregos.[34] Teágenes pode ter trazido à tona algumas das implicações desses jogos de palavras homéricos a fim de sugerir que os deuses do Olimpo não eram o que pareciam ser – e que, em decorrência disso, as acusações de imoralidade não se referiam a eles. Uma densa névoa, afinal de contas, dificilmente poderia ser acusada de ter um comportamento enganoso.

E a conversa a longa distância entre Xenófanes e Teágenes parece ter inaugurado a longa tradição do debate. No século I d.C., por exemplo, um tratado intitulado *Problemas Homéricos* começa com esta transparente alternativa: "Tudo é impiedade ainda que nada seja alegoria".[35] Eis a marca duradoura deixada por dois dos nossos remotos críticos: ou os deuses homéricos são antropomórficos e, portanto, moralmente condenáveis, como sustentava Xenófanes, ou não são o que parecem ser, como Teágenes aparentemente argumentava. Ou os deuses épicos são "ficções", "criações" dos poetas, nas palavras de Xenófanes,[36] ou encerram uma verdade mais profunda que nós, leitores, precisamos decifrar – talvez nos moldes sugeridos por Teágenes. Essa discordância teve dois principais legados. O primeiro é a tendência de ter a mente aberta a respeito dos deuses do Olimpo, a disposição de debater sua natureza, que caracteriza toda a história deles. O segundo – não menos importante – é um interesse permanente pela criatividade humana, pela maneira como poetas e artistas escolheram representar os deuses, e pelo modo como nós, da nossa parte, devemos interpretar o trabalho deles.

Parte II

DIÁLOGO: A ATENAS CLÁSSICA

Nas primeiras décadas do século V a.C., Atenas se tornou uma democracia, inaugurando desse modo um sistema de governo que logo seria adotado por muitas outras cidades-estado. Uma nova confiança nas habilidades dos homens comuns de governar a si mesmos alimentou discussões de amplo alcance a respeito dos deuses do Olimpo. Se os cidadãos podiam cuidar dos próprios assuntos, sem a ajuda de governantes aristocráticos, já não era tão atrativo retratar os deuses como membros de uma grandiosa e imortal família aristocrática que dominava todas as pessoas na Terra. Afinal de contas, os deuses talvez fossem apenas ficção — a personificação de temores e esperanças humanos. Talvez Afrodite fosse apenas um outro nome para a luxúria, e os trovões de Zeus fossem na realidade produzidos pelo atrito dos átomos.

Os atenienses achavam essas ideias fascinantes, porém, ao mesmo tempo, profundamente alarmantes. Já no final do século V a.C., rebelaram-se contra essas ideias e passaram a hostilizar os filósofos que as promoviam. De modo bem evidente, condenaram Sócrates à morte por "não acreditar nos deuses nos quais a cidade acredita, por introduzir novos deuses e por corromper os jovens". Na aturdida perplexidade que se seguiu à execução dele, os atenienses refletiram intensamente, mais uma vez, a respeito de seus compromissos políticos e religiosos. O que havia de errado com as opiniões de Sócrates? E como a verdade a respeito dos deuses poderia ser estabelecida se não, precisamente, por meio do tipo de diálogo livre e aberto que ele defendera em vida?

4

EDUCAÇÃO PARA A GRÉCIA

OS DEUSES DO OLIMPO ESTIVERAM profundamente envolvidos com os acontecimentos do período clássico (o século V a.C. e a maior parte do século IV a.C.), começando com seu papel fundamental de levar as comunidades gregas a se unirem contra os persas. No início do século V a.C., algumas cidades gregas na Jônia, ou seja, na costa ocidental do que é hoje a Turquia, se rebelaram contra o controle persa, e outras cidades-estado gregas, entre elas Atenas, ofereceram-lhes apoio militar. Os persas reagiram de imediato: Dario I, o Rei dos Reis, atacou e derrotou as cidade jônicas rebeldes, lançando em seguida uma ofensiva contra outras cidades-estado nas ilhas egeias, desembarcando depois suas tropas na Grécia continental, determinado a dar uma lição nos atenienses. No entanto, contrariando todas as probabilidades, os atenienses derrotaram o exército persa em Maratona. Xerxes, filho de Dario, lançou um ataque ainda mais poderoso alguns anos depois, mas também foi derrotado pelos atenienses – tendo sido repelido na batalha naval de Salamina depois que o general espartano Leônidas, no comando de trezentos soldados, havia heroicamente conseguido retardar o exército persa no estreito desfiladeiro conhecido como Termópilas. Em 479 a.C., os gregos aliados enfim derrotaram decisivamente os persas na Batalha de Plateia. A fim de estar preparada contra possíveis ataques futuros, Atenas formou então uma aliança de cidades-estado gregas sob a proteção de Apolo. Suas reuniões eram realizadas na ilha rochosa de Delos, e os fundos compartilhados também eram mantidos ali. Gregos de diversas cidades-estado já conheciam a ilha e o lugar onde Leto dera à luz Apolo e Ártemis, e agora a viam como o eixo de sua aliança. Um local de culto compartilhado se transformou em um símbolo da resistência grega contra os invasores.

No entanto, logo surgiram complicações – e Apolo se viu envolvido em uma prolongada luta entre os gregos pelo poder. A "liga de Delos", que começara como um pacto defensivo, tornou-se com rapidez um instrumento para que os atenienses estabelecessem seu controle sobre os outros gregos. As contribuições dos "aliados" eram usadas para vários projetos atenienses, entre eles a construção do Partenon, e deserções não eram toleradas: uma cidade que tentasse deixar a aliança poderia ser ocupada pelo exército, ter seus muros destruídos, e seus líderes secessionistas poderiam ir a julgamento nos tribunais atenienses. A verdadeira natureza da liga se tornou especialmente óbvia quando Péricles transferiu os fundos comuns dela de Delos para Atenas, onde os aliados foram obrigados a exibir suas contribuições no teatro de Dionísio, no festival anual em homenagem a esse deus. Apolo e Dionísio haviam sido rivais com frequência, no mito e no culto; agora, a mudança de Delos para Atenas, da esfera de Apolo para o festival dionisíaco, marcava uma mudança fundamental de poder no mundo político grego.[1] Uma aliança defensiva contra os persas se tornara a base de um império ateniense. Nem todas as cidades-estado estavam satisfeitas com a supremacia de Atenas, e tampouco com o papel de Dionísio em consolidá-la. Fídias fez o que pôde por esse deus ao incluí-lo entre os doze no friso do Partenon, mas o *status* olímpico dele nunca foi universalmente aceito. Apolo, pelo seu lado, sofreu um tratamento bastante insensível nas peças apresentadas no teatro ateniense de Dionísio – principalmente porque Delfos, o principal centro pan-helênico de culto a Apolo, tinha hostilizado a causa ateniense.

O destino inconstante dos diversos deuses refletia a política instável do período clássico. Mas as controvérsias dessa época não se limitavam à posição relativa dos deuses com relação uns aos outros: elas também envolviam uma reavaliação fundamental do poder divino em relação à autodeterminação e à autonomia humanas. O sistema democrático de governo, que os atenienses desenvolveram originalmente no início do século V a.C., revelou-se atrativo: no final do século, centenas de cidades-estado gregas tinham fundado as próprias democracias (em parte devido à coerção ateniense, sem dúvida, mas também pelo ímpeto das pessoas locais, que se rebelavam contra os próprios governantes). Para Atenas, a democracia e o império se harmonizavam facilmente, embora para outras cidades-estado gregas fosse mais difícil estabelecer o que a autodeterminação deveria acarretar: algumas cidades (em particular Esparta) resistiram ao controle ateniense; outras tomaram o partido de Atenas e, em muitos casos, se voltaram contra as próprias cidades governantes. Como era de esperar, o resultado foi um permanente estado de guerra. No entanto, mesmo em meio a toda a violência, uma nova confiança na humanidade, na capacidade das pessoas de determinar como deveriam viver e morrer, se tornou palpável. "O homem é a medida de todas as coisas", entoou Protágoras, captando o espírito da época.[2] Foi essa atitude que causou o efeito mais radical nos deuses. Os mortais comuns sentiam que estavam agora em posição de questionar todas as formas de poder. Sem dúvida, Xenófanes e outros pensadores já tinham feito perguntas perscrutadoras a respeito dos deuses no século VI a.C., mas, agora, inquirir a respeito da verdadeira extensão da divindade poderia se tornar um fenômeno de massa. Uma audiência de cerca de 15 mil pessoas sentadas no teatro de Dionísio ouviram, por exemplo, que o "hábito" era mais forte do que os deuses, porque, antes de mais nada, era por meio do hábito que as pessoas acreditavam neles.[3] Desse modo, enquanto os rituais da religião permaneceram em ampla medida estáveis (porque, afinal de contas, homens e mulheres continuavam precisando do conforto do hábito), as dúvidas a respeito dos deuses se espalharam com rapidez.

Metrodoro de Lâmpsaco, como já vimos, afirmou que os deuses dos poemas épicos não eram o que os adoradores comuns imaginavam: na realidade, eram alegorias, não tendo nada a ver com o que acontecia nos santuários. Protágoras, que achava que o homem era a medida de todas as coisas, afirmou não ter nenhuma opinião a respeito dos deuses: "Não posso dizer se eles existem ou não, e tampouco como são constituídos na forma; porque existe muito que impede o conhecimento – a obscuridade do sujeito, e a brevidade da vida humana".[4] Seria interessante saber como seu tratado *Sobre os Deuses* prosseguiu depois dessa devastadora declaração inicial, mas isso não chegou até nós. Melisso, na ilha de Samos, fez eco aos sentimentos de Protágoras, afirmando que não havia nenhuma maneira de determinar se os deuses existiam.[5] E também foi nessa época que o poeta Simônides, na Sicília, disse ao tirano local que ele precisava de apenas mais um dia, e mais dois, e depois quatro, para descobrir o que um deus poderia ser.[6]

Nesse meio-tempo, Pródico, da ilha de Ceos, apresentou novas teorias a respeito dos nomes e da natureza dos deuses. Na opinião dele, recuando ao início da história do mundo, os seres humanos primitivos chamavam de "deus" qualquer coisa que considerassem útil, como o sol, a lua, a umidade (que chamavam de "Posêidon"), bem como o fogo (que chamavam de "Hefesto"). Com o tempo, disse ele, alguns homens e mulheres começaram a viajar e ensinar novas habilidades, como o cultivo das plantas, e o resultado do que ensinavam também parecia divino para seus alunos: "Deméter" era na verdade um nome para o milho, e "Dionísio" significava vinho.[7] A muitos quilômetros de distância, na cidade de Abdera, situada ao norte, Demócrito desenvolveu concepções semelhantes a respeito das origens dos deuses, mas afirmou que tinham surgido dos medos humanos, e não de um sentimento de gratidão. Os relâmpagos aterrorizavam as pessoas, por exemplo, de modo que elas imaginavam um Zeus zangado.[8] Demócrito preteriu a ideia de que o relâmpago era de fato produzido por um deus, argumentando que ele era, na verdade, um fenômeno físico ocasionado pela fricção de átomos – partículas de matéria minúsculas e indivisíveis que constantemente se combinavam e recombinavam, criando tudo o que existe. E Anaxágoras de Clazômenas, que se interessou por um meteorito caído, chegou à conclusão de que Hélios, o deus-sol, era na realidade um bloco de pedra flamejante, "maior do que o Peloponeso".[9]

Novas ideias a respeito dos deuses se entrecruzavam no Mediterrâneo no transcorrer do século V a.C., ficando mais fortes à medida que as pessoas falavam umas com as outras. Alguns pensadores enfatizavam um único princípio divino (para deleite dos futuros leitores cristãos); outros eram verdadeiramente agnósticos, e sabemos que pelo menos um homem – Diágoras de Melos – desenvolveu a reputação de ser genuinamente ateu. De acordo com um relato, ao ver oferendas votivas feitas por sobreviventes de um naufrágio, Diágoras ressaltou que teria havido mais presentes se os muitos que tinham se afogado no mar também houvessem estado em posição de deixar oferendas para os deuses.[10] (Devido à sua reputação de ateu, os hinos religiosos de Diágoras se tornaram até certo ponto uma piada na Antiguidade.) Apesar dos diferentes propósitos e pontos de vista individuais dos pensadores, seus esforços encerravam um ponto em comum: todos questionavam as suposições tradicionais a respeito dos deuses do Olimpo, importando-se pouco com o ritual religioso.

Em comparação, os artistas pareciam mais ligados à tradição – não apenas porque suas comissões eram com frequência vinculadas a templos e a festivais religiosos, mas também porque os deuses antropomórficos ofereciam maravilhosas oportunidades de explorar a forma humana. Ainda assim, mesmo enquanto trabalhavam dentro das limitações de suas comissões e convenções, eles começaram a fazer experiências. No início do século V a.C., os projetos rígidos da escultura arcaica deram lugar a representações mais naturalistas, livres e fluidas do corpo humano, sugerindo pessoas vivas, que respiravam. Por conseguinte, tornou-se muito mais fácil reconhecer os deuses por critérios individuais: eles agora se pareciam com tipos específicos de personalidades humanas. Ártemis foi estabelecida como uma jovem que beirava a maturidade sexual. Apolo como um belo rapaz, Deméter como uma mãe pesarosa segurando uma tocha e Dionísio como um deus animado que segurava uma taça na mão. Antes disso, as estátuas arcaicas eram tão inescrutáveis que só podiam ser decifradas pelo contexto: era possível supor que uma figura masculina em um templo de Apolo, por exemplo, fosse uma representação do deus, mesmo que sua aparência efetiva nada deixasse transparecer. Os deuses que Fídias esculpiu no friso do Partenon aboliram esse rígido formalismo: tinham corpo e caráter individuais, transmitindo uma sensação vívida de movimento. Na realidade, poderiam ser considerados com facilidade estudos da forma humana, em vez de manifestações teológicas. Somente as estátuas de culto de Fídias tentavam captar a impressionante sensação de

6. *Cópia romana de Apolo Sauroktonos de Praxiteles, c. 350 a.C. O deus originalmente segurava uma flecha na mão, usando-a vagarosamente para atormentar um lagarto no tronco da árvore, enquanto esperava o momento propício e mais prazeroso para matá-lo. Se a inofensiva criatura simbolizava o temível monstro Píton, que Apolo matara em Delfos, então o que o corpo lânguido e belo de Apolo representava? A arte de Praxiteles levantava interessantes questões teológicas.*

uma epifania, de um efetivo encontro com um deus. Sua estátua de Atena dentro do Partenon, por exemplo, tinha pelo menos doze metros de altura, sendo inteiramente revestida de ouro e marfim. Um laguinho raso diante dela refletia a luz do lado de fora e a projetava sobre a estátua, contribuindo para o deslumbrante efeito. A Atena de Fídias imediatamente lançou uma nova tendência. Alguns anos depois da construção do Partenon, as autoridades em Olímpia o convidaram para esculpir uma monumental estátua de Zeus para o próprio templo deles. Ele criou um grandioso Zeus sentado em um trono, uma figura tão realista que os visitantes da Antiguidade especulavam se esse deus esculpido não poderia se levantar e arrancar o teto do templo.[11]

O tamanho excepcional e a luminosidade serviam, nesses casos, para distinguir as estátuas dos deuses das dos mortais comuns, mas a arte clássica se concentrava, sobretudo, em transmitir uma impressão naturalista do corpo humano. Com base em uma perspectiva religiosa, isso apresentava alguns problemas. Se os deuses se assemelhavam a mortais belos, vivos e que respiravam, então o que, exatamente, era divino a respeito deles? Enquanto os artistas anteriores haviam admitido o antropomorfismo como natural, sem fazer muitas perguntas a respeito dele, no período clássico os artistas começaram a refletir de modo declarado sobre a questão da representação antropomórfica – em parte, sem dúvida, porque todos começavam a questioná-la. Praxiteles, por exemplo, erigiu uma estátua de Apolo no ato de matar um lagarto. Sua escultura evocou o mito da chegada de Apolo a Delfos, quando ele havia matado o terrível monstro Píton, mas a cena agora estava longe de ser sinistra. O terrível monstro se tornara um pequeno animal, e o próprio Apolo era um jovem lânguido que vagarosamente atormentava a criatura com uma flecha. Qual era a ligação entre a representação humana e a realidade divina? Onde estava o monstro mítico, e o que deveríamos concluir a respeito do deus? O animal nada ameaçador, mais ainda que o deus de aparência humana, apontava para uma questão recém-formulada: se um minúsculo lagarto podia corresponder a um monstro assustador, o que o jovem e inconsequente Apolo representava? O trabalho de Praxiteles era naturalista, mas também levantava problemas transcendentais. O efeito era sofisticado, arguto e profundamente enigmático.

Até mesmo antes de Praxiteles esculpir o seu Apolo Sauroktonos, "o matador de lagartos", os artistas tinham começado a refletir de maneira explícita a respeito da natureza dos deuses. A partir aproximadamente de meados do século V a.C., um novo tema começou a aparecer nos vasos gregos: cenas que mostravam a estátua de culto de um deus e, ao lado dela, o próprio deus (como exemplo, veja a gravura 4). A estátua era geralmente em estilo arcaico – em postura ereta, comumente com um dos pés à frente, o pescoço rígido, drapeamento e músculos simétricos –, enquanto o deus era retratado no novo estilo clássico harmonioso. Os vasos contavam a história do progresso na arte: a pintura clássica representava o "verdadeiro" deus, enquanto as estátuas arcaicas começavam a parecer, em comparação, artificiais e convencionais. Ao mesmo tempo, os vasos também chamavam atenção para a própria imperfeição: quase sempre era possível imaginar o verdadeiro deus erguendo o vaso, fazendo até mesmo a pintura clássica de si mesmo parecer irrealista ao se comparar os dois. Esse jogo de caixas chinesas – o deus dentro da estátua, que está dentro do vaso, que está dentro de nossa habilidade de visualizar os deuses – era um convite a uma reflexão sobre os limites da arte. O divino, quem quer ou o que quer que ele fosse, estava em outro lugar, em uma esfera diferente, sempre além das tentativas humanas de representá-lo.

Esses vasos filosóficos que retratavam os deuses ao lado de suas estátuas arcaicas se originavam de diversos lugares, o mesmo acontecendo com as teorias radicais a respeito dos deuses. Novas ideias surgiram em toda parte e se espalharam com rapidez por todo o mundo grego, do sul da Itália à costa jônica. Mas foi em Atenas que elas se enraizaram com mais vigor. Havia algo especial a respeito dessa cidade, algo inclemente e aberto, que a tornava particularmente suscetível a questionar os deuses. Os habitantes da cidade acreditavam que os problemas difíceis eram mais bem resolvidos por meio do debate franco e aberto. Também afirmavam que os cidadãos comuns eram perfeitamente capazes de tomar as próprias decisões a respeito de tudo, inclusive sobre a natureza da divindade. Muitos dos pensadores radicais que já mencionei – entre eles Metrodoro, Protágoras, Pródico, Anaxágoras e Diágoras – se estabeleceram em Atenas durante o século V a.C., porque achavam que suas ideias seriam bem recebidas na cidade. E estavam certos quanto a isso, pelo menos no início.

O célebre discurso de Péricles em homenagem aos que morreram na guerra, como foi registrado para nós na *História da Guerra do Peloponeso* de Tucídides, apresenta a mais clara exposição de como os atenienses gostavam de pensar a respeito de si mesmos; do quanto eram seguros e anticonvencionais:

> A nossa constituição se chama democracia porque o poder está nas mãos de todo o povo, em vez de nas mãos de uma minoria. Quando se trata de solucionar disputas particulares, todo mundo é igual perante a lei; quando

se trata de colocar uma pessoa antes de outra em cargos de responsabilidade pública, o que conta não é o fato de ela pertencer a uma classe particular, e sim a capacidade efetiva que ela possui. Nenhuma pessoa, desde que tenha dentro de si a intenção de servir o Estado, é mantida na obscuridade política por causa da pobreza. E, assim como nossa vida política é livre e aberta, nosso cotidiano em nossas relações uns com os outros também o é. Não nos importamos com o fato de nosso vizinho se distrair do próprio jeito, tampouco lançamos para ele o tipo de olhar de desaprovação que, embora não cause um verdadeiro dano, ainda assim tende a ferir nossos sentimentos. Somos livres e tolerantes em nossa vida privada; mas respeitamos a lei nas questões públicas... Nosso amor pelo que é belo não conduz à extravagância; nosso amor pelas coisas da mente não nos torna brandos. Achamos que a riqueza é uma coisa a ser adequadamente utilizada, e não algo a ser ostentado... Por conseguinte, reunindo tudo, declaro que nossa cidade é educação para a Grécia.[12]

É claro que Péricles apresentou uma descrição idealizada. Atenas pode ter sido "educação para a Grécia", mas também é verdade que intelectuais de todo o mundo grego afluíam para Atenas a fim de instruir os cidadãos da cidade. A declaração de Péricles de que "todo o povo" detinha o poder foi igualmente enganosa. O que ele efetivamente quis dizer foi que os homens adultos atenienses detinham o poder. De uma população total de cerca de 350 mil habitantes – que incluía talvez até 100 mil escravos –, apenas cerca de 50 a 60 mil eram considerados cidadãos e qualificados para participar do processo político. No entanto, esses homens eram genuinamente incluídos, e sua participação era radicalmente direta. Enquanto elegemos políticos que governam por nós, na época de Péricles, a maioria dos dirigentes (e todos os membros do júri) eram escolhidos ao acaso entre o corpo de cidadãos, porque acreditava-se que as eleições favoreciam os candidatos ricos. As decisões importantes, como travar uma guerra ou elevar os impostos, eram tomadas por meio do voto em uma assembleia pública aberta a todos os cidadãos. Os dirigentes – quer escolhidos ao acaso ou eleitos – eram submetidos a um cuidadoso escrutínio no conselho e na assembleia, e às vezes também nos tribunais, nos quais corpos de jurados com milhares de membros tomavam decisões instantâneas a respeito dos casos que lhes eram apresentados. No século IV a.C., os atenienses chegaram a conceber um sistema de remuneração pública para que os cidadãos mais pobres pudessem comparecer à assembleia, ser escolhidos para cargos públicos e atuar como membros do júri sem perda de renda. Em resumo, os cidadãos atenienses eram totalmente comprometidos com sua capacidade de tomar decisões e governar seu estado. Alguns chegaram ao ponto de sugerir que as mulheres e os escravos também deveriam ter o direito de governar – se tivessem oportunidades e educação apropriadas.

Toda essa confiança na autonomia humana teve o efeito de marginalizar os deuses, pelo menos em certos contextos públicos. O próprio Péricles não mencionou sequer uma única vez os olimpianos em seu discurso fúnebre: os atenienses que tombaram em combate não tinham morrido no campo de batalha a fim de obedecer à vontade dos deuses, e sim porque queriam impor a própria vontade a outros gregos. Do mesmo modo, os discursos políticos e jurídicos raramente invocavam os deuses: os oradores se dirigiam a si mesmos em vez de aos "homens de Atenas" e contavam com seus concidadãos para julgar o que era certo ou errado. Tucídides, que registrou o discurso de Péricles, foi profundamente influenciado pela cultura da assembleia e dos tribunais. A sua *História da Guerra do Peloponeso* praticamente não fez menção aos deuses, e em nenhum momento sugeriu que eles influenciassem os assuntos humanos. Na realidade, Tucídides insinuou que confiar nos deuses e na justiça divina era uma atitude politicamente ingênua. Ele defendeu com bastante clareza essa ideia quando discutiu as hostilidades entre Atenas e a ilha de Melos, no Egeu meridional. Os melianos insistiram em permanecer neutros nos primeiros estágios da Guerra do Peloponeso entre Atenas e Esparta, mas Atenas os colocou diante de uma escolha extrema: ou se juntavam à liga de Delos ou seriam destruídos. Os melianos contestaram, afirmando que não tinham feito nada errado e que, portanto, os deuses os protegeriam. Os atenienses replicaram dizendo que "os fortes fazem o que querem, e os fracos sofrem o que têm que sofrer".[13] Conquistaram então a ilha de Melos, mataram todos os homens adultos e escravizaram as demais pessoas. Tucídides nunca mais mencionou os deuses no seu relato da questão meliana. Eles apareceram apenas na vã esperança dos melianos com relação à justiça divina.

Na ausência da confiança em uma ordem divinamente estabelecida, era fácil chegar à conclusão de que o poder era correto. E foi precisamente a essa conclusão que os atenienses chegaram – pelo menos no que dizia respeito à sua política externa. Dentro da própria cidade, o quadro era mais complicado. Péricles descreveu Atenas como uma sociedade livre e aberta, na qual as pessoas nunca lançavam olhares de desaprovação uns aos outros pelo que faziam na vida privada, e a justiça estava supostamente garantida pelos princípios de igualdade perante a lei. No entanto, uma vez mais, a descrição dele foi idealista, ou até mesmo ativamente enganosa. Arqueólogos descobriram centenas de tabuinhas de imprecação no solo da antiga Atenas: as pessoas rabiscavam as mais extremas e detalhadas maldições em pedaços baratos de chumbo, esperando que os deuses fossem persuadidos a praticar o mal contra seus vizinhos, parentes, sócios, interesses amorosos, rivais no esporte e amigos. Às vezes, as tabuinhas eram acompanhadas até mesmo por equivalentes gregos antigos das bonecas de vudu. A julgar pelo mero número dessas maldições, parece que as pessoas tentavam constantemente fazer mal umas às outras na Atenas clássica. O interessante é que muitas tabuinhas faziam referência a processos judiciais: os litigantes evidentemente sentiam que apresentar suas queixas diante da lei não era suficiente, por isso pediam aos deuses que esmagassem os adversários, tornassem-nos incoerentes no tribunal ou, melhor ainda, que lhes causassem um ataque, para que morressem repentinamente diante dos jurados. Os pedidos desse tipo eram em geral dirigidos às mais sinistras divindades – Hades, governante do Mundo Subterrâneo, aparecia com particular frequência. No entanto, alguns olimpianos também estavam presentes nas tabuinhas de imprecações, ao lado de epítetos que especificavam seus poderes mais sinistros: Hermes *chthonios*, "do Mundo Subterrâneo", e Deméter *chthonia* eram aparentemente deuses poderosos para as maldições. Embora os deuses dificilmente fossem mencionados em processos judiciais oficiais, as pessoas evidentemente acreditavam que pudessem afetar o que acontecia no tribunal. O princípio da igualdade perante a lei não tranquilizava, portanto, os atenienses, e um corpo de jurados humano não era inteiramente confiável para providenciar o que se configurava necessário.

Aparentemente livre, racional e igualitária, Atenas ocultava um núcleo interferente e maligno. Os atenienses insistiam na sua capacidade humana de governar a si mesmos, mas, ao mesmo tempo, aliciavam o poder oculto dos deuses a fim de se prejudicar mutuamente. Não era fácil viver à altura de princípios completamente democráticos, acreditando que as pessoas eram capazes de governar a si mesmas e julgar umas às outras de modo adequado. Os deuses eram necessários precisamente porque podiam ser parciais e injustos. Péricles asseverou que Atenas era a "educação para a Grécia", mas a cidade não oferecia lições fáceis – pelo menos não a respeito de como as pessoas deveriam conviver umas com as outras, tampouco a respeito dos deuses.

5

EXÍLIO E MORTE

QUANDO GÓRGIAS DE LEONTINI chegou a Atenas em 427 a.C., as pessoas repararam nele. Ele era fisicamente imponente, porém, mais importante que isso, havia algo surpreendente a respeito da maneira como falava: havia ritmo, simetria, rima no que dizia. As palavras pareciam revelar seu significado mais profundo apenas pela maneira como ele as arranjava e articulava. Não teve nenhuma dificuldade em convencer os atenienses de que eles deveriam oferecer apoio militar à sua cidade natal de Leontini, na Sicília oriental – na realidade, eles o ouviam como se estivessem fascinados. E Atenas também lançou um feitiço sobre Górgias. Ele voltou para sua cidade como herói, mas não se importava mais com as questões de Leontini. Na primeira oportunidade, voltou para Atenas e começou a ensinar retórica lá. Sabia que poderia cobrar quanto quisesse: os atenienses estavam desesperados para falar como ele. Até mesmo hoje em dia, ainda podemos ouvir sua voz e seu jogo de palavras – eles estão nos enredos do teatro ateniense, na *História da Guerra do Peloponeso* de Tucídides, nos discursos políticos e em diálogos filosóficos atenienses. Seu ensinamento de fato lançou raízes profundas. Górgias nunca foi um homem de atenuar as coisas e, com o tempo, ficou tão rico que encomendou uma estátua de si mesmo inteiramente revestida de ouro e a exibiu em Delfos.

Górgias foi um entre vários intelectuais estrangeiros que contribuíram para um crescente senso de ansiedade moral e religiosa em Atenas nas últimas décadas do século V a.C. Fez isso mesclando diferentes opiniões a respeito de deuses e homens, e causando muita confusão. A fim de treinar seus discípulos em oratória, Górgias não utilizou os pormenores da lei ateniense (a qual ele provavelmente nem mesmo conhecia), recorrendo, em vez disso, a poemas e mitos que pertenciam a todos os gregos. O resultado foi que os pontos de vista tradicionais a respeito dos deuses foram submetidos a uma nova espécie de escrutínio quase legal. Em uma proeza retórica, por exemplo, ele se propôs defender a mais vilipendiada mulher na face da Terra: Helena de Troia. Era verdade, admitiu ele, que ela abandonara o marido, zarpara com Paris e causara a Guerra de Troia — mas, afinal de contas, agia sob a influência de Afrodite e, como Górgias enfatizou em seu estilo tipicamente assonante, era impossível "ignorar a predeterminação de um deus por meio da prévia consideração humana".[14] Górgias acrescentou muitos outros motivos pelos quais Helena deveria atrair compaixão, e não censura. Sugeriu, por exemplo, que Paris havia seduzido Helena por meio de uma linguagem irresistível: "A palavra é um grande poder, que tem um corpo minúsculo e invisível, mas realiza as obras mais divinas; ela pode pôr fim ao medo e mitigar as mágoas, criar alegria e aumentar a compaixão".[15] Com esse argumento, Górgias aliou sua sorte à de Helena: se seu discurso — sua criação invisível, porém poderosa — fosse capaz de persuadir, então Helena devia ser considerada inocente.

Os argumentos de Górgias encerravam algo emocionante e imoral. Ninguém na Antiguidade achava aceitável que uma mulher na vida real se comportasse como Helena, e Górgias se deleitou com a qualidade escandalosa de sua sugestão. Concluiu sua *performance* dizendo que tinha apresentado "um discurso em louvor a Helena, e uma diversão para si próprio".[16] Então, afinal de contas, Górgias e Helena não estavam no mesmo barco. Ela continuou sendo uma mulher desavergonhada, enquanto ele apenas se divertia — ou pelo menos era o que dizia. Exatamente o que Górgias pensava, e exatamente o que ensinava, permaneceu incerto. Ele escreveu um famoso tratado chamado *Sobre o Não Ser ou Sobre a Natureza*, no qual argumentou que nada existe; que, mesmo que alguma coisa existisse, não poderíamos conhecê-la; e que, mesmo se a conhecêssemos, não poderíamos comunicá-la aos outros. Era esse também apenas um tópico para divertimento ou um argumento sério, que tinha a intenção de libertar as palavras em prol da realidade? Até hoje, algumas pessoas levam Górgias a sério como filósofo, enquanto outras apenas o descartam como um imponente palhaço. Em Atenas, as afirmações de Górgias eram exploradas tanto em sentido sério quanto cômico, mas, sobretudo, eram consideradas genuinamente proveitosas: toda uma indústria de treinamento retórico logo apareceu para ensinar as pessoas a falar a favor ou contra qualquer coisa. Certas proposições morais poderiam ser verdadeiras ou falsas – tudo dependia do que soava convincente em um contexto específico.

Uma coleção de *Discursos Duplos* nessa tradição sobreviveu da Atenas clássica, demonstrando formalmente os dois lados de determinado argumento. *Sobre o que é Aceitável e o que é Vergonhoso*, por exemplo, começa com uma atitude direta e objetiva ("o adultério é sempre vergonhoso") e depois muda para o relativismo cultural: espartanos, atenienses, trácios e egípcios têm pontos de vista diferentes a respeito do adultério, de modo que precisamos concluir que o adultério é perfeitamente aceitável em determinadas circunstâncias. Esse tratado termina com um ataque à poesia: não é possível comprovar a autoridade dos poetas quando o assunto são os julgamentos morais, insiste o tratado, porque "os poetas compõem para dar prazer, e não para oferecer a verdade".[17]

Nesse clima, a poesia épica homérica se tornou suspeita. Quando Górgias argumentou que Helena era inocente porque Afrodite a obrigou a cometer adultério, pegava sua deixa de um trecho da *Ilíada 3*, no qual a deusa, disfarçada de idosa, fora buscar Helena nos muros da cidade e lhe dissera que voltasse imediatamente para seu quarto.[18] Nessa ocasião, Helena havia censurado a deusa: recusara-se a se juntar a Paris na cama e tentara se manter firme, mas fora esmagada pelo poder superior de Afrodite. O diálogo homérico entre Helena e Afrodite parecia enigmático, até mesmo na Antiguidade. Estaria Helena falando do próprio desejo sexual? Ou de fato não tinha nenhum controle físico sobre suas ações? Homero afirmou que Afrodite havia, na verdade, retirado Helena fisicamente dos muros da cidade e a lançado no quarto de Paris contra sua vontade. Mas esse relato homérico era plausível? Na versão prosaica de Górgias, isso começou a soar altamente improvável: um sofisma imoral, em vez de uma exploração poética do poder divino.

O dramaturgo Eurípides seguiu os passos de Górgias ao encenar um processo judicial contra Helena em uma de suas tragédias, as *Mulheres Troianas*. A peça tem como cenário o desolador período que se seguiu à Guerra de Troia; a cidade de Troia é uma pilha de cinzas no pano de fundo, e as mulheres troianas escravizadas aguardam para ser distribuídas aos novos senhores gregos. No meio de toda a devastação, Helena aparece no palco elegantemente vestida, pronta para deixar as mulheres troianas entregues a seu terrível destino e retomar a antiga vida ao lado do primeiro marido, Menelau, depois de sua fuga de dez anos. Como ela compreende que tanto os gregos quanto os troianos têm motivos para guardar rancor dela, Helena profere um eloquente discurso em sua autodefesa. A Guerra de Troia não foi culpa dela, afirma: foi um plano arquitetado pelos deuses. Menelau está preparado para aceitar isso, o que é compreensível, já que a beleza de Helena oferece toda a persuasão de que necessita. Na realidade, sua única preocupação é se ela ganhou algum peso depois da última vez em que a viu. As mulheres troianas são uma audiência mais difícil para Helena: "Afrodite é apenas um sinônimo para a palavra insensatez", vocifera Hecuba, ex-rainha de Troia.[19] Hecuba está certa, claro. Mas também terrivelmente equivocada: Afrodite não era apenas a luxúria pessoal de Helena, e a Guerra de Troia não acontecera apenas por culpa de uma bela mulher. Não havia, na verdade, nenhuma explicação plausível para aquela guerra. E os deuses do Olimpo tinham a tendência de aparecer precisamente quando a história se tornava implausível; quando as pessoas se comportavam de maneiras que pareciam inexplicáveis.

Górgias e Eurípides obrigaram os atenienses a pensar arduamente a respeito dos deuses e do relacionamento destes últimos com a ação e a responsabilidade humanas. Em Homero, tanto deuses quanto mortais foram responsáveis pelo que aconteceu, em uma ação conjunta; mas agora havia escolhas judiciais a serem feitas. Ou Helena era culpada de ter escolhido se comportar mal, ou não era. E, se fosse culpada – se não tinha sido arrastada para o quarto de Paris contra a própria vontade –, então o poder de Afrodite seria colocado em dúvida. Isso era novidade. As pessoas estavam acostumadas a aplicar diferentes padrões de raciocínio às alegações de poder divino, dependendo do contexto. Em um verdadeiro processo judicial, declarar que "os deuses me obrigaram a fazer isso" não era cabível, embora na poesia o poder dos deuses parecesse real – explicava, por exemplo, por que as pessoas se comportavam de uma maneira que sabiam ser a errada. Agora, essas diferentes perspectivas sobre os deuses estavam sendo vigorosamente impelidas uma contra a outra, forçadas a colidir.

Era sobretudo no palco ateniense que a colisão acontecia – em parte, sem dúvida, porque o teatro era uma instituição tanto religiosa quanto política. Tragédias e comédias atenienses eram encenadas em homenagem ao deus Dionísio em seus festivais anuais, mas também eram importantes ocasiões cívicas. Em determinado momento, assim como no serviço político e do corpo de jurados, os atenienses introduziram subsídios do estado para os cidadãos mais pobres que desejavam comparecer aos festivais de Dionísio, mas não podiam se dar ao luxo de tirar dias de folga no trabalho. Tornava-se evidente que ir ao teatro era considerado tão importante quanto servir em um corpo de jurados ou participar da assembleia legislativa. No entanto, as peças não transmitiam nenhuma agenda política direta e tampouco defendiam um credo religioso bem definido. Mais exatamente, ofereciam algo interessante, atraente e difícil de interpretar. Talvez seu valor político residisse precisamente no fato que faziam as pessoas pensar, adestrando-as, portanto, na deliberação.

As peças de Eurípides colocavam os atenienses diante de questões espinhosas a respeito dos deuses – e não apenas *Mulheres Troianas*. Suas tragédias, com frequência, começavam com um mito tradicional, que seria posteriormente contestado e destruído. *Héracles*, por exemplo, se baseava em uma história bastante conhecida: Hera, com ciúmes do caso amoroso de Zeus com a mortal Alcmena, infligira a loucura em Héracles, o filho que havia nascido dessa união, induzindo-o a matar a própria esposa e seus filhos. Em seguida, a peça dava uma guinada inesperada. Quando a loucura diminui, o Héracles de Eurípides pergunta a si mesmo como Hera pode ser tão cruel a ponto de obrigá-lo a matar a própria família, e quem será que gostaria de venerar uma deusa como ela. Na realidade, prossegue ele, toda aquela ideia de que os deuses tinham parceiros sexuais, sentiam ciúme e descarregavam suas frustrações nos mortais não fazia nenhum sentido: "O deus, se realmente for um deus, não precisa de nada; tudo o mais são apenas palavras ignóbeis de poetas".[20] O paradoxo da peça, é claro, era que, ao expressar esses pensamentos, Héracles questionava a própria existência. Como personagem de uma peça, ele era o produto das "palavras ignóbeis de poetas". De modo mais específico, como era filho de Zeus com uma mortal, era irônico que ele – entre todos os demais personagens – duvidasse da ideia de que os deuses sentissem desejo sexual. Eurípides não resolveu o paradoxo dentro da própria peça. Uma das maneiras de interpretar *Héracles* é que, quando Héracles desconfia da crueldade de Hera e da própria linhagem, ele ainda está, na verdade, louco. Mas, se não estiver, tem razão ao afirmar que a verdadeira divindade não precisa de nada; e, sendo assim, torna-se duvidoso o motivo de os atenienses precisarem se reunir no teatro de Dionísio e celebrar um festival em homenagem a ele.

Essas ideias chocaram a cidade de Atenas. Um comediante afirmou que os vendedores de guirlandas e outros tipos de parafernália religiosa tinham ido à falência porque "Eurípides convenceu as pessoas de que os deuses não existem".[21] Não há razão para levar esse gracejo ao pé da letra: na realidade, as pessoas continuaram a prestar culto aos deuses. Os festivais e os sacrifícios continuaram a seguir o calendário ateniense tradicional; sacerdotes ainda eram nomeados, oferendas eram feitas e guirlandas, sem dúvida, trançadas e vendidas. O próprio Eurípides continuou a escrever peças para o festival de Dionísio, não importando as afrontas que fazia seus personagens dizerem a respeito dos deuses. Mas um equilíbrio sutil fora rompido. Diferentes maneiras de pensar a respeito dos deuses mesclavam-se de um jeito novo e alarmante. Argumentos quase legais a respeito do mito mudaram o modo como as pessoas pensavam sobre os olimpianos; e, inversamente, intelectuais proeminentes começaram a ser efetivamente levados diante do tribunal sob a alegação de que tinham insultado os deuses. Os julgamentos por *asebeia* (impiedade) eram um sinal claro de que os atenienses se sentiam cada vez mais ansiosos a respeito de suas divindades.

Anaxágoras, segundo quem o deus-sol era um pedaço de pedra, foi um dos primeiros a perecer. Parece que, em algum momento durante a década de 430, ele foi acusado de *asebeia* e exilado de Atenas. Estabeleceu-se em Lâmpsaco (a Turquia moderna) e permaneceu lá pelo resto da vida; depois de sua morte, as pessoas do local ergueram um altar "em nome da Mente e da Verdade" em sua homenagem, sem dúvida se sentindo mais esclarecidas que os atenienses. Curiosamente, Anaxágoras foi acusado de medismo (ou seja, de ser simpatizante dos persas), além de impiedade. Essa acusação pode ter tido alguma coisa a ver com as origens de Anaxágoras: Clazômenas, sua cidade natal, uma localidade grega, havia ficado ao lado dos persas, contra outros gregos, durante as Guerras Persas. Mas Anaxágoras já morava em Atenas havia muitos anos, e os persas tinham se tornado, havia muito tempo, uma ameaça mais virtual que imediata. Seu "medismo", portanto, pode ter sido mais uma questão ligada a suas teorias sobre os deuses do que à sua política internacional: seu interesse pelas estrelas pode ter se apresentado próximo demais das tradições astronômicas orientais. Além disso, a escolha do momento do julgamento de Anaxágoras revelou preocupações internas, e não internacionais. Anaxágoras era amigo próximo de Péricles, e o ataque a ele pode ter tido a intenção de desacreditar o político exatamente na ocasião em que Péricles estava no auge de seu poder. As considerações políticas desse tipo, contudo, não indicavam a ausência de uma genuína ansiedade religiosa. Pelo contrário: se, a fim de prejudicar Péricles, fosse proveitoso sugerir que seu amigo era ímpio, era evidente que os atenienses estavam preocupados com a possibilidade de que Anaxágoras (e, na verdade, seu amigo Péricles) pudesse ofender os deuses.

O ateu Diágoras foi o próximo: ele foi acusado de *asebeia* em 415 a.C., ano seguinte àquele em que os atenienses invadiram Melos e mataram toda a população masculina. Nessa ocasião, o próprio Diágoras estivera morando em Atenas, bastante pacificamente, durante muitos anos, mas de repente seu povo se voltou contra ele, revelando a confusão moral e religiosa em que se encontravam. A ironia foi que Diágoras tinha, a essa altura, todos os motivos para duvidar da existência dos deuses: afinal de contas, os melianos haviam acreditado que os deuses os protegeriam da força ateniense e, como consequência disso, tinham sido exterminados. Agora, Diágoras também se defrontava com a execução, por *não* confiar nos deuses. Os detalhes do seu julgamento foram preservados para nós nos textos de um erudito árabe medieval, Mubaššir ibn Fātik, que deve ter tido acesso a um antigo relato detalhado, porque informa o preço exato que os atenienses ofereceram pela cabeça de Diágoras.[22] Sabiamente, Diágoras não ficou por perto esperando pelo veredicto: fugiu para Corinto antes mesmo de o julgamento acontecer, e viveu lá pelo resto da vida.

Enquanto pensadores estrangeiros incômodos como Anaxágoras e Diágoras podiam ser isolados e exilados, os atenienses tranquilizavam-se dizendo a si mesmos que tudo ia bem com sua cidade e o relacionamento dela com os deuses. Mas, quando Sócrates foi acusado de impiedade em 399 a.C., o julgamento dele abalou a cidade inteira. Sócrates era um cidadão proeminente, além de ateniense de nascença. Intelectualmente comprometido, pobre e intrépido em combate, personificava vários valores fundamentais da democracia de Atenas. É verdade que não participava ativamente da política e, de modo geral, irritava as pessoas com seu incessante questionamento a respeito da boa vida, da justiça, do amor e de muitos outros assuntos, que tendiam a parecer ainda mais complicados depois de ele lidar com eles. Ainda assim, os atenienses tinham orgulho de sua liberdade de expressão, e tudo o que Sócrates fazia era falar. Por que acabou sendo executado era uma questão que os próprios atenienses se esforçavam para responder, embora permaneça um enigma até hoje.

É difícil reconstruir os detalhes do seu julgamento, embora, com certeza, ele tenha sido acusado de "não acreditar nos deuses nos quais a cidade acredita, de introduzir novos deuses e de corromper os jovens".[23] Quais os deuses que Sócrates deixou de respeitar não é declarado nas fontes, mas, tendo em vista o ímpeto tradicional das acusações, parece seguro supor que os deuses em questão eram principalmente os do Olimpo. Os olimpianos dominavam o calendário anual dos festivais atenienses, apareciam nos monumentos cívicos mais importantes e desempenhavam importantes papéis nos poemas homéricos, os quais recebiam a honra de ter representações regulares nas Panateneias, o festival mais importante da cidade. Quanto aos novos deuses que Sócrates supostamente introduziu, as coisas são menos claras. Aparentemente, ele insistia em que "uma coisa divina", um *daimonion ti*, falava regularmente com ele, exortando-o a adotar determinadas linhas de procedimento. Fora uma injunção desse tipo, por exemplo, que o proibira de participar de maneira ativa da política. Desse modo, fossem quais fossem os novos deuses (ou, o que era mais provável, noções de divindade) que Sócrates defendia, eles desencorajavam o envolvimento com o processo democrático. A religião de Sócrates parecia se configurar contra as atribuições de um bom democrata, e esse fato por si só deve ter pesado contra ele no tribunal.

Um corpo de jurados composto por quinhentos homens atenienses, escolhidos ao acaso, o considerou culpado por uma margem extremamente pequena. Em termos técnicos, o veredicto não tinha que conduzir à execução de Sócrates, porque seu caso caiu na categoria de "julgamentos estimados", nos quais o estado reconhecia que poderia haver diferentes graus de culpa. O procedimento era simples: se o acusado fosse considerado culpado, o promotor público propunha uma penalidade, o acusado propunha uma contrapenalidade menor, e os jurados escolhiam uma das duas. Sócrates poderia ter escapado com uma multa, mas decidiu zombar de todo o procedimento e exigiu, como punição, almoços gratuitos pagos pelo governo pelo resto da vida. Desse modo, a proposta do promotor público prevaleceu: a pena de morte.

Platão insiste em afirmar que, mesmo depois do veredicto, Sócrates poderia ter facilmente fugido de Atenas e partido para o exílio, mas optou por respeitar as leis de sua cidade. Era um bom ateniense, pelo menos na descrição de Platão, e não tinha nenhuma intenção de fugir: permaneceria firme diante do veredicto, assim como permanecera firme diante do inimigo em combate. Desse modo, rodeado por amigos e pelos seguidores mais próximos, aos 70 anos de idade, Sócrates bebeu a xícara de cicuta e morreu. Posteriormente, ninguém conseguiu entender exatamente o que tinha acontecido. Um grande número de panfletos a respeito de Sócrates foi publicado logo depois de sua morte; somente as obras de Platão e Xenofonte sobreviveram, mas sabemos que havia dezenas de outros escritores discutindo uns com os outros e tentando compreender o evento.

Os historiadores modernos sugerem que Sócrates foi julgado com base em acusações fraudulentas, e que os verdadeiros motivos eram políticos, e não religiosos. No entanto, na verdade, é difícil distinguir aqui entre política e religião. Os atenienses estavam preocupados com a sua democracia e achavam que os deuses estavam se voltando contra eles. Haviam sofrido reveses devastadores na segunda metade do século V a.C.: uma longa guerra contra Esparta que terminara em derrota, uma epidemia de tifo que havia matado pelo menos um quarto da população, além de dois brutais golpes oligárquicos: um deles em 411 a.C. e o outro em 404 a.C. Tucídides apresentou uma avaliação objetiva da guerra, da epidemia e de suas consequências morais: "As pessoas não se esforçavam mais para ser honradas, porque não sabiam se viveriam tempo suficiente para obter uma reputação honrada".[24] Alguns atenienses se encaixam especialmente bem nessa descrição. Por exemplo, Alcibíades, famoso por sua aparência, seus cavalos, riqueza e excessos de embriaguez — além do caso amoroso intermitente com Sócrates. Durante a Guerra do Peloponeso, ele havia desertado para Esparta e depois para a Pérsia, antes de participar da conspiração contra a democracia em 411 a.C. E havia Crítias, um dos trinta tiranos que tomaram o poder em 404 a.C.: ele se pôs a "purgar a cidade", como declarou Lísias, uma testemunha contemporânea.[25] Centenas de pessoas foram condenadas à morte por meio de ingestão de cicuta, e muitas outras, obrigadas a ir para o exílio durante o período de governo oligárquico. Crítias também foi amigo próximo de Sócrates.

A democracia foi enfim restabelecida em 403/402 a.C., e apenas três anos depois Sócrates foi levado a julgamento. Admite-se, de modo geral, que ele foi visado porque amava e ensinava os mais vilipendiados aristocratas e violentos antidemocratas de sua época, mas a afronta religiosa também pode ter feito parte da mistura. Alcibíades, em particular, era lembrado por ter escarnecido abertamente da religião cerca de quinze anos antes. Em um de seus excessos de embriaguez, profanara os ritos de Deméter em Elêusis e mutilara os hermes — cabeças do deus Hermes em uma coluna que exibia um pênis ereto (veja a gravura 3). Esses hermes eram objetos reverenciados, cujas origens remetiam a emblemas totêmicos, marcando a posse de territórios. Em Atenas e na zona rural circundante, os hermes eram colocados em encruzilhadas, limites de campos e entrada de casas. Alcibíades ousara decepar o pênis deles, considerando-se mais poderoso do que um sinal ancestral da ordem divina, do que aqueles símbolos sagrados integrados à paisagem. Os atenienses ficaram horrorizados, e Alcibíades foi julgado e considerado culpado de profanação.

Ainda assim, a questão dos hermes, aliada à associação de Sócrates a Alcibíades, e a outros aristocratas, não pode ter sido a única razão por ele ter sido julgado por impiedade. Afinal de contas, Crítias e Alcibíades já estavam mortos quando Sócrates foi acusado, e os atenienses sentiam-se propensos a deixar o passado para trás. Depois que a democracia foi restabelecida em 403/402 a.C., uma anistia geral proibiu julgamentos por transgressões políticas cometidas antes daquele ano. Talvez os atenienses que haviam considerado Sócrates culpado estivessem mais preocupados com seus seguidores da época do que com as exuberantes oligarquias que ele amara em décadas anteriores. Os cínicos (ou seja, "pessoas que viviam como cães") ganhavam proeminência no final do século V, e consideravam Sócrates professor deles. Faziam ainda questão de demonstrar seu desprezo pela sociedade civil: masturbavam-se em público, defecavam nas ruas e se recusavam a se considerar cidadãos. Desprezavam as manifestações tradicionais de religião e insistiam em viver de acordo com a natureza, como animais. Os bons pais de família que fizeram parte do corpo de jurados em 399 a.C. e condenaram Sócrates à morte talvez estivessem preocupados com a possibilidade de que os filhos também se aliassem aos cães. Em outras palavras, talvez se preocupassem precisamente com as questões que a acusação enfatizava: a religião, a segurança da cidade e a geração seguinte.

Os deuses do Olimpo, como todas as figuras tradicionais, inspiravam uma sensação de segurança e conforto. Não eram de modo algum perfeitos, claro, mas sempre havia maneiras de conduzi-los. Gostavam de sacrifícios de animais, libações, oferendas votivas, festivais, competições atléticas, da bela poesia e de dança. Se recebessem o que queriam, ofereciam em troca as próprias dádivas. As permutas tradicionais com os deuses precisavam ser plenamente endossadas e confirmadas, em particular quando Atenas estivesse passando por uma crise difícil. Não era prudente sugerir que os deuses não existiam, ou não se importavam com a maneira como os mortais se comportavam — ou, o que era ainda pior, que um *daimonion ti*, uma "coisa divina", impedia o envolvimento com obrigações cívicas normais. Os atenienses que tinham sobrevivido à guerra, à peste e a dois golpes oligárquicos estavam cansados. Desejavam paz e estabilidade; precisavam de uma boa política e do conforto da religião tradicional. Mais importante ainda: precisavam acreditar que as duas coisas caminhavam juntas; que sua democracia não estava, na prática, em conflito com os deuses.

6

FICÇÕES E FANTASIAS

NOVOS PERIGOS AGUARDAVAM os deuses do Olimpo depois da morte de Sócrates em 399 a.C. Platão lançou um completo ataque contra eles, em parte, sem dúvida, porque as ideias tradicionais a respeito dos deuses haviam colaborado para a morte de seu mestre. Algumas décadas depois, Aristóteles, aluno de Platão, caracterizou os olimpianos como ficções e fantasias. Esses dois filósofos se basearam no trabalho de seus predecessores, inclusive na crítica de Xenófanes a Homero e Hesíodo no século VI a.C., mas foram bem além dela — tanto na profundidade dos argumentos quanto na influência de seu legado. Eram agora atribuídos aos deuses lugares em complexos sistemas filosóficos, nos quais eram definidos em relação tanto à verdade divina quanto à criatividade humana. Platão e Aristóteles moldaram, fundamentalmente, a história subsequente dos deuses do Olimpo, embora a princípio seus argumentos causassem pouco efeito na maneira como os gregos comuns tratavam suas divindades.

É claro que na Atenas clássica as pessoas sabiam que os deuses apareciam em todos os tipos de poemas fantásticos e narrativas inacreditáveis, mas também achavam que essas histórias revelavam verdades fundamentais a respeito da divindade. Poetas e artistas afirmavam, por exemplo, que Hermes tinha roubado o gado de Apolo quando era apenas um recém-nascido — e o relato deles com certeza encerrava algum conteúdo, porque Hermes era, de fato, uma divindade útil quando se tratava de furtos e de pedir proteção contra ladrões. E, quando os poetas descreviam como Ártemis tinha pedido ao pai, Zeus, que providenciasse para que nunca se casasse, isso também parecia plausível: as pessoas sabiam, com base na vida real, que Ártemis precisava ser tratada com cautela quando se tratava da realização de um casamento. As meninas, que em geral se casavam por volta dos 14 ou 15 anos de idade, celebravam rituais em homenagem a Ártemis antes das núpcias, e parece que os noivos – em geral, bem mais velhos que elas – também faziam oferendas especiais à deusa nessa ocasião, esperando garantir que ela não causasse muitos problemas com seus costumes próprios de menina no início do casamento.

Uma das razões pelas quais Platão e Aristóteles falharam na intenção de mudar a atitude das pessoas foi o fato de terem adotado uma abordagem estritamente literária dos deuses. Platão, em particular, concentrou-se de modo exclusivo no que os poetas diziam – sem levar em consideração como a mitologia ganhava força com o que os adoradores faziam e sentiam. No que lhe dizia respeito, os sentimentos eram irrelevantes: o que importava era a verdade, e, uma vez que ela estivesse clara, o intelecto domaria as emoções, assim como um domador de leões podia controlar um animal. Ou assim ele supunha. Aristóteles tinha mais respeito pelas emoções, mas também as discutiu estritamente como parte de sua teoria da poesia, em vez de considerar a centralidade delas na crença e na prática religiosas. A abordagem intelectual desses filósofos os distanciou das pessoas comuns, limitando o impacto que causaram em sua própria época. Foi apenas no decurso da História – depois que o cristianismo separou a experiência religiosa e a literatura pagã – que os argumentos deles a respeito da ficcionalidade dos deuses do Olimpo ganharam ampla aceitação.

Quando Sócrates foi executado, Platão culpou o governo do povo e até mesmo o próprio Sócrates – que zombara do processo democrático, e depois respeitara o insano veredicto. Ele passou o resto da vida escrevendo diálogos transcorridos nas décadas que precederam a morte de Sócrates e recriando conversas que Sócrates supostamente tivera com os mais diversos tipos de pessoas nas ruas de Atenas. Não há como saber até que ponto os diálogos de Platão retratam o Sócrates histórico, e até que ponto são um canal para suas próprias ideias; mas parece que Platão diferia do mestre de maneira crucial – não apenas na filosofia, mas também em relação às escolhas. Reza a lenda, por exemplo, que Platão deixou Atenas quando Sócrates morreu, viajando até a Sicília e o Egito em busca de governantes dispostos a escutar os filósofos e a governar de acordo com a sabedoria deles. Quando voltou para Atenas, continuou a censurar sua cidade natal, o sistema político, a poesia e as opiniões vigentes nela sobre os deuses. Em vez de viver entre as pessoas e discutir com elas nas ruas, Platão fundou uma escola à parte, a Academia, que continuou a florescer séculos depois de sua morte.

Nos textos de Platão, a democracia é uma cacofonia infernal e um conflito de desejos desmedidos. Sua obra mais influente, *A República*, apresenta a cidade democrática como analogia para a alma humana – em um avançado estágio de degeneração. O homem democrático segue seus instintos, desfruta prazeres aleatórios, muda de opinião e ocupação de acordo com suas inclinações, e abomina todas as formas de autoridade, inclusive o domínio do intelecto. E a poesia, segundo se revela, é o perfeito complemento dessa criatura depravada: agrada aos impulsos inferiores do homem e o incentiva a ser passional e violento. Platão contesta em particular a mistura de entretenimento e compreensão teológica que os poetas apresentam – em outras palavras, a maneira insuficientemente respeitosa como tratam os deuses. Na verdade, seu ataque à poesia em *A República* se concentra na apresentação dos olimpianos.

Platão deixa claro que Homero e Hesíodo não teriam um lugar em sua cidade ideal, porque os poemas de ambos disseminam rumores falsos e degenerados a respeito das divindades. Por exemplo, ele apresenta a descrição de Hesíodo de como Cronos castrou o pai, e de como Zeus, por sua vez, substituiu Cronos, como uma perigosa mentira. Na opinião de Platão, a história é um convite à violência e à insurreição – e, como os cidadãos devem sempre sujeitar os próprios desejos ao bem comum, deveriam ser protegidos da subversiva *Teogonia* de Hesíodo.[26] Os poemas épicos homéricos são igualmente perigosos, de acordo com Platão. A história em que Hera seduz Zeus, por exemplo, não apenas encoraja a sensualidade, como também é pura e simplesmente blasfema: um deus supremo nunca poderia ficar distraído por causa de sexo, e com certeza não a ponto de possuir Hera naquele momento no Monte Ida, sem nem ao menos se dar o trabalho de se recolher a seu quarto.[27] A história de Ares e Afrodite flagrados na cama também é ridícula. Platão se opõe especialmente ao desenlace cômico final: os deuses, escreve ele, não deveriam ser apresentados em atitude de contemplação e aos risos diante de dois amantes capturados nus pelas correntes de Hefesto. "Se um poeta representar homens respeitáveis dominados pelo riso, não deveríamos aprová-lo — muito menos se ele retratar deuses no ato de rir".[28] Em resumo, os deuses não eram motivo de riso para Platão, e com certeza não deveriam sê-lo para si mesmos.

Além do riso, Platão também se opõe ao terror. Os deuses jamais deveriam inspirar essa poderosa emoção. As mães, na opinião dele, têm tanta culpa quanto os poetas.

> As mães não devem ser convencidas pelos poetas a assustar os filhos com histórias mal contadas de como os deuses perambulam à noite com a aparência de estrangeiros de todas as terras, de modo que essas mães não possam — por meio do mesmo ato — difamar os deuses e promover a timidez nos seus filhos.[29]

No âmago dos ataques de Platão à poesia encontram-se exatamente as mesmas preocupações que motivaram o julgamento de Sócrates: os deuses, a cidade e a geração seguinte. Ele nunca se cansa de atacar Homero e Hesíodo pela maneira como retratam os deuses e encorajam o comportamento irracional. Com efeito, como disse um crítico moderno, seu ataque à poesia corresponde a "uma rejeição em grande escala do politeísmo grego tradicional".[30]

O que Platão oferece no lugar é o tema de muitos tratados eruditos; na realidade, durante muitos séculos, ele foi *o* tema da investigação teológica. Entre os cristãos, e mais tarde também entre os muçulmanos, pensar a respeito dos deuses por um longo tempo significou desenvolver as ideias de Platão. Isso torna extremamente difícil, hoje em dia, traçar uma linha entre as opiniões do próprio Platão e ideias posteriores a respeito dessas opiniões, ou distinguir entre Platão e o platonismo. Mas o ponto principal, pelo menos no que diz respeito a essa história dos deuses do Olimpo, parece ser suficientemente simples. As opiniões de Platão sobre os deuses do Olimpo são influentes, porque fazem parte de um argumento mais amplo a respeito da verdadeira natureza do divino – a qual, de acordo com Platão, é única, completamente benigna, imutável e perene. A doutrina de Platão pode soar cristã, ou mesmo muçulmana, mas tem suas origens na Atenas clássica. Um grande número de opiniões passaram pela cidade: que os deuses do Olimpo não existiam; que não eram o que as pessoas pensavam que eram; e que o poder supremo era uma inteligência superior única e divina. Algumas pessoas falavam com sinceridade; outras, com escárnio. Algumas mudavam de opinião dependendo das circunstâncias; outras, ainda, faziam *questão* de mudar de opinião, a fim de mostrar que podiam argumentar a favor e contra qualquer ponto de vista. Platão detestava toda essa confusão, essa hipocrisia: odiava os professores de retórica e a maneira como invocavam os poetas a fim de defender suas ideias. Detestava argumentos baseados em aparência e circunstâncias. O que ele queria era a verdade, sólida e imutável.

A realidade mais fundamental, para Platão, não era o mundo segundo a percepção oferecida pelos sentidos, mas as Formas abstratas não materiais captadas pelo intelecto – como a Forma de Deus, única e perfeita. A realidade material imitava as Formas, de acordo com Platão, e a poesia imitava a realidade, de modo que ela estava duplamente afastada da verdade: esse era um dos argumentos que Platão usava contra os poetas. Mas sua teoria da *mimesis*, ou "imitação", não se dava especialmente bem com os deuses segundo descritos na literatura. Era difícil saber *o que* o Apolo de Homero imitava, por exemplo: no início da *Ilíada*, ele "chegou como a noite", mas, depois, de repente, agachou-se, mirou e atirou flechas.[31] Atena, no começo da *Odisseia*, assumiu a aparência de um visitante estrangeiro a fim de falar com Telêmaco, mas depois partiu "lançando-se em voo como um pássaro".[32] Os monstros mitológicos passaram por problemas semelhantes: estavam intimamente ligados aos deuses do Olimpo; na realidade, eram não raro seus ancestrais ou descendentes. Centauros, sereias, minotauros e monstros de muitas cabeças como Tífon imitavam a realidade? Se o faziam, não o faziam muito bem.

O próprio Platão admitiu que deuses e monstros não eram particularmente receptivos à sua teoria da literatura. Em um de seus diálogos, ele relata uma suposta conversa sobre o tema entre Sócrates e um jovem chamado Fedro. Enquanto os dois passeavam juntos, o jovem pergunta a Sócrates se o deus do vento chamado Bóreas de fato tinha estuprado uma menina, e Sócrates responde que talvez o mito possa ser visto como uma extravagante imitação da realidade: talvez uma rajada de vento tenha um dia empurrado uma menina despenhadeiro abaixo, e as pessoas passaram a descrevê-la como tendo sido raptada por Bóreas. Mas Sócrates não fica nem um pouco satisfeito com essa linha de argumentação. "Fedro, acredito que explicações desse tipo sejam atrativas [...] mas requerem muito tempo e inventividade", diz ele, "porque, depois de lidar com Bóreas, pessoas inteligentes precisariam lançar mão da forma do Centauro, e depois também da Quimera, e de uma grande porção de outras coisas – Górgonas e Pégasos –, enquanto hordas de criaturas intratáveis e assombrosas afluíssem em massa na direção delas".[33]

O problema não residia em descobrir como as pessoas poderiam ter inventado os monstros mitológicos: suas partes integrantes eram, em geral, fáceis de identificar. Um centauro era metade cavalo e metade homem; a Quimera era "um leão na frente, uma cobra atrás e uma cabra no meio", pelo menos de acordo com a proveitosa explicação de Homero;[34] as Górgonas eram mulheres com cobras no lugar de cabelo, e Pégaso era um cavalo alado. Mas por que esses monstros foram reunidos da maneira como foram, e com que propósito? Os ingredientes por si sós não explicavam a receita – e as descrições das criaturas diferiam, de qualquer modo, de poema para poema e de imagem para imagem.

Havia, é claro, a explicação tradicional, na qual os monstros procediam dos tempos caóticos anteriores ao domínio de Zeus, ou eram resultado de encontros sexuais inadequados entre os deuses. Diziam que Píton, o monstro assassinado por Apolo, por exemplo, nascera da deusa Terra, enquanto Pégaso era rebento de Posêidon e da Górgona Medusa. E Platão também estava familiarizado com relatos racionalistas de deuses e monstros que circulavam entre as elites intelectuais – o tipo de explicação bastante laboriosa que Sócrates ridiculariza na obra *Fedro*. Um manual escrito por um sujeito chamado Palefato traz uma ideia de como eram esses

7. *Monstros mitológicos compostos como Tífon apresentavam um desafio para a teoria da imitação de Platão. Embora suas partes componentes fossem em geral reconhecíveis (nessa imagem de um vaso arcaico, por exemplo, Tífon ostenta pernas com formato de cobras e asas de pássaro), a composição geral não se limitava a apenas imitar a realidade.*

argumentos quando feitos com seriedade: continham breves resumos de vários mitos, cada um seguido pela declaração "isto é inconcebível" e uma alternativa prosaica para a História. Belerofonte, diz o manual, nunca matou um monstro chamado Quimera, e sim uma serpente e um leão que viviam juntos no Monte Quimera na Lícia. Do mesmo modo, Odisseu nunca viu um monstro chamado Cila; para ser mais exato, ele foi atacado por piratas cujo navio se chamava *Cila*, sendo pintado de maneira a se parecer com um monstro semelhante a um cão.

O Sócrates de Platão se guia cuidadosa e sedutoramente em meio a essas tradições, sem aceitar nenhuma delas, mas recusando-se também a apresentar uma explicação alternativa dele mesmo. Em vez disso, contorna toda a questão:

Não tenho nenhum tempo para todas essas criaturas míticas, e a razão, meu amigo, é esta. Não sou nem mesmo capaz, de acordo com a inscrição délfica, de "conhecer a mim mesmo"; por conseguinte, parece-me absurdo que, enquanto ainda seja ignorante desse assunto, deva investigar coisas que não têm nada a ver comigo. Assim sendo, portanto, digo adeus a essas criaturas, e acredito no que as pessoas geralmente acreditam a respeito delas. E investigo – como eu disse há pouco –, não essas coisas, e sim eu mesmo, para ver se sou de fato um animal mais complexo e mais violento do que Tífon ou ao mesmo tempo um domador e uma criatura mais simples, compartilhando uma parte divina e não tifônica por natureza.[35]

Embora afirme não ter "nenhum tempo" para histórias de monstros, Sócrates no final apresenta sua impressão sobre Tífon: a criatura é alegorizada como imagem da própria alma de Sócrates ou, mais exatamente, como a parte mais bestial dela. O monstro mítico torna-se uma figura de linguagem: representa a parte da alma que precisa ser domada pelo intelecto; que compartilha sozinha da divindade. Claramente, na opinião de Platão, as ficções poéticas não são todas ruins; algumas podem ser usadas para animar textos filosóficos.

Com frequência, Platão reformula os mitos tradicionais, adaptando-os para ilustrar seus argumentos. Em outra parte de *Fedro*, por exemplo, a alma é comparada a um auriga conduzindo um par de cavalos alados – uma imagem moldada na história de Belerofonte, que tentou voar para o céu no lombo de Pégaso e foi punido pela sua arrogância. Nas mãos de Platão, esse mito assustador se transformou em uma narrativa edificante: um dos cavalos alados, na sua versão, é selvagem e tenta arrastar o auriga em direção à terra, mas o bom cavalo puxa a alma para cima rumo ao céu, onde ela legitimamente deveria almejar estar. Durante sua jornada, a alma consegue avistar os doze deuses "enquanto eles se regalam e banqueteiam", um espetáculo que faz lembrar cenas da poesia homérica. No entanto, ao contrário das divindades excessivamente falíveis de Homero, os deuses em *Fedro* são bons e diligentes. A alma descobre que eles não sentem nenhum ciúme e que também anseiam pela esfera ainda mais elevada das Formas: "eles se regalam voltando-se pronunciadamente para cima, em direção ao céu mais elevado".[36] O que em Homero era entretenimento divino se torna, em Platão, uma cena de elevação celestial.

O problema de Platão com a poesia épica, portanto, não é apenas o fato de os poetas estarem muito afastados da realidade – de eles imitarem uma imitação –, e sim que eles o fazem sem nenhum senso de responsabilidade. Em muitas obras, entre elas *A República*, ele insiste em que a poesia tradicional precisa ser substituída por mitos filosóficos construtivos. Suas tentativas de realizar uma revolução cultural são abrangentes: na música, por exemplo, somente determinadas escalas deveriam ser permitidas: aquelas que induzissem a paz de espírito ou a coragem na guerra. Melodias sentimentais, sedutoras e melancólicas deveriam ser totalmente proibidas. Do mesmo modo, os poetas só deveriam retratar personagens intrépidos, moderados e modestos, sem nenhuma caracterização relacionada a "doença, amor, intoxicação ou infortúnio" – ou seja, precisamente os males que os deuses em geral infligiam aos mortais, e que tendiam a resultar em uma literatura tão boa.

As visões poéticas dos deuses não poderiam ser mais diferentes dos preceitos de Platão. Em uma peça que sobreviveu apenas em fragmentos, por exemplo, Eurípides adapta a história de Belerofonte, mas de maneiras que nos arrastam para baixo em vez de elevar nossa alma. Belerofonte nota que malfeitores vicejam enquanto pessoas virtuosas sofrem incontrolavelmente. Ele começa a duvidar da existência dos deuses, de modo que salta sobre Pégaso e voa até o Olimpo a fim de verificar se os deuses são reais e se se preocupam com a justiça humana – uma jornada que termina com uma descida à loucura e à destruição. Em nível superficial, a peça de Eurípides não faz nenhum sentido: como na sua obra *Héracles*, ele apresenta um personagem mitológico que paradoxalmente duvida da verdade da própria mitologia. (O fato de Belerofonte usar o cavalo alado procriado por Posêidon para investigar a possível não existência dos deuses torna a contradição óbvia.) Ainda mais impressionante do que a abordagem do mito é a falta de qualquer moral óbvia no drama de Eurípides. A história original de Belerofonte era uma advertência sobre os perigos do *hybris*: o herói tenta superar suas limitações humanas e, como consequência, os deuses o punem. A versão de Platão transforma o mito em uma edificante alegoria de aspiração moral e inteligência divina. Mas, em Eurípides, a história de Belerofonte não oferece nenhum discernimento. O herói vê pessoas boas sofrerem, e parte em uma busca de conhecimento e justiça em seu cavalo alado – e depois ele cai, por alguma razão.

Parece impossível conciliar Platão e Eurípides, mas um homem conseguiu encontrar espaço para ambos em sua ampla visão. Assim como Platão, Aristóteles não considerava as descrições tradicionais dos deuses verossímeis. Mas, ao contrário de seu mestre, ele argumentou que, mesmo assim, a poesia era proveitosa, tanto do ponto de vista emocional quanto do intelectual, e para todas as pessoas – até mesmo os filósofos. Aristóteles não tentou reformar os poetas, tampouco sugeriu que a poesia deles pudesse ser adaptada a fim de ilustrar novas teorias filosóficas. Em vez disso, insistiu em que cada tipo de poesia tinha uma função específica. Na *Poética*, ele argumenta que o objetivo da tragédia é "alcançar, por meio da compaixão e do medo, o alívio (*katharsis*) dessas emoções".[37] De acordo com Aristóteles, portanto, quando as pessoas vão assistir à peça de Eurípides, sentem com Belerofonte; experimentam sua compaixão pelo sofrimento humano e seu medo de que os deuses possam não existir ou se importar com a justiça. E depois elas vão para casa e retomam sua vida metódica. A poesia ajuda, não apenas proporcionando alívio emocional, mas também afastando-se da vida cotidiana e refletindo sobre a condição humana em geral, dentro das circunstâncias independentes do teatro. Aristóteles insiste em que a poesia é mais filosófica do que a história, expondo perspectivas mais amplas para a mente: ela descreve "não o que aconteceu, mas o tipo de coisa que poderia acontecer, ou seja: o que pode acontecer de acordo com a probabilidade ou a necessidade".[38]

Essa é uma visão muito mais generosa da poesia do que a rejeição dela por Platão como sendo meramente uma imitação de uma imitação. No entanto, assim como Platão, a teoria da literatura de Aristóteles também tem grande dificuldade em lidar com os deuses do Olimpo: as descrições deles nos poemas épicos, em particular, não parecem limitadas nem pela probabilidade nem pela necessidade. Ao procurar uma resposta para esse problema, Aristóteles afirma que "a correção na poesia" não é a mesma coisa que a correção em outras áreas, como a política ou a arte.[39] Cada empreendimento precisa ser julgado de acordo com os próprios propósitos – e, se o propósito da poesia é o impacto emocional, então os poetas podem fazer qualquer coisa para alcançar esse fim, até mesmo descrever os deuses de maneira altamente improvável. A busca do *ekplexis*, "a emoção do choque", justifica a implausibilidade dos poemas épicos homéricos.[40] Assim é que Atena pode parecer uma mortal comum e depois sair voando com a aparência de um pássaro, e Posêidon pode descer uma montanha em três passos e causar um terremoto. Na realidade, essas emoções são exclusivas dos poemas épicos. (As peças não conseguem igualá-los: nas peças, os deuses são limitados pelas regras do palco, e até mesmo o *deus ex machina* é apenas um ator pendurado em uma geringonça canhestra.) Os deuses homéricos, em resumo, vêm a definir o que a literatura por si só não pode fazer: tornam-se figuras da imaginação, e paradigmas indispensáveis para futuros poetas e escritores.

Os discípulos de Aristóteles organizaram zelosamente suas teorias em um sistema de arquivamento ordenado, com caixas e rótulos elegantes: realidade, verdade, *alētheia*; história, *historia*, um relatório fatual da verdade; ficção, *plasma*, uma coisa plausível; e por fim o mito e a imaginação, *mythos*, *phantasia*. De acordo com a teoria aristotélica, os deuses do Olimpo pertenciam a essa última categoria: não figuravam nos escritos propriamente ditos da história (Tucídides estabeleceu isso), tampouco nas ficções plausíveis que imitavam a vida real. Eles eram fantásticos. Na Antiguidade, esse tipo de afirmação soava bastante polêmica. Quando Platão atacou a poesia devido à maneira pela qual descrevia os deuses, ele não estava apenas interessado na crítica literária; queria, também, demolir a concepção popular de divindade. Quando Aristóteles sugeriu que os deuses da literatura eram voos de fantasia; que só podiam ser perdoados porque tinham impacto emocional, ele deixou de reconhecer as fontes desse impacto – que tinham a ver com conexões entre a literatura e a vida. As pessoas achavam os deuses dos poemas épicos convincentes porque estavam vinculados à experiência ritual. Distinções filosóficas falhavam quando lidavam com os deuses do Olimpo: categorias e rótulos eram constantemente confundidos. Ironicamente, o mais famoso discípulo de Aristóteles seria um dos piores transgressores nesse aspecto. A verdade, a ficção, a história e o mito convergiram nas proezas de Alexandre, o Grande. E os deuses do Olimpo vicejariam no novo mundo que ele criou, expandindo seus horizontes, e adquirindo novas identidades e poderes.

Parte III

Viagem:
O Egito Helenístico

*A*lexandre, o Grande, conquistou um enorme império em pouco mais de uma década (334-323 a.C.), do Danúbio ao Indo, do Himalaia ao deserto do Saara. À medida que viajava cada vez mais para longe de casa, continuou a pensar a respeito dos deuses que lhe eram familiares e em como poderia imitar ou até mesmo sobrepujar as proezas deles. Ele queria descobrir onde Dionísio estivera, e viajar para mais longe do que ele viajara; e estava determinado a realizar trabalhos ainda maiores do que os que Hércules realizara. Alexandre mudava de opinião a respeito de si mesmo tão rápido quanto conquistava novas terras, e os deuses do Olimpo mudavam com ele. Quando começou a achar que era divino — graças, em parte, à sua conquista do Egito, onde os faraós eram considerados deuses em vida —, os deuses também passaram a se sentir mais próximos de sua experiência humana. As concepções babilônicas também influenciaram as ideias predominantes dos olimpianos: a astrologia floresceu depois de Alexandre, o Grande, combinando o mito grego com tradições astrais orientais, e foi nesse ponto que algumas divindades do Olimpo passaram a ser sistematicamente identificadas com os planetas.

Em meio a todas essas mudanças, alguns sentiram a necessidade de investigar e preservar as origens da cultura grega. Na biblioteca de Alexandria, no Baixo Egito, poetas eruditos começaram a reunir informações a respeito dos antigos cultos gregos, a editar os poemas de Homero e Hesíodo, e a expressar as próprias formas de poesia, altamente cultas. Essa cultura helenística se espalhou pelas terras que Alexandre havia conquistado. E foi assim que ter conhecimento dos deuses do Olimpo se tornou uma questão não apenas de rituais, sacrifícios e representações ao vivo, mas também de leitura de livros.

7

MAIS DISTANTE DO QUE DIONÍSIO

EM 326 A.C., ALEXANDRE, O GRANDE, derrotou o governante indiano Poros às margens do rio Hifasis, no que é hoje Punjab oriental. No seu tempo livre depois da batalha, ele examinou as terras que se estendiam a leste, além do rio: pareceram-lhe belas, férteis e grandiosas. Ele reparou que lá havia muitos elefantes, mais do que ele vira nas terras que já tinha conquistado. Alexandre sentiu um forte desejo de atravessar o rio e dar continuidade às suas conquistas, embrenhando-se ainda mais na Índia, rumo ao rio Ganges. Seus soldados, contudo, tinham outras ideias. Haviam suportado uma marcha implacável, batalhas constantes, chuvas desanimadoras das monções, doenças virulentas, saudades de casa e um crescente medo do desconhecido; queriam dar início ao retorno para casa. Alexandre reagiu com fúria aos sentimentos rebeldes de sua tropa. Proferiu um discurso resoluto, retirando-se em seguida para sua barraca. Ao reaparecer, cerca de três dias depois, deu ordens inesperadas: seus homens deveriam construir altares para os doze deuses do Olimpo na margem ocidental do Hifasis, sem atravessar o rio. Depois, deveriam tomar o rumo sul e iniciar uma longa marcha – primeiro ao longo do Indo, em seguida na direção da Babilônia e, enfim, percorrendo todo o caminho de volta para a Macedônia (veja o mapa na p. 104).

Alexandre nunca se aventurou a ir além do rio Hifasis, e essa, de acordo com nossas fontes da Antiguidade, foi sua primeira "derrota", a

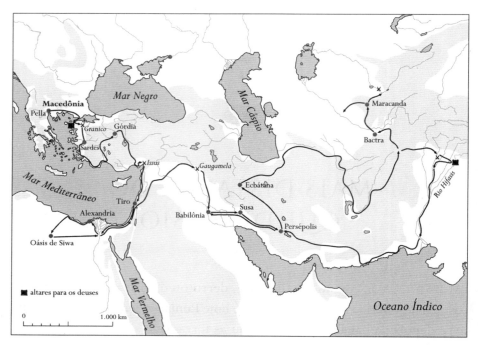

8. A jornada de Alexandre: os altares para os doze deuses, no Helesponto e às margens do rio Hifasis, marcaram os limites de sua campanha asiática.

primeira vez que sua vontade foi contrariada. Ele se deteve porque estava diante de um motim, mas talvez também tivesse outras considerações em mente. É evidente que teria de voltar em algum momento, e o rio Hifasis oferecia uma boa fronteira natural para seu império. O rio também era o símbolo perfeito para sua campanha. Tendo se proposto derrotar os persas, Alexandre agora atingira o limite oriental das conquistas anteriores deles: na ocasião de sua máxima expansão, os persas também tinham chegado ao rio, embora na ocasião em que Alexandre os derrotou já tivessem renunciado ao controle da área. Fossem quais fossem os motivos exatos de Alexandre, todas as fontes concordam em um detalhe: a última coisa que ele fez antes de empreender a jornada de retorno para casa foi erigir aqueles altares para os doze deuses do Olimpo.[1]

O gesto de Alexandre espelhou o início de sua campanha: para marcar a travessia da Grécia para a Ásia, ele havia, da mesma forma, dedicado altares aos doze deuses no Helesponto. Os dois conjuntos de monumentos completavam sua campanha. Os altares apresentavam Alexandre especificamente como um conquistador *grego* da Ásia, porque eram os gregos que veneravam um panteão de doze deuses.[2] Os altares às margens do Hifasis podem ser encarados como sua maneira de celebrar e agradecer aos deuses, que o haviam ajudado ao longo de todo o caminho – possibilitando que os olimpianos desfrutassem belas paisagens do subcontinente indiano, com suas planícies verde-metálicas e aldeias populosas. No entanto, o impacto de Alexandre sobre os deuses do Olimpo não se limitou a expandir seus horizontes geográficos. Ele também modificou a personalidade dos deuses, em especial ao estabelecer um relacionamento excepcionalmente próximo com eles: os deuses eram seus parentes e rivais, e não divindades distantes. A fim de compreender o que aconteceu com os deuses, portanto, é necessário recuar um pouco e examinar a vida de Alexandre, começando com seus primeiros passos no reino da Macedônia.

Alexandre nasceu em julho de 356 a.C. em Pela, capital da Macedônia, um reino grecófono ao norte da Grécia. Era filho de Olímpia, filha do rei dos molossianos, uma tribo grega do norte, e seu pai era Filipe II, rei da Macedônia. O rei providenciou a melhor educação grega possível para Alexandre, contratando até mesmo Aristóteles como preceptor particular do menino. Ele também supervisionou pessoalmente outros aspectos cruciais da educação dele, envolvendo o jovem Alexandre no exercício do poder desde tenra idade: quando Filipe partiu em uma campanha contra Bizâncio, por exemplo, confiou a responsabilidade de todo o reino ao seu filho de 16 anos (embora tenha tido o cuidado de cercá-lo de hábeis conselheiros). Alexandre também recebeu a oportunidade de organizar uma expedição contra os trácios, durante a qual ele fundou uma colônia militar, e – quando tinha apenas 18 anos – comandou a ala esquerda da cavalaria quando Filipe derrotou uma coalizão grega na Batalha de Queroneia. No entanto, o estreito relacionamento entre pai e filho chegou a um abrupto fim quando Filipe repudiou Olímpia e a enviou, com Alexandre, de volta aos molossianos. No lugar de Olímpia, Filipe tomou outra esposa, macedônia, que logo ficou grávida, gerando depois uma filha e um filho. O excepcionalmente ambicioso Alexandre deve ter odiado o pai, que foi capaz de lhe negar um futuro real de um só golpe. No entanto, depois que diplomatas interferiram, Filipe e Olímpia de algum modo se reconciliaram, de maneira que Alexandre e sua mãe voltaram para a Macedônia depois de um ano de exílio. Ainda assim, os relacionamentos permaneceram tensos.

Com a esposa e o filho, ambos ambiciosos, de volta ao lar, parece que Filipe sentiu necessidade de reafirmar sua superioridade e controle. No casamento da irmã de Alexandre, por exemplo, exibiu uma estátua de si mesmo ao lado das imagens dos doze deuses do Olimpo, sugerindo pertencer ao grupo. Ironicamente, contudo, foi sua natureza mortal que se tornou o maior espetáculo no casamento: durante as celebrações nupciais, realizadas no teatro de Aigai, ele morreu apunhalado em plena luz do dia. É bem possível que Olímpia e Alexandre estivessem por trás do assassinato, já que, depois do que lhes acontecera, tinham todos os motivos para temer pela posição deles. De qualquer modo, tenha Alexandre ou não tramado a morte do pai, ele tratou o ocorrido como uma oportunidade de expurgar grande parte dos membros da nobreza macedônia – sob a alegação de que presumivelmente haviam conspirado contra Filipe –, livrando-se assim de possíveis rivais. Em seguida, expandiu seu domínio para o norte até o Danúbio e, tendo garantido sua retaguarda, marchou sobre a Grécia.

Depois de sua vitória na Batalha de Queroneia, Filipe já tinha estabelecido relações diplomáticas na região de maneira altamente vantajosa para a Macedônia. Promovera uma aliança entre cidades-estado gregas baseada no modelo da antiga Liga Deliana, que fora dissolvida em 404 a.C. Sendo pretensamente um novo pacto contra os persas, o propósito da nova liga era, na verdade, um trampolim para um império macedônio na Grécia e na Ásia. Filipe tinha um mentor ateniense, o orador Isócrates, que deve ter lhe proporcionado uma proveitosa perspectiva baseada em um precedente histórico. A amizade entre os dois homens causou muitos debates em Atenas. Demóstenes, em particular, argumentou vigorosamente contra qualquer forma de cooperação com Filipe, por considerar o rei macedônio um conquistador, e não um aliado. Mas, enquanto os atenienses trocavam argumentos e insultos, deixaram de perceber uma coisa simples: que tudo isso não tinha mais importância. O poder havia se deslocado para outro lugar.

Depois da morte do pai, Alexandre assumiu o controle como general-comandante da liga contra os persas, mas Tebas ofereceu resistência. A reação de Alexandre se revelou característica de seu estilo: ele arrasou Tebas, matou toda a população masculina e vendeu todas as mulheres e crianças como escravos. Ao mesmo tempo, de acordo com nossas fontes da Antiguidade, Alexandre aproveitou a oportunidade para homenagear a poesia e os deuses: supostamente só poupou os sacerdotes locais e os descendentes de Píndaro, o melhor poeta tebano, cuja casa foi a única não derrubada. A história, seja ela ou não efetivamente verdadeira (exterminar pessoas exigia intenso trabalho na Antiguidade), revela uma coisa importante a respeito da reputação de Alexandre: ele era brutal – mas também versátil. Podia se envolver com o assassinato em massa e ao mesmo tempo fazer uma exibição de sua compaixão e amor pela poesia. Depois de resolver dessa maneira suas questões locais, Alexandre conduziu contingentes gregos e macedônios ao território persa através do Helesponto. Apresentou uma razão pessoal para lutar: afirmou que os persas estavam por trás do assassinato do pai, e que precisava vingar a morte dele.[3] Ao mesmo tempo, assim como Filipe, ele apresentou sua missão como uma guerra de represália que puniria os persas por terem profanado templos gregos. Os altares aos doze deuses que Alexandre erigira no início de sua campanha foram, de muitas maneiras, uma declaração formal de guerra.

Depois de vencer uma batalha decisiva em 334 a.C. perto do rio Granico, na Turquia, Alexandre enviou armaduras e armas persas para Atenas como oferenda votiva a Atena. Uma inscrição acompanhou os presentes: "Alexandre, filho de Filipe, e os gregos (exceto os espartanos) reuniram esta pilhagem tomada dos bárbaros que moram na Ásia".[4] O simbolismo era claro: os persas tinham incendiado a acrópole ateniense em 480 a.C., e agora, um século e meio depois, Alexandre enviava uma pilhagem persa para ser conservada no Partenon. Os espartanos, que não tinham participado da expedição de Alexandre, receberam um aviso. Mas, embora Alexandre se apresentasse como grande vingador dos gregos e de seus deuses, também começou a atuar em outras funções. Depois de garantir o controle da capital da província persa de Sardis, prosseguiu para o sul, subjugando a Síria e a maior parte do Levante. Tiro resistiu, e a célebre reação de Alexandre uma vez mais inspirou o terror: ele subjugou a cidade, crucificou todos os homens adultos, e vendeu mulheres e crianças como escravos. Dizem que, em Gaza, ele também matou todos os homens com a espada e escravizou o restante da população. Em Jerusalém, depois de ter estabelecido sua reputação, encontrou uma atitude diferente: as pessoas abriram os portões da cidade de imediato e disseram que o Livro de Daniel havia profetizado a chegada de um salvador divinamente designado, que agora, era evidente, aparecera. Alexandre gostou dessa acolhida; poupou Jerusalém e seguiu para o sul rumo ao Egito. Lá, também foi recebido como aquele que iria libertá-los do domínio persa.

O último faraó natural do Egito, Nectanebo II, havia abandonado a capital – Mênfis – em 342 a.C., cedendo seu reino aos persas. Alexandre chegou apenas dez anos depois e, enquanto navegava pelo Nilo em direção à antiga cidade, foi saudado como salvador. De pronto, foi instalado no palácio real, e é possível que os sacerdotes de Mênfis o tenham coroado como o novo faraó. Se foi isso, de fato, que aconteceu, os egípcios teriam considerado Alexandre uma divindade: de acordo com a mitologia local, o deus Amon visitava a mulher de cada faraó e a fecundava com o novo governante do reino. Por conseguinte, todos os faraós eram divinos. Não sabemos quanto disso foi explicado a Alexandre, mas ele parece ter começado a pensar intensamente a respeito de sua identidade por volta dessa época, e já não estava satisfeito em se considerar simplesmente filho de Filipe. Precisava de um pai melhor, um pai que pudesse explicar e legitimar seu extraordinário sucesso.

Depois de estabelecer o domínio em Mênfis, Alexandre desceu de barco pelo Nilo e explorou o delta do rio. Arriano, nossa mais importante fonte da Antiguidade a respeito das expedições de Alexandre, nos diz que ele encontrou um lugar que lhe agradou na extremidade ocidental do delta: "Ocorreu-lhe que o local era extremamente belo para fundar uma cidade, e que essa cidade estava destinada a florescer. Ele ficou entusiasmado com o trabalho e marcou pessoalmente o projeto, mostrando onde o mercado deveria ser construído, que deuses deveriam ter templos e onde seriam esses templos. Foram escolhidos deuses gregos acompanhados da Ísis egípcia. Também definiu onde o muro da cidade deveria ser construído.[5] A cidade em questão se chamaria Alexandria, e logo se tornaria a capital cultural do Mediterrâneo.

Até esse momento, o progresso de Alexandre foi marcado por uma combinação altamente eficaz de brutalidade, velocidade e presciência. Todas as suas ações eram perfeitamente calibradas para alcançar as metas militares e políticas que estabelecera para si mesmo. No entanto, logo depois de assentar as fundações de Alexandria, ele fez uma coisa mais estranha e, em minha opinião, também mais interessante. Escolheu um pequeno grupo para acompanhá-lo, pegou alguns camelos e seguiu para o oeste. Em seguida, avançou para o sul, em direção ao deserto líbio, dirigindo-se para o oráculo do deus Amon no oásis de Siwa. A jornada através do Saara foi difícil. Planícies de sal se alternavam com rochas e areia ao longo de centenas de quilômetros; toda a água tinha que ser carregada. Frequentes tempestades de areia podiam transformar completamente a paisagem, enquanto o calor era tão intenso que os viajantes só podiam viajar à noite, auxiliados pelo luar. O grupo de Alexandre sobreviveu à jornada, mas com dificuldade: foram atingidos por uma tempestade que lhes custou quatro dias, e quase ficaram sem água. Antigos relatos da jornada de Alexandre transmitem vividamente a impressão da poeira que tudo permeava, do medo e das cobras que rastejavam por toda parte. Também mencionam as gralhas, que eram um sinal mais esperançoso: os pássaros conheciam o caminho para o oásis. Os guias de Alexandre provavelmente seguiram o voo delas.

O oráculo do deus Amon tinha excelentes credenciais na Antiguidade. Egípcios e líbios o tinham em alta consideração, e emigrantes gregos que haviam se fixado na África espalharam a notícia de que Amon – ou Ammon, como o chamavam – era tão confiável quanto Apolo era em Delfos. Além disso, declararam que "Ammon" era apenas um outro nome para Zeus. É compreensível, talvez, que Alexandre tenha decidido usar o oráculo para reforçar suas pretensões imperiais; o mais interessante é que ele tenha decidido arriscar a vida a fim de viajar pessoalmente para Siwa. Poderia ter enviado emissários para interrogar o oráculo em seu nome, como os faraós normalmente faziam, mas encontrava-se claramente em uma missão pessoal sobre a qual desejava ter controle direto.

Quando os peregrinos em busca de conselho chegavam a Siwa, em geral apresentavam suas perguntas ao oráculo especificando duas possíveis alternativas. Estas eram escritas em fragmentos de cerâmica, colocados no interior de um pátio sagrado, a certa distância um do outro. Os sacerdotes conduziam então uma imagem do deus Amon no topo do mastro de um barco dourado, sendo balançados em uma direção ou outra pelo peso e impulso do próprio barco. Os "acenos de cabeça e sinais" do deus apontavam para a resposta contida em um dos fragmentos. Parece que visitantes importantes podiam apresentar suas perguntas a um sacerdote, de modo privado, dentro de um pequeno santuário, em vez de em um ritual público; o sacerdote então saía, observava os movimentos do deus em seu barco e voltava com uma resposta. Alexandre provavelmente seguiu esse procedimento privado, porque, depois da consulta, declarou a princípio apenas que a resposta do oráculo lhe agradara. As pessoas, é claro, especularam a respeito do que poderia ter acontecido em Siwa, e um rumor se tornou insistente: o deus Amon confirmara que Alexandre era seu filho.

É claro que, para os egípcios, esse rumor teria feito perfeito sentido: todos os faraós eram filhos de Amon. Para as demais pessoas, contudo, a sugestão de que o pai de Alexandre era um deus parecia bastante absurda. Alguns heróis gregos tinham uma mãe ou um pai divino, é claro, mas a época em que os deuses se uniam livremente aos mortais já tinha desaparecido havia muito tempo: Héracles e Aquiles pertenciam a um passado muito distante. Famílias aristocráticas gregas e macedônias às vezes afirmavam ter um ancestral divino, mas não poderiam tolerar a possibilidade de que Zeus pudesse, de repente, se infiltrar em suas residências e fecundar suas mulheres. Rumores de que Alexandre estava um pouco confuso com os fatos básicos da vida começaram a se espalhar. Os gregos insinuaram que, assim como o parvo e conhecido Margites, ele não sabia como os próprios pais o tinham feito.[6]

A questão da divindade de Alexandre se tornou ainda mais controvertida depois da queda de seu principal inimigo: Dario III, o Rei dos Reis persa. Alexandre o derrotou na Batalha de Gaugamela, travada onde é hoje o Iraque. O rei persa fugiu então pelas montanhas, e Alexandre avançou rumo às grandes residências reais do império dele: Babilônia, Susa, Persépolis e Pasárgada. Babilônia não ofereceu nenhuma resistência, dando as boas-vindas a Alexandre como seu novo governante.[7] Da Babilônia, Alexandre marchou sobre Susa e depois abriu caminho à força para Persépolis, a capital cerimonial do Império Persa. Nesse ponto, ele dispensou as tropas gregas e avançou apenas com os soldados macedônios nos quais mais confiava. Como quis o destino, ele não teve que matar o rei persa: Bessos, um dos parentes de Dario e sátrapa de Bactria, se incumbiu disso.

Alexandre imediatamente explorou esse assassinato como somente ele sabia fazer. Quando Filipe, rei da Macedônia, fora assassinado, Alexandre usara esse fato como pretexto para expurgar a aristocracia macedônia e depois atacar os persas; agora, anunciava sua intenção de adotar a causa persa e vingar o Rei dos Reis. Dario III teve um magnífico funeral, e os sátrapas insubordinados receberam uma clara advertência, em particular por meio da rápida execução de Bessos. Alexandre comportava-se então como o leal herdeiro, designado por deus, de Dario III, o Rei dos Reis. No entanto, essa repentina mudança na perspectiva e na retórica de Alexandre não foi desprovida de dificuldade, principalmente quando teve que explicá-la aos soldados macedônios. Tendo acabado de lutar contra o rei da Pérsia, ficaram abismados ao saber que agora teriam que lamentar a morte dele. Expressaram sua raiva na forma de estrondosas queixas envolvendo a religião. Tradicionalmente, os persas se prostravam diante do seu Rei dos Reis, como um ato de respeito; mas os macedônios se recusaram a executar esse ritual para Alexandre, pois o interpretavam como um ato de adoração. Liderados por Calístenes, o historiador oficial de Alexandre e sobrinho-neto de Aristóteles, os soldados deixaram claro que, no que lhes dizia respeito, Alexandre não era nenhum deus.

Era mais fácil para Alexandre, o Grande, derrotar novos inimigos do que apaziguar os antigos. Foi assim que, em 327 a.C., ele empreendeu o que seria sua campanha mais impressionante e exótica. O objetivo era controlar a região indiana de Gandhara. À medida que Alexandre marchava cada vez mais para longe de casa, pensou a respeito de mitos que poderiam unir os diferentes povos e lugares que estava prestes a conquistar. O deus Dionísio, em particular, estava em sua mente: era uma divindade familiar, um dos favoritos de Olímpia, a mãe de Alexandre, e era bem conhecido o fato de que havia nascido no Oriente. Enquanto atravessavam o Afeganistão, o Paquistão e Punjab, Alexandre e seus soldados esperavam ver sinais das próprias jornadas de Dionísio – e os encontraram. Nas montanhas do Afeganistão, por exemplo, avistaram montes fúnebres cobertos de hera, e Alexandre declarou, confiante, que eram demarcadores de limites levantados pelo próprio deus para marcar os territórios de seu domínio.[8] Foi a hera que decidiu o assunto: como todo mundo sabia, essa planta era sagrada para Dionísio. Alexandre e seus seguidores assinalaram cuidadosamente onde ela crescia, a fim de estabelecer os prováveis itinerários do deus. A ocorrência da hera de Dionísio transformava paisagens e situações que eram radicalmente desconhecidas em algo familiar. Na realidade, parece que, quanto maior a distância que Alexandre e os soldados percorriam, com mais intensidade concentravam-se em deuses familiares. Quando entraram em Punjab, avistaram hera sobre as árvores nos morros a leste do rio Kunar, e unidades do exército foram enviadas para investigar. No alto dos morros, encontraram um paraíso natural da terra: murtas, buxos, loureiros e roseiras em flor em um vale aberto, banhado pelo sol. O prazer que sentiram deu lugar ao entusiasmo quando ouviram as pessoas do local chamar sua principal cidade de "Nysa", ou algo parecido. A palavra "Nysa" era preciosa para Dionísio: dependendo da versão particular do mito, ou era o lugar onde ele nascera ou o nome de sua ama de leite. De qualquer modo, o vínculo estava claro! Sem dúvida, seguiam os passos de Dionísio. Alexandre organizou sacrifícios e banquetes para celebrar essa descoberta. Os soldados usaram guirlandas de hera, e executaram canções e poemas em homenagem ao deus.[9]

Dionísio foi útil para Alexandre não apenas como deus, mas também como um modelo de vida, e até mesmo um rival. Nas palavras de Arriano:

> Alexandre ficou muito feliz quando ouviu o que os soldados tinham a relatar, e queria acreditar nas histórias a respeito da jornada de Dionísio. Também queria acreditar que Nysa tinha sido fundada por Dionísio porque, nesse caso, já teria alcançado o ponto que Dionísio alcançara, e agora

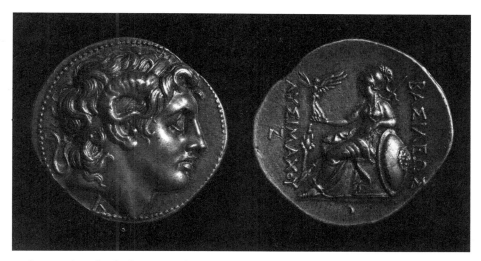

9. No início do século III, um dos sucessores de Alexandre, Lisímaco, emitiu uma bela moeda que retratava a cabeça de Alexandre com os chifres de carneiro de Zeus Amon, seu pai divino. O outro lado da moeda ostenta uma imagem da deusa Atena.

iria ainda mais longe que o deus. Ele achava que os soldados não se recusariam a acompanhá-lo em outras conquistas se isso fosse uma imitação das realizações do próprio Dionísio.[10]

Alexandre também tinha outro modelo de vida para suas ações: Héracles, filho de Zeus com uma mortal. Ali estava um herói que, depois de muito viajar e lutar, havia efetivamente ascendido ao Olimpo: era difícil sua história não agradar Alexandre. Assim como no caso de Dionísio, ele encontrou a confirmação das viagens de Héracles nas histórias e paisagens locais. É possível que guias indianos tenham ajudado Alexandre a identificar Héracles com o deus Krishna, que também ostentava uma pele de leão; fosse qual fosse a razão, ele convenceu a si mesmo de que Héracles tinha escalado uma montanha particular no Baixo Himalaia, e se pôs a caminho para fazer o mesmo. O fato de que o cume era defendido por guerreiros locais pareceu apenas aumentar seu senso de propósito. Fontes da Antiguidade dizem que Alexandre se aproximou da montanha vindo do norte, encheu uma profunda ravina com pedras para possibilitar a subida, construiu uma ponte usando abetos cortados da encosta da montanha, e enfim subiu ao cume alçando-se com cordas. Quando chegou lá, os guerreiros locais já tinham batido em retirada, descendo pelas encostas meridionais.[11] No alto da montanha, Alexandre fez um sacrifício para Atena: ela era a deusa que ajudara Héracles em todos os seus trabalhos, e agora estava, seguramente, por trás de seu próprio sucesso. Foi pouco depois dessa façanha que Alexandre chegou ao rio Hifasis e deteve-se para uma reflexão. Infelizmente, estava na hora de voltar para casa; no entanto, não se esqueceria de agradecer aos deuses do Olimpo pelo apoio.

É difícil reconstruir os detalhes exatos das jornadas e conquistas de Alexandre; o relato que apresentei se baseia em grande medida nas obras *Anabase de Alexandre* e *Indica* de Arriano, escritas no século II d.C. Arriano teve à disposição relatos de testemunhas oculares das proezas de Alexandre, mas nem sempre os seguiu ou mesmo compreendeu. De qualquer modo, as testemunhas oculares encontravam-se, elas próprias, bastante confusas: aquelas que haviam acompanhado Alexandre em suas campanhas nem sempre tinham certeza de onde haviam estado e do que, precisamente, acontecera. Há muito tempo os historiadores vêm debatendo o quanto podemos confiar nos relatos gregos da Antiguidade sobre as conquistas de Alexandre. Ainda assim, com a ajuda de fontes persas, babilônicas, egípcias e judaicas, uma história coerente pode ser composta em linhas gerais. O registro arqueológico também é útil: uma moeda emitida por um dos sucessores imediatos de Alexandre, por exemplo, um retrato com os chifres de carneiro de Zeus Amon, reafirmando assim uma semelhança familiar entre Alexandre e seu pai divino.

A moeda resume de modo primoroso as atitudes de Alexandre: em vez de se apresentar aos deuses como um humilde adorador, ele audaciosamente reivindicou um lugar em seu grupo. As consequências dessa atitude só emergiriam lentamente, à medida que seus sucessores se viram às voltas com o mundo que Alexandre criara. Quanto ao próprio Alexandre, dificilmente teve tempo para descobrir as plenas implicações de suas afirmações: aos 32 anos de idade, estaria morto.

8

DEUSES MORTOS E PLANETAS DIVINOS

QUANDO ALEXANDRE RETORNOU À BABILÔNIA depois da sua expedição indiana, os gregos – que tinham começado a se sentir casa vez mais negligenciados sob o domínio de Alexandre – enviaram várias delegações para chamar sua atenção para os assuntos gregos. A essa altura, já tinham compreendido que Alexandre esperava ser tratado como uma divindade, e agiram em conformidade com isso:

> Sucessivas delegações oficiais da Grécia se apresentaram. Os delegados, usando guirlandas cerimoniais, aproximaram-se solenemente de Alexandre e colocaram coroas de flores em sua cabeça, como se essa coroação fosse um ritual em homenagem a um deus.[12]

A descrição de Arriano dessa cena é sarcástica: os gregos coroaram Alexandre *como se* ele fosse um deus. Mas é claro que ele não era divino, porque – como Arriano incisivamente acrescenta – morreu pouco depois. Os deuses, os verdadeiros deuses, não morriam, de acordo com os gregos: eram imortais por natureza, *a-thanatoi*, "sem morte". Era evidente, sugere Arriano, que os emissários haviam cometido um erro decisivo ao venerar Alexandre.

O relato de Arriano, contudo, apresenta detalhes suficientes para explicar como os emissários gregos podem ter justificado suas ações para si mesmos (ainda que essas justificativas não tenham satisfeito Arriano): não trataram Alexandre como um deus de modo geral, porém, mais especificamente, como a estátua de culto de um deus. Os procedimentos gregos de adoração normalmente incluíam vestir e ornamentar uma estátua divina, e parece que foi exatamente isso que a delegação fez com Alexandre. Havia um elemento de simulação na maneira como os gregos lidavam com suas estátuas de culto: eles percebiam que, ao mesmo tempo, elas eram, e não eram, divinas. De modo que foi assim com Alexandre. A tendência para o realismo ilusionista na arte grega deve ter ajudado os emissários a encontrar significado e coerência no que estavam fazendo. A estátua de Zeus sentado em Olímpia, como vimos, parecia tão viva que as pessoas imaginavam que ela poderia, de repente, se levantar e arrancar o telhado do templo onde estava abrigada. De modo semelhante, diziam que a estátua de culto de Ártemis em Quios mudava de expressão quando seus adoradores se aproximavam e partiam.[13] Um termo comum para "estátua" em grego antigo era *zoon*, "coisa viva". Para seus emissários na Babilônia, Alexandre deve ter parecido um *zoon* excepcionalmente convincente — mesmo que por pouco tempo.

Depois de todas as conquistas e alegações de divindade, a morte prematura de Alexandre causou um choque. Ele caiu doente, de modo inesperado, na Babilônia; tendo em vista as circunstâncias, muitos desconfiaram de que tivesse sido envenenado. Mais tarde, um panfleto acusou Cassandro, filho do regente macedônio Antípatro, de tê-lo assassinado. A verdade é incerta, mas sabemos com segurança que Cassandro chegou à Babilônia pouco antes da morte de Alexandre, e que este último o tratou com visível hostilidade. Mais tarde, Cassandro com certeza matou a esposa de Alexandre, Roxana, e o bebê deles, Alexandre IV – bem como a mãe de Alexandre, Olímpia, que conduziu um exército contra ele em 317 a.C. Se Alexandre foi ou não efetivamente assassinado, sua morte representou uma interrupção. Supostos diários que continham "os últimos planos" de Alexandre foram publicados imediatamente depois de seu enterro. Arriano soa caracteristicamente cético a respeito deles:

> Da minha parte, não posso determinar com certeza que tipo de planos Alexandre tinha em mente, e não tenho nenhuma intenção de adivinhar;

mas posso afirmar que nenhum deles era pequeno ou insignificante, e que ele não teria interrompido as suas conquistas, mesmo que tivesse adicionado a Europa à Ásia e as Ilhas Britânicas à Europa.[14]

A visão de Arriano antevê as conquistas romanas no norte da Europa, mas os sucessores imediatos de Alexandre tinham outras ideias, não raro contraditórias. Uma luta colossal pelo poder logo irrompeu entre generais, governadores, esposas, parentes e súditos dispersos, e, com o tempo, seu império se dividiu em reinos individuais e não raro antagônicos.

Aqueles que não queriam o poder para si mesmos tiveram mais tempo para pensar – a respeito dos deuses, dos mortais e do que acontecera a eles em decorrência das proezas de Alexandre. Concederam a si mesmos tempo para imaginar e escrever, e acabaram causando um impacto maior do que muitos daqueles que lutaram até a morte por causa da herança de Alexandre. Seria impossível examinar todos os textos, lendas, imagens e pensamentos que Alexandre inspirou, mas podemos ter uma boa noção deles a partir de dois dos mais influentes: *História Sagrada** de Evêmero, e o *Romance de Alexandre*, um relato fantástico da vida de Alexandre, que circulou em muitas versões diferentes.

Muito pouco se sabe a respeito do escritor de viagens grego Evêmero, embora seja digno de nota que a *História Sagrada* comece com uma dedicatória a Cassandro, o governante macedônio acusado de matar Alexandre, o Grande. No livro, Evêmero afirma que Cassandro o enviou em muitas grandes missões no exterior, e que em uma dessas viagens ele velejou da Arábia pelo Oceano Índico, onde descobriu um pequeno arquipélago. A *História Sagrada* apresenta uma descrição detalhada dessa suposta descoberta. A ilha principal do arquipélago se chama Panchaea, nos diz Evêmero, e na capital todos vivem em perfeita justiça "sob leis criadas por eles mesmos e sem que nenhum rei os governe".[15] A cada ano eles elegem três magistrados, que presidem todos os processos judiciais exceto os crimes capitais, que eles voluntariamente encaminham para os sacerdotes

---

* A obra, no original, se chama *Hiera Anagraphe*, sendo às vezes traduzida para o português como *Inscrição Sagrada*. (N. dos trads.)

locais. Uma ilha próxima produz grandes quantidades de mirra e incenso, que representam as únicas exportações do arquipélago para o exterior; esses produtos são vendidos em tal abundância, "que são suficientes para as homenagens prestadas aos deuses em todo o mundo habitado". Panchaea é linda: "além das planícies há florestas de árvores imponentes, onde um grande número de pessoas gosta de passar o verão, e onde incontáveis pássaros, de muitas formas e cores, fazem seus ninhos, encantando as pessoas com seu canto". No meio desse paraíso terreno, há um enorme templo de Zeus, "com incríveis estátuas dos deuses, excepcionalmente bem-feitas e muito admiradas pela sua solidez".

Dentro do templo, Evêmero descobre uma inscrição escrita em hieróglifos: trata-se da *História Sagrada*, e ela revela a verdadeira natureza dos deuses. O próprio Zeus, nos dizem, elaborou essa inscrição – e ele era um rei humano de Creta, e não uma divindade imortal. Ele viajou para o Oriente a fim de visitar seu amigo Belos (ou seja, Bel, o deus supremo dos babilônios, mas um rei humano nesta narrativa), zarpando para Panchaea nessa ocasião. Lá, naquela bela ilha, decidiu prestar um tributo ao avô, o Céu, que prestaria um grande serviço à humanidade. A inscrição diz que o avô de Zeus passara a vida "estudando o movimento das estrelas, e estabelecera cultos em homenagem aos deuses celestiais". Na verdade, ele fora apelidado de "Céu" precisamente porque era um excelente astrônomo. A inscrição registra o nascimento e a morte de muitas outras figuras familiares – Hera, Posêidon, Héstia, Deméter, Atena, Hermes, Apolo e Ártemis –, mas a informação que nos chega é de que eles também eram apenas mortais comuns, celebrados em Panchaea pelos serviços prestados à humanidade. Depois de elaborar essa inscrição, diz Evêmero, o rei Zeus voltou para Creta, onde finalmente morreu e foi enterrado.

Muitos leitores – antigos e modernos – descrevem Evêmero como ateu, porque ele sistematicamente rebaixa a classificação dos deuses do Olimpo, reduzindo-os à classe de mortais. No entanto, isso não é bem correto, porque, na verdade, existem divindades imortais na história: corpos celestes, as estrelas e os planetas cujos movimentos o avô de Zeus tanto gostava de medir. Evêmero estabelece uma clara distinção entre os "deuses que são eternos e indestrutíveis, como o sol, a lua e as outras estrelas no céu, e os ventos, e qualquer outra coisa que possua uma natureza semelhante à deles [...] e os outros deuses, que foram um dia seres terrestres, mas obtiveram honras e fama divinas devido a seus serviços aos mortais".

A *História Sagrada* é uma mistura fascinante de mitologias da Grécia, do Oriente Próximo e do Egito. É difícil avaliar o seu tom e propósitos exatos, porque a obra só sobrevive em pequenas citações, resumos e paráfrases, mas a separação entre deuses terrestres e celestes era um importante conceito na antiga religião egípcia, assim como a ideia de que os reis são deuses mortais. Vários outros detalhes na *História Sagrada* denunciam igualmente influências egípcias. A própria Panchaea, com seus hieróglifos, construções monumentais e estátuas colossais, parece bastante egípcia. E, no entanto, a obra de Evêmero também trata de questões e problemas especificamente gregos. Assim como Platão e Aristóteles, ele insiste em que os deuses precisam ser bons, e não cruéis. Assim como Pródico, que achava que os povos primitivos chamavam de "bom" tudo o que consideravam útil, ele sugere que o impulso básico em direção à deificação é a gratidão. Tal como Anaxágoras, que disse que Hélio era uma pedra ardente flamejante, ele afirma que os deuses são estrelas. E, além de todas essas correspondências, a sombra mais sórdida de Alexandre, o Grande, espreita em segundo plano na *História Sagrada*. Amon, o pai divino de Alexandre, desempenha o papel do vilão na história de Evêmero: longe de ser identificado com o bom Zeus, Amon aqui é um personagem destrutivo, particularmente inclinado a arrasar cidades. Provavelmente não foi por coincidência que Cassandro, o patrono de Evêmero, reconstruiu a cidade de Tebas depois de Alexandre tê-la destruído. Em sentido mais amplo, Alexandre não pode ter sido um benfeitor aos olhos de Evêmero: na sua ilha de Panchaea, não existe a necessidade de um rei. As pessoas que ele realmente admirava eram astrônomos, artistas e filósofos – heróis culturais, e não conquistadores.

Apesar de todas as flores fantásticas e dos pássaros coloridos que cantavam nas árvores, a *História Sagrada* de Evêmero tem um propósito sério. Assim como a *Utopia* de Thomas More, a obra incentiva uma reflexão abrangente e imaginativa a respeito de como as coisas são, e de como talvez pudessem ser melhores – se estivéssemos preparados para viajar para bem longe, aprender e mudar nossos costumes. A *História Sagrada* contém uma mensagem clara para aqueles que detêm o poder: os reis podem ser venerados como deuses, mas somente se agirem no interesse da humanidade. Muitos outros escritores do período helenístico (época entre a morte de Alexandre e o surgimento de Roma como um poder internacional) se propuseram, de maneira semelhante, educar os sucessores de Alexandre, o Grande. O historiador Hecateu de Abdera, por exemplo, apresentou uma imagem idealizada do Egito, em grande medida baseado em Platão, na esperança de inspirar seus novos governantes. Ele tinha ideias particularmente claras a respeito de como os reis deveriam viver (com uma alimentação simples e indo para a cama em um horário regular) e que tipo de servidores deveriam ter: filhos dos sacerdotes mais respeitados, mais inteligentes e mais instruídos do que os próprios reis e dispostos a expor com franqueza suas ideias.[16] É fácil perceber que Hecateu e os outros autores tinham a intenção de estabelecer novas regras, depois de Alexandre, tanto para si mesmos quanto para os governantes e os deuses.

A nova perspectiva sobre o poder também tinha implicações para a maneira como os próprios deuses do Olimpo eram concebidos e representados. Influenciados pelas afirmações de divindade de Alexandre, e por escritores como Evêmero, que se referiam aos olimpianos como seres mortais, artistas do período helenístico começaram cada vez mais a mostrar os deuses compartilhando os ciclos de vida humanos. Os corpos divinos se tornaram sujeitos ao envelhecimento: podiam agora parecer velhos ou muito jovens, em vez de ser retratados no seu apogeu (veja, por exemplo, a gravura 5).

Nem todas as reações à divindade de Alexandre foram tão nobres (ou egoístas) quanto a *História Sagrada* de Evêmero e *Sobre os Egípcios* de Hecateu. Uma história popular, em particular, ridicularizou a divindade de Alexandre – enquanto, mesmo assim, insistia em que ele era, de fato, o verdadeiro herdeiro dos faraós do Egito. Essa história se originou no período que se seguiu imediatamente à conquista do Egito por Alexandre, tendo se inspirado em uma longa tradição de narrativas eróticas egípcias a respeito do deus Amon. A parede de um templo em Luxor, por exemplo, ostentava uma imagem que mostrava a concubina real Mutemwia concebendo o faraó Amenhotep (c. 1388-1350 a.C.). O texto gravado em volta da imagem detalhou a técnica de Amon:

> O deus a encontrou enquanto ela dormia na parte mais recôndita do seu palácio. Ela despertou por causa da fragrância divina, e se voltou para a Sua Majestade. Ele foi diretamente para ela, ela o deixou excitado. Ele permitiu que ela o visse na sua forma divina, depois que ele se mostrara para ela, para que ela se regozijasse ao ver a sua perfeição. O seu amor penetrou o corpo dela.[17]

Esse tipo de narrativa sobre o quarto inspirou muitos relatos helenísticos da concepção do próprio Alexandre, embora os detalhes tenham se tornado cada vez mais ridículos à medida que gregos incrédulos os iam desenvolvendo. No *Romance de Alexandre* (um texto de origem helenística, ampliado e reelaborado ao longo da Antiguidade e da Idade Média), o faraó Nectanebo é apresentado como um grande mágico e astrólogo. Dizem que ele não precisa de uma esquadra para defender seu país, porque sempre que o inimigo se aproxima pelo mar ele enche uma bacia com água, coloca nela pequenos barcos de cera e os afunda. Os verdadeiros navios que avançam para o Egito têm então, invariavelmente, a mesma sorte. Certo dia, contudo, os navios de guerra continuaram a avançar, apesar de todos os esforços de Nectanebo. Ele logo percebe a seriedade do prenúncio: "por ser um homem com experiência em magia e acostumado a falar com os deuses, ele compreende que o fim de seu reinado no Egito está próximo".[18] Assim sendo, rapidamente decide partir. Esconde uma grande quantidade de ouro debaixo da roupa e foge para a Macedônia. Lá, abre um negócio como mágico e astrólogo, logo estabelecendo sua reputação entre as pessoas do local. Na realidade, torna-se tão famoso que a própria rainha Olímpia vai consultá-lo a respeito de um problema que tem com o marido, Filipe II: ela está com medo de que o rei possa se divorciar dela, porque ela não lhe deu um filho homem.

Nectanebo dá uma olhada na bela rainha e elabora um plano que convirá a todo mundo, inclusive a ele. Ele traça um horóscopo e diz a Olímpia que, enquanto Filipe estiver fora em campanha, ela dormirá com um deus. Ela então gerará um filho, e esse filho a vingará de tudo o que ela sofreu por causa de Filipe. Olímpia pergunta qual o deus que irá inseminá-la e que forma ele tomará; Nectanebo responde que o deus em questão é Amon da Líbia e que, na verdade, ele tem a aparência de um homem de meia-idade, porém com chifres na testa. Ele se oferece para residir no palácio real, a fim de ajudar Olímpia em suas interações com o deus.

Uma cobra, diz Nectanebo à rainha, entrará no quarto dela: essa será a deixa para que ela dispense as servas e se prepare para o deus. Ela deverá se despir, ir para a cama e cobrir o rosto, para não olhar diretamente para a divindade que vai entrar no quarto. Na noite designada, Olímpia avista devidamente a cobra, deita-se na cama e cobre a cabeça. Nesse meio-tempo, Nectanebo fixa um par de chifres na testa, se veste com trajes de cobra e entra no quarto da rainha, seguindo a verdadeira cobra que ele acabara de soltar. É claro que a rainha dá uma olhada no amante, mas não vê nada alarmante: o deus, segundo nos dizem, "é exatamente como ela esperava". Na manhã seguinte, quando Nectanebo vai visitar a rainha e lhe pergunta o que aconteceu durante a noite, ela responde: "Estou surpresa de que você ainda não saiba, profeta. Mas o deus vai me procurar de novo? Passei momentos muito agradáveis com ele". Enquanto Filipe estava ausente em campanha, Nectanebo vai visitar a rainha "com a frequência que ela deseja". Também faz muitos truques de mágica com Filipe para garantir que, ao voltar, o rei aceite a gravidez de Olímpia como provocada por ele, não importando as suspeitas que possa alimentar.

Chega o dia de Olímpia dar à luz, e ela assume a sua posição na cadeira de parto. Nectanebo se posta ao lado dela, sempre pronto para ajudar. Ele avalia o curso das estrelas e calcula qual seria o momento mais auspicioso para a criança nascer. Como uma parteira cautelosa, ele diz repetidamente a Olímpia que resista ao impulso de empurrar e que prossiga lentamente, acrescentando que vários planetas desafortunados estão naquele momento cruzando os céus:

> Contenha-se, Sua Majestade, e espere um pouco. Câncer domina o horóscopo, e há Cronos [ou seja, o planeta Saturno], que foi vítima de uma

conspiração dos próprios filhos, e que decepou seus órgãos genitais pela raiz e arremessou-os para Posêidon, o senhor do mar, e Hades, o deus dos mortos, abrindo caminho para a majestade de Zeus. Se der à luz agora, seu filho será um eunuco!

Olímpia consegue, de alguma maneira, desacelerar o processo. Mais planetas cruzam os céus, mas Nectanebo ainda está insatisfeito com o possível horóscopo do bebê. Quando Ares aparece (ou seja, o planeta Marte), ele diz a Olímpia para resistir ainda um pouco mais à natureza:

> Ares ama os cavalos e a guerra, mas foi exibido nu e desarmado pelo Sol na sua cama adúltera. Assim sendo, quem nascer nesta hora será motivo de riso e galhofa!

Olímpia resiste um pouco mais ao impulso de empurrar. Ela também espera a passagem de Hermes ("Seu filho será um pedante briguento!"), até que, enfim, Zeus aparece no céu, pronto para assumir as características do Amon cornífero entre as constelações de Aquário e Peixes. Olímpia finalmente tem o seu bebê, em meio a "ribombos de trovão e lampejos de relâmpago, de modo que o mundo inteiro estremece". Zeus Amon reconheceu o rei recém-nascido.

O *Romance de Alexandre* testemunha uma das mais incríveis evoluções na história dos deuses do Olimpo. Uma nova forma de astrologia surgiu depois de Alexandre, o Grande: ela combinou a mitologia grega com as tradições astrais do Oriente Próximo. Havia muito tempo os gregos tinham associado os olimpianos ao céu, mas o emparelhamento sistemático de planeta com divindade foi resultado de influências egípcias e babilônicas. Agora os planetas eram designados em homenagem aos deuses do Olimpo, e na verdade a versão latina do nome deles ainda é usada até hoje em nosso idioma. A deusa Afrodite foi identificada com o planeta mais luminoso (Vênus); Zeus com o maior deles (Júpiter); Hermes com o mais rápido (Mercúrio); e Ares com o planeta Marte, que parece vermelho e, portanto, flamejante e marcial. Em decorrência, o emparelhamento de planetas e deuses derivou de fatos astronômicos combinados com mitos da Grécia, do Oriente Próximo e do Egito. A astrologia não demorou a se tornar um sistema extremamente complexo que combinava essas diversas tradições mitológicas com observações e predições planetárias. Quando a órbita de Vênus e a de Marte atingiam seu ponto mais próximo, por exemplo, os astrólogos recordavam o infame caso amoroso dos dois deuses, advertindo os clientes para que ficassem prevenidos contra o adultério.

Os horóscopos modernos ainda se baseiam nos mesmos princípios, embora os prognósticos publicados nos jornais sejam mais nebulosos que as frenéticas declarações de Nectanebo para Olímpia. Ele, pelo menos, explicava o fundamento lógico para o que dizia. Cronos castrou o Céu, como Hesíodo nos disse, e o astrólogo anunciou: "O menino [...] será um eunuco!" Ares foi pego nu na cama com Afrodite, de acordo com Homero, e Nectanebo advertiu: "Ridículo!". O fato de que o surgimento de Hermes no céu indicasse que o bebê Alexandre poderia se tornar um pedante briguento parece estranho, à primeira vista, porque o deus grego Hermes era bastante agradável e travesso. No entanto, o planeta Mercúrio também retinha algumas qualidades de Thot, o deus egípcio patrono dos acadêmicos, e estes — até hoje — podem ser bastante pedantes e briguentos.

Depois de descrever a concepção e o nascimento de Alexandre, o *Romance de Alexandre* narra muitos outros presságios e aventuras. Durante suas viagens, Alexandre encontra animais estranhos, árvores e pedras mágicas, e os brâmanes da Índia (com quem tem conversas esclarecidas). Ele até mesmo tenta subir ao céu em um cesto carregado por águias, e explora as profundezas do oceano em um sino de mergulhador primitivo. As diversas versões do *Romance de Alexandre* que chegaram até nós testemunham uma vasta tradição de histórias que se espalharam por toda a Europa e pela costa norte da África, indo até as regiões central e meridional da Ásia. Cada época e lugar têm seu próprio Alexandre. A tradição hebraica o transforma em um profeta, a Idade Média europeia o descreve como um cavaleiro cavalheiresco, para os persas ele é um Satã importante com chifres — ou, para outros autores, o verdadeiro filho de Dario, o Rei dos Reis. No folclore grego moderno, ele representa Romiosyni, como senhor das tempestades e pai das sereias. A jornada de Alexandre no cesto em direção ao céu aparece até mesmo esculpida nas grandes catedrais inglesas de Wells e Gloucester.

A antiga versão greco-egípcia do *Romance de Alexandre* encontra-se no início de todas essas histórias – e a divindade de Alexandre está no âmago de suas preocupações. Na realidade, tanto o *Romance de Alexandre* quanto a *História Sagrada* de Evêmero transformam os governantes em deuses, e vice-versa, cada um do próprio jeito. Na *História Sagrada*, Zeus e outros olimpianos são transformados em benfeitores mortais da humanidade; no *Romance de Alexandre,* a sagrada epifania de um deus torna-se uma ridícula folia, quando um faraó de meia-idade ostentando chifres encanta a rainha da Macedônia. Em ambas as obras, quando os mortais privam os deuses dos privilégios terrenos, as verdadeiras e perenes divindades não deixam de existir: revelam-se planetas. Ao presidir o nascimento de Alexandre no *Romance de Alexandre*, Júpiter-Amon-Zeus ainda é um deus celestial, e reconhece devidamente a chegada do menino com um ribombo de trovão celestial. Mas, quando se trata dos detalhes terrenos, Nectanebo está perfeitamente disposto a – e é capaz de – cumprir seu dever divino na cama de Olímpia.

9

À VONTADE EM ALEXANDRIA

AS PESSOAS E OS DEUSES estavam profundamente misturados nas correntes interculturais criadas pela passagem de Alexandre. As tragédias de Sófocles eram lidas na cidade persa de Susa; Eurípides inspirava artistas na Ásia central; a astronomia babilônica determinava os horóscopos de gregos e macedônios; enquanto, como revelam os editos de Ashoka, os preceitos budistas chegaram à cidade egípcia de Alexandria no século III a.C. As imagens viajavam mais rápido do que as histórias, porque podiam desconsiderar as barreiras da linguagem e se recombinar livremente com as narrativas locais. As magníficas esculturas do Buda em Gandhara, no norte do Paquistão, por exemplo, se inspiravam parcialmente nas esculturas de pedra gregas naturalistas e terracotas dos deuses. O Dalai Lama recentemente as invocou, precisamente na tentativa de promover um senso de tradição comum que atravessa fronteiras religiosas: como ele disse, aquelas antigas imagens falam ao mesmo tempo da "meta budista" e do "humanismo ocidental", mais bem representado pelas divindades antropomórficas do Olimpo.[19]

No decurso do tempo, os deuses gregos iriam além até mesmo do Gandhara, especialmente ao longo da Rota da Seda. Nas cavernas de Kizil da China entre os séculos IV e VII d.C., por exemplo, artistas pintavam imagens de deuses do vento e um deus-sol viajando, em um carro de guerra, como Alexandre. Já na Idade Média, imagens helenísticas dos

10. *Um capitel em estilo grego com Buda sentado entre folhas de acanto, datado do século III ou IV d.C. Depois de Alexandre, o Grande, desenvolveram-se novas formas de arte em Gandhara (norte do Paquistão e leste do Afeganistão) que combinavam o ímpeto naturalista da arte helenista com um foco budista na iluminação.*

deuses tinham chegado ao Japão, com os deuses do vento recebendo lá uma entusiástica acolhida. Reinterpretados como personagens locais, porém retendo as maçãs do rosto cheias, o cabelo escuro ondulado e os mantos gregos ondulantes, eles se tornaram figuras populares nas pinturas da escola Rimpa dos séculos XVII ao XIX.[20]

No entanto, essas longas viagens não fizeram os deuses gregos esquecer as raízes mediterrâneas, e eles encontraram um novo lar em Alexandria, a cidade que Alexandre fundara nas proximidades do delta do Nilo. Depois de nomear um arquiteto, delinear o plano da cidade e discutir quais divindades deveriam ter seus templos erigidos no local, Alexandre deixara Alexandria a fim de empreender a jornada através do deserto, rumo ao oráculo de Amon. Ele nunca voltou. Ptolomeu I, um general macedônio que servira sob as ordens de Alexandre desde o início de suas campanhas e o acompanhara até a Índia, assumiu o controle do Egito depois da morte repentina de Alexandre e estabeleceu sua corte em Alexandria. Ptolomeu promoveu incessantemente Alexandre; seus relatos das campanhas de Alexandre, embora hoje desaparecidos, influenciaram histórias futuras, inclusive a de Arriano. Em um golpe surpreendente, Ptolomeu chegou a arranjar uma maneira de se apossar do corpo embalsamado de Alexandre quando este era transportado da Babilônia para o oásis de Siwa, onde se destinava a descansar no templo de Zeus Amon. Os detalhes do sequestro de Ptolomeu são nebulosos, mas, de um modo ou de outro, ele, de alguma maneira, levou o corpo primeiro para Mênfis e depois para Alexandria, onde se tornou objeto de culto. A adoração de um Alexandre divinizado agradava muito a Ptolomeu, já que o ajudava a estabelecer a própria legitimidade no Egito. Reivindicar a condição divina logo se tornou uma tradição real: quando Ptolomeu morreu, o poeta Teócrito afirmou que ele também tinha se juntado a Zeus e Alexandre no Olimpo.[21]

Sob a proteção de seus governantes divinizados, a cidade de Alexandre floresceu, e, cem anos depois da sua fundação, tornou-se a maior cidade do Mediterrâneo na Antiguidade. O crescimento populacional muito rápido foi causado por um constante influxo de imigrantes: gregos, egípcios e judeus se mudavam para lá vindos de lugares distantes, em busca de novas oportunidades. Nesse meio-tempo, o filho de Ptolomeu I herdou o trono e governou com grande sagacidade e esplendor. Depois que sua primeira esposa morreu, Ptolomeu II se casou com a própria irmã, Arsinoe, adquirindo assim as possessões que ela obtivera por meio do primeiro casamento. Esse procedimento era aceitável de acordo com o costume egípcio: os faraós regularmente se casavam com suas irmãs. Na Grécia, no entanto, esse ato era tabu. Uma vez mais, o poeta Teócrito ajudou: assinalou que Zeus tinha se casado com a irmã, Hera, e que os Ptolomeus estavam, portanto, se comportando como deuses, e não como criminosos.[22]

Os poetas tinham claramente a sua utilidade, como Ptolomeu II "o Amante da Irmã" deve ter reconhecido. É extremamente provável que ele tenha sido o fundador do Museu, uma instituição inteiramente dedicada, como o nome sugere, às artes das Musas. O Museu era o lar da famosa

Biblioteca de Alexandria, onde poetas eruditos trabalhavam com extraordinária dedicação e talento. Muitos deles reuniram uma literatura grega anterior, editaram-na, catalogaram-na e a usaram como inspiração para as próprias obras. A biblioteca também pode ter incluído obras em outros idiomas; é difícil estabelecer a quantidade delas, mas, por acaso, a mais antiga fonte sobrevivente que menciona a biblioteca é uma curiosa narrativa do século II a.C. a respeito da Bíblia hebraica. Segundo esse relato – supostamente uma carta escrita (em grego) por um tal de Aristeas –, 72 eruditos judeus se reuniram na biblioteca de Alexandria sob os auspícios de Ptolomeu II a fim de traduzir a Bíblia do hebraico para o grego. Milagrosamente, embora trabalhassem com independência um do outro, todos escolheram exatamente as mesmas palavras para traduzir o texto, o que por certo significava estarem divinamente inspirados. A carta buscava estabelecer a confiabilidade da tradução grega: era a palavra de Deus, exatamente como no original hebraico. A verdadeira extensão da conexão entre a *Septuagint* (a "versão dos setenta", como essa tradução veio a ser conhecida) e a biblioteca de Alexandria é duvidosa: a *Septuagint* é escrita em um grego inculto, que parece semítico, e os escritores gregos importantes do período nunca fazem referência a ela, o que certamente teriam feito se ela tivesse sido um projeto bibliotecário de tão grande porte. Parece mais provável que o texto tenha se originado das comunidades greco-judaicas locais, onde atendia às necessidades delas. Ainda assim, o fato de o autor da carta estar preparado para afirmar – com imponência! – que a tradução fora criada sob o patrocínio direto de Ptolomeu II mostra que a biblioteca de Ptolomeu não era vista como um empreendimento exclusivamente grego.

 O fato de as políticas culturais de Ptolomeu II terem sido inclusivas também é sugerido pela sua escolha de festividades religiosas. Qualquer cidade grega que se prezasse oferecia um rico sortimento de cultos e festivais públicos. As novas colônias geralmente herdavam o programa religioso da sua "cidade-mãe", o lugar de onde tinham vindo os colonizadores originais. Mas Alexandria era a criação pessoal de Alexandre, o Grande, e ninguém sabia exatamente o que aquela complexa herança envolvia. Os Ptolomeus adotaram o ponto de vista de que os cultos públicos deveriam se concentrar no Alexandre embalsamado e em seus sucessores – ou seja, os próprios Ptolomeus. Em consequência, Ptolomeu II estabeleceu um grande festival em homenagem a seu pai. A Ptolemaia, como foi chamada, começava com uma procissão encabeçada pelo carro da Estrela da Manhã, uma divindade bem escolhida porque era igualmente relevante para todas as pessoas que viviam debaixo do céu. Seguiam-se os pais divinizados de Ptolomeu II e de sua esposa-irmã; novamente, a escolha foi inclusiva, porque todos tinham interesse em venerar os reis. A Estrela da Manhã encerrava a primeira seção da exibição. Figuras do tempo, como a personificação do Ano, vinham em seguida, conduzindo emblemas faraônicos de poder. Dionísio e um grupo de atores que apresentavam cenas de sua vida vinham depois da exibição do tempo: eis um deus que estava à vontade tanto no Oriente quanto no Ocidente – um deus que, além disso, havia inspirado Alexandre. Não era por coincidência que os atores representavam a volta de Dionísio da Índia, um episódio que lembrava aos espectadores a proeza do próprio Alexandre. Depois da seção divina do desfile divino, os Ptolomeus exibiam muitos animais exóticos – uma profusão de elefantes, leões, leopardos, panteras, camelos, antílopes, avestruzes, ursos, rinocerontes e "camelos-leopardos" (ou seja, girafas). A Ptolemaia era um grande sucesso. Não importa de onde as pessoas vinham ou que deuses preferiam venerar, todo mundo podia se divertir no zoológico.[23]

    Outros festivais em Alexandria eram mais distintamente gregos. A Adoneia, por exemplo, celebrava o caso amoroso entre Afrodite e seu amante adolescente Adônis. Mas até mesmo esse festival procurava reunir pessoas diferentes: de acordo com o mito grego, Adônis era um personagem oriental, de modo que ali se configurava um romance entre o Oriente e o Ocidente. Grandes multidões compareciam ao festival, e um pouco da agitação ainda transparece em um poema de Teócrito. O seu *Idílio 15* descreve duas mulheres se encontrando, reclamando dos maridos, trocando elogios sobre suas roupas e depois seguindo juntas pelas ruas de Alexandria para participar da Adoneia no palácio real. Embora morem na cidade, as duas amigas procedem da grecófona Sicília: uma pessoa na multidão ridiculariza as vogais abertas das mulheres, mas elas declaram que sentem orgulho de seu sotaque e de sua origem. As duas estão obviamente de bom humor. E, enquanto seguem em direção ao palácio, abrindo caminho entre a multidão heterogênea, repreendem alguns soldados a cavalo, se queixam dos ladrões egípcios e concordam com que Ptolomeu II fez um excelente trabalho mantendo as ruas em segurança "depois que seu pai se tornou imortal". E, com esse comentário casual, Teócrito chama novamente atenção para a divindade dos governantes de Alexandria.

Enquanto as ruas de Alexandria estavam repletas de pessoas, uma diferente atmosfera reinava no Museu e na sua grande biblioteca. Era nesse espaço isolado que a essência da divindade grega era destilada. Calímaco, o mais famoso poeta erudito do século III a.C., declarou que detestava as ruas apinhadas de gente. Na verdade, ele odiava muitas coisas: os amantes promíscuos, a poesia bombástica e os poemas épicos grandiosos que fluíam como "o rio assírio, conduzindo muito lixo e sujeira em seu curso".[24] Os membros de um misterioso grupo chamado Telquinos, por exemplo, eram maçantes porque achavam que podiam julgar a poesia pela sua extensão.[25] Quem eram exatamente esses Telquinos está longe de ser claro, mas o tom geral dos comentários de Calímaco é inconfundível: seu trabalho se destinava a ser exclusivo, em todas as acepções da palavra. Sua Musa era esguia. Ele bebia apenas as mais puras gotas de inspiração poética, e desprezava as ideias de poesia e cultura dos rivais. Além de compor versos, Calímaco também escrevia obras em prosa a respeito de ninfas, concursos de atletismo, mitos de fundação de ilhas e cidades gregas, ventos, portentos, costumes bárbaros e nomes variados para peixes. Esta última iniciativa poderia parecer bizarra em particular, mas Calímaco estava profundamente interessado na cultura grega – e, tanto naquela época quanto agora, cada aldeia de pescadores tinha o próprio nome local para diferentes tipos de peixes. Na sua distante biblioteca egípcia, Calímaco transformou esse conhecimento local, tornando-o uma enciclopédia universal e com isso levando a Grécia para Alexandria.

Sua atitude com relação à religião não era, em muitos aspectos, muito diferente da maneira como tratava os peixes. Ele reunia informações a respeito de mitos e rituais gregos locais, catalogava-as em prosa e cuidadosamente destilava-as em poesia. *Aitia*, o poema mais famoso de Calímaco, discutiu as "origens" ou "explicações" (*aitia* em grego) de várias cidades, cultos e festivais. Durante sua exposição, Calímaco apresentou uma marcante descrição de si mesmo. Afirmou que tinha, certa vez, celebrado o festival ático da Antestéria – não em Atenas, onde ele se originou, mas em Alexandria, na residência particular de um amigo ateniense.[26] A Antestéria, que era originalmente um festival público em homenagem a Dionísio, foi assim transformada em uma festa privada em Alexandria, regada a bebidas. Calímaco compartilhou um sofá reclinado com um visitante grego de uma ilha perto da Tessália, e lhe fez perguntas a respeito da mitologia e rituais de sua região. O desconhecido respondeu com uma observação que certamente agradou ao interlocutor: Calímaco era um homem de sorte, porque não precisava viajar. Ele podia obter todas as informações que desejava em Alexandria, o novo centro do mundo.

Calímaco não estava sozinho em sua determinação de pesquisar a cultura grega para incluí-la nas prateleiras de sua biblioteca. Outros eruditos alexandrinos reuniram manuscritos dos poemas homéricos de muitas cidades gregas, compilando edições abalizadas da *Ilíada* e da *Odisseia* – edições que efetivamente usamos ainda hoje. Em uma busca de origens diferente, porém relacionada, o poeta e bibliotecário Apolônio de Rodes compôs a *Argonáutica*, um poema épico que se desenrola em um período anterior à Guerra de Troia e aos outros eventos descritos nas obras de Homero. Teócrito utilizou um recurso semelhante em uma de suas obras: descreveu um jovem e feliz Ciclope apaixonado por uma ninfa, ainda inteiramente alheio ao fato de que Odisseu um dia passaria de barco por onde ele estava o cegaria.[27]

Essa maneira de remontar às raízes remotas de uma história frequentemente transformava os deuses do Olimpo em crianças na poesia e na arte alexandrinas. Cercados pela Antiguidade bem maior do culto egípcio, os gregos construíram para si mesmos uma divertida alternativa. O *Hino a Zeus* de Calímaco descreveu em detalhes a infância de Zeus na ilha de Creta. Seu *Hino a Ártemis* apresentou uma imagem da deusa como uma menina sentada no colo de Zeus, cativando o pai para que lhe prometesse favores e presentes. Na *Argonáutica* de Apolônio, os relâmpagos de Zeus ainda estão sendo fabricados na oficina dos Ciclopes: a expedição dos Argonautas transcorre em um passado tão distante que o próprio Zeus ainda não está de posse de seus plenos poderes. Os autores cogitam que, assim como os deuses do Olimpo, a própria cultura grega pode ter começado a partir de primórdios infantis, mas, com o tempo, se transformou em algo tremendamente poderoso.

Longe de ser apenas nostálgicos, os alexandrinos se apresentavam como o sofisticado apogeu de sua complexa herança grega. Reuniram todos os cultos e mitos anteriores e criaram uma nova síntese, extremamente culta e inventiva. É difícil determinar se essa síntese era essencialmente dirigida às elites gregas ou se ela tinha uma atratividade mais ampla. Um observador da época descreveu os ocupantes do Museu como pássaros em uma gaiola brigando uns com os outros, sem nenhuma consideração pelo mundo exterior. E os poetas eruditos alexandrinos, é claro, cultivavam precisamente essa imagem de superioridade exclusiva. Na realidade, contudo, estavam bastante conscientes das realidades egípcias ao redor deles, como demonstra o paralelo cuidadosamente traçado por Teócrito entre os hábitos faraônicos e o casamento de Zeus e Hera. Eles também percebiam que novas elites internacionais estavam ávidas para conhecer a cultura grega, e agradaram a essas elites criando uma forma de poesia que transformava a literatura helênica anterior em algo mais acessível para os observadores externos.

Basicamente, o que poetas e eruditos de Alexandria começaram a fazer foi transformar a Grécia em um lugar mental, um local que poderia ser alcançado pela simples leitura de livros. Os *Hinos* de Calímaco aos deuses do Olimpo, por exemplo, moldavam-se nos *Hinos Homéricos*, mas astuciosamente incluíam uma descrição dos cenários dos festivais nos quais os hinos eram supostamente executados. Suas imagens poéticas – um templo, uma estátua, um culto religioso – efetivamente criavam uma moldura ritual dentro do texto. Agora, não havia mais necessidade de a pessoa comparecer a um verdadeiro festival e ouvir uma representação efetiva: o próprio poema oferecia aos leitores todo o contexto de que precisavam. Do mesmo modo, a *Aitia* continha a descrição de uma festa com bebidas feita por Calímaco, uma festa ritual na qual poemas elegíacos como o próprio *Aitia* eram originalmente apresentados nos dias remotos da Grécia. A vinheta de Teócrito a respeito das mulheres sicilianas, pelo seu lado, incluía a letra da música ritual executada em homenagem a Afrodite e Adônis no festival. Depois de ouvir as palavras da musica ritual, os leitores podiam saborear sua acolhida: as duas mulheres concordaram em que o canto era lindo, e depois apressaram-se em voltar para casa a fim de preparar o jantar para os maridos, que podiam ficar irritadiços antes de comer, afirmaram ambas. Os leitores não precisavam estar em Alexandria para apreciar sua atmosfera: podiam senti-la na conversa entre as duas mulheres. A cultura grega, assim complementada, podia ser apreciada em qualquer lugar.

Com a propagação da cultura helenística, a Grécia se tornou uma questão de educação. Um poeta helenístico, Meleagro de Gadara, comentou: "Sou sírio, e daí?", e prosseguiu com uma alusão erudita à *Teogonia*, o supremo poema grego a respeito das origens: "Nós agora vivemos em um mundo unido, e um Caos deu à luz todos os mortais".[28] Conhecer Hesíodo ("Do Caos veio a Terra [...]") era tudo o que importava. Por todo o Mediterrâneo e o Oriente Próximo, elites instruídas agora tomavam conhecimento dos deuses do Olimpo a partir de versões escritas de Homero e Hesíodo, aliadas aos comentários alexandrinos sobre esses textos. Essas pessoas absorviam os detalhes de variados cultos gregos com base em obras cultas e poemas alexandrinos cuidadosamente compostos, como o *Aitia*. Em todas as terras conquistadas por Alexandre, pessoas instruídas compartilhavam esses relatos, não importando os outros idiomas que falassem e os cultos locais dos quais participassem. Foi assim que, quando os romanos ingressaram no palco do mundo, encontraram pessoas profundamente familiarizadas com os deuses do Olimpo aonde quer que fossem.

Parte IV

TRANSFERÊNCIA: O IMPÉRIO ROMANO

Depois das extensas viagens pela Grécia, Ásia e África, os deuses do Olimpo chegaram a Roma. Essa talvez tenha sido a jornada mais importante, e com certeza uma das mais misteriosas. Hoje, temos a tendência de aceitar com naturalidade que os romanos estivessem interessados nos gregos, que imitassem suas obras, considerassem a Grécia o berço da civilização e identificassem os próprios deuses com os dos súditos gregos. No entanto, as escolhas feitas pelos romanos estavam, na verdade, longe de ser óbvias. Embora a prática de igualar deuses estrangeiros a deuses locais fosse difundida na Antiguidade, somente os romanos se dedicaram de modo sistemático ao projeto de transferir — ou transladar: literalmente, "trazer para o outro lado"— todo o panteão grego.

Essa transferência de deuses era parte de um empreendimento muito mais amplo de assimilação cultural: os poetas romanos imitavam os gregos, os escultores romanos modelavam seu trabalho pelos originais gregos, e senadores romanos debatiam filosofia grega em seus belos palacetes na região rural. Os romanos, em resumo, adquiriram uma educação helenística — e seus deuses mudaram de modo correspondente. A religião romana tradicional se concentrara na segurança do estado, ostentando deuses bastante impessoais que precisavam ser cuidadosamente conduzidos e apaziguados. Agora, sob a influência da cultura grega, os deuses haviam adquirido complexas personalidades e preferências específicas por mortais particulares. Com o tempo, os homens mais poderosos de Roma, entre eles César e Augusto, passaram a afirmar que tinham relacionamentos especiais com os deuses do Olimpo. O poder deles, segundo diziam, era uma questão de favorecimento divino. Nesse meio-tempo, o poeta Ovídio sugeriu uma visão diferente: que os deuses do Olimpo eram símbolos da arte humana — belos e caóticos —, e não uma ordem imperial.

10

AS MUSAS EM ROMA

OS ROMANOS ESTABELECERAM gradualmente seu domínio no Mediterrâneo ao longo de várias centenas de anos, do século III ao século I a.C. O contato com a cultura grega, de forma correspondente, aconteceu em estágios. Roma começou se expandindo pela região grecófona do sul da Itália e da Sicília; essa expansão conduziu às Guerras Púnicas contra Cartago no norte da África, já que os dois lados disputavam o controle do Mediterrâneo. Roma venceu: em 145 a.C., a Terceira Guerra Púnica terminou com a completa destruição de Cartago. De acordo com a lenda, a cidade foi arrasada, e sal foi espalhado no solo com arados, para garantir que nada, jamais, crescesse ali novamente. Nesse meio-tempo, conflitos de interesse na Ilíria, na costa oriental do Adriático, causaram a Primeira Guerra Macedônica. Uma vez mais, Roma venceu: no mesmo ano que Cartago foi destruída, a batalha de Corinto decidiu definitivamente a conquista romana da Macedônia e da Grécia. Nesse ponto, os romanos estavam em posição de conquistar todos os reinos helenísticos deixados para trás por Alexandre, o Grande. O Egito foi o último a cair, tendo capitulado em 30 a.C. Cleópatra, sua rainha poliglota e multicultural, a última dos Ptolomeus, se recusou a contemplar a subjugação e cometeu suicídio; seus súditos macedônios, gregos e egípcios se curvaram ao poder de Roma.

Tendo em vista que os romanos derrotaram os gregos de maneira tão abrangente, não fica imediatamente óbvio que tenham dado muito valor à cultura deles – mas, em primeiro lugar, é preciso buscar uma resposta na determinação dos romanos de expandir seu império. A derrota devastadora da Grécia possibilitou um governo não muito severo: os romanos não ocuparam com tropas suas novas conquistas, preferindo se apresentar como governantes bondosos e admiradores. Adotar a cultura grega foi proveitoso para manter boas relações, não apenas na Grécia propriamente dita, mas em todo o Mediterrâneo. Depois de Alexandre, o Grande, o grego se tornara a língua dominante das elites internacionais, e a mitologia grega oferecia histórias que eram amplamente compartilhadas e admiradas. Os romanos usaram o poder militar para estabelecer sua supremacia, mas também tentaram obter um consenso recorrendo a histórias, ideias e valores amplamente aceitos. Os romanos não foram na verdade tão diferentes dos inimigos na maneira como utilizaram a mitologia grega. Aníbal, o general púnico que atravessou os Alpes com uma manada de elefantes, se apresentou como o novo Héracles, como Alexandre, o Grande, tinha feito antes dele – e o mesmo fizeram os generais romanos que lutaram contra ele na Segunda Guerra Púnica. Aníbal equiparou o Héracles grego ao Melqart púnico; mas os dois lados apelaram para o herói que se tornou deus a fim de projetar suas ambições locais em um nível internacional.

Essas tentativas de ser como os gregos não eram apenas atitudes casuais, e sim estratégias meticulosamente planejadas e administradas. Aníbal mantinha dois escritores gregos na sua comitiva para registrar suas proezas para uma audiência internacional, e para a posteridade. (Eles partiam do princípio de que as pessoas no futuro leriam grego.) Os romanos, pelo seu lado, capturaram o historiador grego Políbio, que passou a imortalizar a ascensão de Roma ao poder. O trabalho de Políbio se tornou influente, primeiro em Roma, e depois em muitas outras culturas: suas ideias a respeito da separação dos poderes no governo, por exemplo, são importantes para muitas constituições modernas. Em contrapartida, os escritores gregos que trabalhavam para Aníbal caíram no esquecimento: o trabalho deles se perdeu, assim como o próprio Aníbal perdeu a Segunda Guerra Púnica. Ainda assim, eles e Políbio compartilharam importantes experiências de vida: todos trabalharam como preceptores e historiadores, promovendo figuras gregas, em especial Héracles, como modelos de comportamento para os novos senhores.

Para as elites romanas ansiosas por adquirir uma educação helenística, o problema não era tanto o de encontrar professores adequados – havia uma abundância de gregos cultos que poderiam ser capturados ou persuadidos de outras maneiras a ministrar o seu conhecimento – e sim o de resolver como a cultura grega poderia ser adaptada a Roma. Uma coisa era imitar Héracles durante uma batalha contra Aníbal, e outra bem diferente era desempenhar o papel do herói que se tornou deus entre seus concidadãos. A religião romana tradicional não era especialmente receptiva a esse tipo de ideia; não celebrava as histórias de deuses individuais, ou de mortais individuais que se comportavam como eles. As primeiras divindades romanas, ao menos as mais importantes, tinham personalidades muito definidas. Júpiter, embora compartilhasse uma antiga conexão etimológica com Zeus, tinha se desenvolvido em direção diferente em Roma: ele era visto, sobretudo, como protetor um tanto impessoal da República Romana. Outros deuses romanos importantes – entre eles Juno, Marte, Minerva, Vênus e Mercúrio – também estavam investidos, principalmente, de responsabilidades cívicas, sendo cercados por uma multidão de deuses secundários que eram ainda mais funcionais e impessoais. Havia Imporcitor, por exemplo, "deus da aragem com sulcos largos"; Vervactor, "deus que revolvia a terra inaproveitada"; e Mantura, "deusa para manter a esposa em casa". Os romanos, era evidente, invocavam os deuses para ajudá-los nas tarefas do dia a dia, mas pelo jeito não criavam muitas narrativas a respeito deles. A mitologia grega se desenvolvera com o tempo à medida que diferentes comunidades gregas se reuniram a fim de negociar, tomar parte em cultos religiosos, ouvir poesia e competir em jogos de atletismo. Os viajantes que se encontravam e permutavam histórias deram origem a uma complexa tradição compartilhada – uma tradição de entretenimento e também de culto. Os romanos eram mais centrados. Sabiam uma coisa simples a respeito de seus deuses: que eles favoreciam Roma acima de todas as outras cidades. E era isso que importava. A fim de manter o relacionamento com os deuses em condição ideal, os romanos criaram um sistema excepcionalmente elaborado de colégios sacerdotais, cuja missão era estabelecer o que os deuses queriam e do que precisavam – em vez definir quem eram, qual a aparência deles ou o que faziam uns com os outros, o tipo de questões que fascinava profundamente os gregos. Os romanos tinham *haruspices*, sacerdotes responsáveis por interpretar ocorrências esquisitas; *augures*, responsáveis por prenúncios de pássaros e outras formas de comunicação divina; *duoviri*, "dois homens responsáveis pelas ações sagradas", mais tarde tendo o número aumentado para dez homens, *decemviri*; virgens vestais, pontífices, flâmines, *fetiales* e muitos outros grupos de funcionários religiosos com funções e tarefas específicas. Todos esses colégios sacerdotais tinham um único propósito mais abrangente: garantir que Roma iria prosperar e fazer conquistas, com o total apoio divino. Na Roma antiga, não havia uma divisão clara entre o poder sagrado e o secular; na realidade, os mesmos homens frequentemente atuavam como sacerdotes, senadores e generais. É claro que essa mistura de religião e política era uma característica de muitas outras sociedades da Antiguidade, inclusive as gregas, mas o sistema religioso romano estava ainda mais estreitamente ligado aos interesses cívicos do que os de outros povos.

Tendo em vista a orientação funcional da religião romana, talvez não cause nenhuma surpresa o fato de que o relacionamento entre os romanos e seus deuses fosse um tanto burocrático. Quando Aníbal ameaçou conquistar Roma em 217 a.C., por exemplo, os romanos prometeram sacrificar aos deuses todos os produtos de agropecuária de determinada primavera. Eles então especificaram as datas que constituiriam "a primavera", e adicionaram uma cláusula declarando que, se quaisquer irregularidades ocorressem – se, por exemplo, um criador reservasse um ou dois leitões para consumo particular –, o sacrifício mesmo assim contaria como se tivesse sido realizado de maneira adequada. Os romanos depositavam grande confiança nessas negociações com os deuses, mas também se mostravam abertos a outras formas de culto – em particular nos momentos de crise, quando os métodos convencionais de fazer as coisas não pareciam funcionar. Quando Aníbal começou a se aproximar cada vez mais, os romanos, desesperados, introduziram um novo

11. Essa colossal estátua do século I d.C., guardada no Musei Capitolini em Roma, demonstra que Marte era uma divindade importante no panteão romano. Ares, seu "equivalente" grego, era, em contrapartida, uma divindade bastante marginal na Grécia. Traduções que parecem derivar diretamente de nomes divinos com frequência encobriam significativas diferenças.

ritual, presumivelmente como uma forma de um seguro adicional contra o desastre. Inspirados nos banquetes olímpicos míticos, os *decemviri* pegaram doze estátuas dos deuses do Olimpo, dispuseram-nas em pares em seis sofás e ofereceram um banquete para eles. Até onde sabemos, essa foi a primeira vez em que os olimpianos foram oficialmente reconhecidos em Roma. O panteão de doze já era conhecido dos romanos antes disso, não apenas por causa do seu contato direto com os gregos, mas também porque os vizinhos imediatos de Roma, os Etruscos, se interessavam havia muito tempo pela mitologia grega. Ainda assim, uma coisa era conhecer histórias exóticas a respeito dos deuses do Olimpo, e outra bem diferente é deixar que eles afetassem diretamente as práticas religiosas de Roma.

Não pode ter sido por coincidência que, mais ou menos na mesma época, Lívio Andrônico – ex-escravo grego – traduziu pela primeira vez a *Odisseia* para o latim. Os doze deuses entraram, portanto, simultaneamente em Roma como estátuas reunidas para uma refeição ritual e como personagens épicos em uma história. A tradução de Andrônico se revelou muito importante na história da literatura latina: não sabemos que tipos de canção ou composição oral os romanos podem ter desfrutado antes de ele chegar a Roma, mas por certo nunca tinham vivenciado nada parecido com esse poema. Além de produzir uma versão da *Odisseia* (da qual hoje resta apenas um punhado de brilhantes fragmentos), ele também traduziu e encenou várias peças gregas. Às vezes imagino que as produções de Andrônico podem ter sido tão incríveis e incongruentes quanto o Ballets Russes de Diaghilev fazendo uma turnê pelo Texas em 1916, confrontando audiências nada instruídas com a música de Stravinsky e a melhor dança que a Europa tinha a oferecer. Não sabemos o que os romanos concluíram a respeito de algumas das peças mais sofisticadas e poderosas que o mundo jamais vira, mas Andrônico teve uma boa carreira. Ele chegou a conseguir permissão para que os membros de seu grupo de atores participassem juntos de cultos no templo de Minerva – ou, como ele e os companheiros gregos pensavam nela: Atena.

À medida que uma multidão heterogênea de imigrantes, poetas, professores e artistas helênicos se instalou em Roma, os doze deuses do Olimpo foram sendo sistematicamente identificados com importantes divindades locais. A partir de um ponto de vista literário, a fusão dos panteões grego e romano foi, acima de tudo, um desafio de tradução. Hoje, estamos acostumados a pensar que gregos e romanos veneravam as mesmas divindades; um sem-número de livros escolares e murais nos descrevem o que parecem ser correspondências diretas. No entanto, na verdade, emparelhá-los não foi assim tão simples. Em primeiro lugar, os romanos não reconheciam originalmente um grupo proeminente de doze deuses;

essa estrutura era em si mesma uma importação estrangeira. Em segundo lugar, nem todos os deuses do Olimpo tinham correspondentes romanos viáveis: Apolo, por exemplo, teve que ser importado inteiramente da Grécia. Dionísio também não tinha nenhum equivalente romano, e veio a ser conhecido em Roma basicamente como Baco, um nome grego alternativo que era com frequência usado em contextos rituais. Até mesmo quando os deuses gregos podiam ser emparelhados com divindades romanas locais, essas correspondências não raro eram enganadoras. O deus grego Ares, por exemplo, era um personagem insano e sanguinário, desprezado até mesmo pelo pai, Zeus; o Marte romano, em contrapartida, era uma divindade central e altamente respeitada no panteão romano. E até mesmo no caso das equivalências mais diretas, como entre Zeus e Júpiter, as influências gregas gradualmente modificaram a maneira como os romanos percebiam os deuses, tornando a personalidade deles mais complexa e equilibrada. Os deuses adquiriram novos retratos e biografias, e também – crucialmente – novas formas de culto.

O mais famoso era o culto de Baco, que se espalhou a partir do sul da Itália, subindo pela península durante o século III a.C. e o início do século II a.C. Ele prometia revelar grandes mistérios a respeito da vida e da vida após a morte, e incentivava o uso do vinho, do sexo e da violência como forma de alcançar o êxtase. Os detalhes dos rituais báquicos são obscuros – só eram revelados para os iniciados, e temos que reconstruí-los a partir de fontes hostis e desinformadas da Antiguidade. Parece, contudo, que o culto satisfazia necessidades que a religião romana tradicional não satisfazia: seus seguidores buscavam um relacionamento pessoal, até mesmo visceral, com o deus, procurando nos ritos uma resposta para o medo da morte. Esse tipo de religião não tinha respeito pelas hierarquias da República Romana. Baco derrubava barreiras entre cidadãos e estrangeiros, homens e mulheres, ricos e pobres, escravos e homens livres, unindo-os todos em seu culto. Isso se revelou polêmico, e, em 186 a.C., o Senado Romano esmagou os ritos de Baco com extraordinária brutalidade. De modo geral, os romanos eram tolerantes com relação aos cultos estrangeiros – ou, mais precisamente, sentiam que esses cultos não eram tão eficazes quanto os próprios métodos de lidar com os deuses, e, por conseguinte, em grande medida, não interferiam neles – de maneira que essa repressão sancionada pelo estado era incomum. Parece que, em parte, o Senado tentou esmagar os ritos de Baco não tanto porque seus seguidores eram bêbados e turbulentos, mas porque eram bem organizados. Os iniciados tinham fundos comuns, líderes e procedimentos para a afiliação, ameaçando portanto criar novas estruturas de poder dentro do estado romano. A propaganda oficial classificou os baquistas como membros bizarros de uma seita estrangeira, mas nós sabemos, de fato, que bons cidadãos e mulheres romanos estavam entre aqueles ligados por juramento aos ritos secretos do deus, o que deve ter feito o Senado se sentir ainda mais ameaçado. Os ritos secretos de Baco desestabilizaram os próprios princípios da religião romana tradicional: o foco não incidia mais na prosperidade do estado, e sim em um senso de liberação pessoal e coletiva.

Declarar os baquistas ilegais não impediu que a cultura e a religião romanas mudassem rapidamente durante o século II a.C. Uma grande quantidade de outros personagens pitorescos também apareceu na cidade, espalhando estranhos rumores a respeito dos deuses. Em 168 a.C., por exemplo, um famoso erudito homérico – Crates de Malos – chegou a Roma em uma missão diplomática de Pérgamo, na Ásia Menor, e imediatamente caiu em um esgoto no Monte Palatino. Seu encontro com a engenharia romana de alto nível o deixou incapacitado durante vários meses. Enquanto se recuperava, aproveitou a oportunidade para fazer preleções aos romanos sobre a poesia homérica, oferecendo impressionantes interpretações alegóricas na tradição de Teágenes: afirmou que os deuses do Olimpo representavam virtudes humanas, causas físicas e estados mentais. Os romanos ficaram impressionados. Outros palestrantes visitantes – como Carneades, um grego de Cirene, na África do Norte, que chegou a Roma alguns anos depois de Crates – não se saíram tão bem. Carneades foi diretor da Academia em Atenas, a escola filosófica fundada pelo próprio Platão, e dava palestras sobre justiça. Na sua primeira palestra, apresentou abundantes elogios a essa virtude, sendo recebido com aplausos. Na segunda palestra, dando uma meia-volta retórica, destruiu todos os argumentos anteriores e apresentou a justiça exclusivamente como instrumento de controle social. Cato, o Censor – um honrado cidadão romano que se designara a consciência moral da cidade – ficou indignado, convencendo o Senado a enviar Carneades de volta para Atenas antes que ele pudesse examinar outras virtudes.

Hoje, Crates e Carneades são figuras quase esquecidas, mas eles causaram uma enorme impressão na antiga Roma.[1] Ainda assim, mesmo naquela época, eles não poderiam mudar radicalmente, sozinhos, ideias dominantes a respeito da religião e da moralidade. Suas concepções invulgares poderiam ser facilmente descartadas como fantasias de meros *Graeculli*, "pequenos gregos". Foi somente quando os senadores e generais de Roma começaram a levar a sério as ideias gregas a respeito dos deuses que o equilíbrio religioso da República Romana começou a mudar. Ao se ver diante das maneiras pelas quais os deuses eram retratados nas peças, poemas épicos e debates filosóficos gregos, os romanos começaram a suspeitar de que a moralidade tinha pouco a ver com os deuses. Eles também passaram a compreender que, se os deuses tinham personalidades específicas, poderiam favorecer pessoas específicas, em vez de beneficiar Roma.

Ênio, um imigrante do sul da Itália, foi em grande medida responsável por ensinar aos romanos como a cultura grega em geral – e os deuses do Olimpo em particular – podia ser usada em benefício próprio. Ênio, que era de descendência messápia, oscano por meio de ligações familiares e grego por educação, afirmava ter três corações, um para cada uma das culturas que dominava. Depois de se mudar para Roma, ele se tornou, com o tempo, o poeta pessoal de Fúlvio Nobilior, um proeminente general romano. Esse cargo se revelou bastante influente: ao introduzir modelos helenísticos de poesia, divindade, patronagem e poder, Ênio transformaria fundamentalmente a literatura e a cultura romanas.

Entre seus outros trabalhos, Ênio compôs os *Annales*, um poema épico a respeito de Roma que começou com Rômulo e Remo e terminou com o próprio Fúlvio. Toda a história da República Romana, como ele a narrou, estava reunida entre a história pessoal desses dois homens em especial, que eram particularmente favorecidos pelos deuses. O poema começou com uma invocação "às Musas que dançam no Olimpo", e essa foi a primeira vez que essas deusas apareceram em Roma. Andrônico, na sua versão da *Odisseia*, tinha traduzido as Musas como Camenas, equiparando-as assim a obscuras deusas italianas das fontes (e talvez da inspiração), mas Ênio se rebelou contra essa ideia. Na sua opinião, as Musas não se escondiam em fontes locais; eram gregas, e os romanos precisavam aprender o nome delas e celebrar sua chegada.

Como sempre, questões de tradução marcaram mudanças culturais mais amplas. Ênio estava decidido a fazer com que as Musas, e as artes gregas que elas representavam, encontrassem um reconhecimento adequado em Roma. Quanto aos outros deuses do Olimpo, Ênio aceitou as traduções romanas correntes de seus nomes, mas adicionou muitos detalhes gregos às suas descrições. Por exemplo, apresentou uma lista aparentemente direta dos doze deuses do Olimpo em seus Anais, mas a escondeu em uma pequena pilhéria homérica para aqueles que fossem sutis o bastante para percebê-la:

Iuno Vesta Minerva Ceres Diana Venus Mars
Mercurius Iovis Neptunus Volcanus Apollo[2*]

Ênio colocou cuidadosamente as deusas na primeira linha da poesia e os deuses na segunda – só que Marte se esgueirou para cima e postou-se ao lado de Vênus no final da primeira linha, porque queria ficar perto de sua amante secreta. Na *Odisseia*, ele tinha tido um caso amoroso furtivo com ela, e agora esse caso havia se convertido em uma alusão literária culta. Ênio era um mestre da cultura sofisticada e pedante introduzida pelos alexandrinos. Assim como estes últimos, também sabia como usar a poesia para lisonjear seu protetor para aumentar seu prestígio.

Quando Fúlvio Nobilior saqueou a cidade de Ambrácia em 189 a.C., Ênio compôs uma peça celebrando a vitória. Fúlvio, pelo seu lado, decidiu tomar ao pé da letra o projeto de Ênio de "trazer para o outro lado" as

---

* A autora deixou os nomes em latim no original. Os nomes em português são: Juno Vesta Minerva Ceres Diana Vênus Marte Mercúrio Júpiter Netuno Vulcano Apolo. (N. dos trads.)

Musas: pilhou nove estátuas das deusas de um templo local em Ambrácia e as transferiu para sua residência particular em Roma. Catão, o Censor, censurador como sempre, condenou essa atitude. Ele afirmou que o despojo de guerra não deveria se tornar propriedade privada, e que estátuas dos deuses jamais deveriam ser usadas como decoração de interiores.[3] Era fundamental, insistiu ele, que o culto e o governo caminhassem juntos, de acordo com os princípios romanos tradicionais. É fácil perceber onde estava o problema, aos olhos de Catão: Fúlvio usava seu poeta-conselheiro e as Musas para melhorar sua situação pessoal, perturbando assim o equilíbrio entre as elites. A peça de Ênio a respeito do saque de Ambrácia enfureceu rivais políticos de Fúlvio, mas ela foi recebida muito bem pela massa, e o povo romano podia conferir um considerável poder a um general popular como Fúlvio.

Fora isso, além de compor poemas épicos e peças dramáticas em louvor a Fúlvio, Ênio também traduziu para o latim *a História Sagrada* de Evêmero, aquele curioso texto helenístico a respeito dos deuses como benfeitores mortais da humanidade. Ele sugeriu portanto para Fúlvio, e para os romanos de modo mais geral, que os olimpianos tinham um dia sido pessoas comuns, e que gerações sucessivas, gratas pelos seus serviços, os tinham deificado. Em outras palavras, as pessoas poderiam promover seus favoritos não apenas na esfera política, mas também no âmbito da religião. Uma amizade privada entre um general e um poeta de três corações afastava o equilíbrio do poder da religião romana tradicional e o aproximava de concepções mais pessoais dos deuses: a divindade se tornava uma questão de simpatia popular.

No final, Fúlvio Nobilior teve que ceder à pressão política e religiosa, mas arquitetou uma resposta tão astuciosa para os ataques de Catão que o próprio Ênio deve ter estado por trás dela. Removeu as nove estátuas das Musas da sua casa e doou-as para um templo público perto do rio Tibre. Esse templo passou então a ser dedicado a "Hércules das Musas", um título que não tinha precedente no culto romano (embora possa ter existido no sul da Itália, o lugar de origem de Ênio). Longe de se desculpar pelas vantagens políticas que obtivera de Ênio, Fúlvio Nobilior transformou assim suas Musas gregas e seu relacionamento com o poeta em um assunto público. Na condição de general e patrono da literatura, o próprio Fúlvio era, é claro, o mais perfeito "Hércules das Musas", e sua doação se tornou outro ato de autopromoção. No decorrer dos séculos seguintes, muitos homens poderosos imitariam o truque helenístico que Ênio popularizou, começando a se retratar como deuses. O templo de Hércules e das Musas, nesse meio-tempo, tornou-se um local de encontro para poetas e artistas durante várias gerações: eles criaram uma nova cultura híbrida greco-romana, presidida pelas nove Musas saqueadas de Ambrácia.

11

ANCESTRAIS, ALIADOS E *ALTER EGOS*

OS SUCESSOS MILITARES do século II a.C. transformaram Roma por completo. As elites, que tinham se tornado imensamente ricas, investiram grande parte da riqueza em terras, usando o vasto número de escravos capturados em um século de guerras para cultivá-las. Os camponeses romanos, nesse meio-tempo, se sentiram cada vez mais atraídos pela cidade, onde homens influentes distribuíam favores em troca de votos. A capital imperial se tornou uma metrópole: algumas décadas antes do nascimento de Jesus, ela continha aproximadamente um milhão de habitantes – um recorde europeu que só seria quebrado por Londres, quando se industrializou[4]. No entanto, a prosperidade não trouxe estabilidade. Na realidade, à medida que o império continuou a crescer por meio de conquistas, no Oriente e no Ocidente, as tensões entre os poderosos aumentaram. Alianças voláteis entre elites governantes, relacionamentos tensos entre generais e seus exércitos, reformas agrárias polêmicas, numerosas revoltas de escravos (das quais a de Espártaco foi a mais famosa) e frequentes insurreições por toda a Itália e nas províncias – tudo isso ajudou a atiçar as chamas de sucessivas guerras civis, que, com o tempo, acabaram causando o fim da própria República Romana.

Os deuses do Olimpo estavam completamente enredados em todos esses acontecimentos. Sendo um grupo de personagens reconhecíveis, faziam-se úteis, para início de conversa, como facilitadores internacionais, ajudando os romanos a encontrar significado e coerência no mundo à medida que seguiam marchando e o conquistavam. Quando César invadiu a Gália, por exemplo, identificou de imediato deuses familiares no que deve ter sido uma paisagem extremamente pouco familiar. Sua obra *De bello gallico* contém as seguintes observações a respeito das divindades locais:

> Entre os deuses, os gauleses veneram particularmente Mercúrio. Existem numerosas imagens dele; eles afirmam que ele é o inventor de todos os ofícios, o guia de todos os caminhos e jornadas; eles consideram que ele tem um poder especial sobre o lucro e o comércio. Depois dele, eles veneram Apolo, Marte, Júpiter e Minerva. Eles têm mais ou menos as mesmas ideias a respeito dessas divindades que todas as outras nações – que Apolo afasta a doença, que Minerva concede os princípios das artes e ofícios, que Júpiter domina o céu, que Marte controla as guerras.[5]

As identificações de César são animadas, até mesmo descuidadas. Mercúrio, em linhas gerais, pode ser equiparado ao Teutates gaulês, Apolo a Bele, Ares a Esus e Zeus a Taranis – mas não temos a menor ideia sobre qual equivalente local César tinha em mente para Minerva, por exemplo. De qualquer modo, ele não parece ter ficado nem um pouco interessado nos detalhes. O que queria sugerir, sobretudo aos leitores romanos, era que os mesmos deuses internacionais exerciam domínio em toda parte – e que eles apoiavam Roma. Insinuou que os gauleses eram um pouco confusos com relação às hierarquias divinas apropriadas; era bizarro, e talvez um pouco fraco da parte deles, privilegiar Mercúrio em detrimento de Apolo e Marte, e principalmente de Júpiter. No entanto, com exceção dessa idiossincrasia local, que de qualquer modo era um bom augúrio para o comércio, não havia nada de interessante a relatar a respeito da religião local. Na realidade, concluiu César despreocupadamente, os gauleses tinham "mais ou menos as mesmas ideias" a respeito dos deuses que todas as outras pessoas. É claro que não era assim que os romanos tratavam os gregos: cada descrição dos deuses na literatura, na arte e na filosofia gregas era cuidadosamente escrutinada, sendo interiorizada em Roma. As características que César atribuiu a Mercúrio, Apolo, Marte, Júpiter e

Minerva, portanto, correspondiam exatamente às histórias gregas a respeito de Hermes, Apolo, Ares, Zeus e Atena. Na realidade, foi exatamente porque os deuses gregos e romanos tinham sido sistematicamente amalgamados que César pôde fazer grandiosas afirmações a respeito de "todas as nações".

Na realidade, como era de esperar, as crenças religiosas variavam de modo radical em todo o Império Romano. Mas os povos conquistados tinham poucas opções quando apresentavam seus deuses para os romanos. Eles poderiam afirmar que adoravam as próprias divindades exclusivas – mas, nesse caso, os romanos não tinham nenhuma razão para se importar com os deuses bizarros dos derrotados. Alternativamente, poderiam insistir em que os deuses eram, na verdade, os mesmos que os olimpianos, em cujo caso os romanos já sabiam tudo o que precisavam saber a respeito deles. O resultado final era igual em ambos os casos: as tradições locais diferentes eram esmagadas, enquanto concepções dos deuses amplamente greco-romanas se espalhavam pelo império. Com certeza, alguns deuses estrangeiros conseguiram obter respeito e até mesmo ser venerados entre os romanos. Cibele, uma mãe-terra oriental, gozava de um extraordinário sucesso em Roma; Mitras, o deus persa, tornou-se popular entre os legionários romanos; e a deusa egípcia Ísis propagou sua influência ao longo da costa da África, e depois através do Gibraltar, rumo à Espanha e à Gália. Mas até mesmo Cibele, Mitras e Ísis ingressaram no mundo romano provenientes do Oriente helenizado, o que lhes conferiu credenciais gregas respeitáveis. Sem algum tipo de passaporte helênico, era de fato muito difícil para os deuses conquistados causarem qualquer impacto em Roma.

A suposição de que os olimpianos eram deuses universais permeava o comportamento religioso em todo o Império Romano, do norte da Europa até a África e a Ásia. Por exemplo, Varro, um contemporâneo de César, afirmou que os judeus adoravam Júpiter. Para nós, a ideia de um Júpiter judeu pode parecer absurda, mas provavelmente tinha a intenção de ser um sinal de respeito. Varro admirava os judeus por adorarem uma única divindade, e a partir dessa perspectiva o deus supremo tinha que ser Júpiter. Curiosamente, os próprios judeus pareciam compartilhar as opiniões dele, pelo menos até certo ponto: também achavam que o seu deus era a mesma divindade que concedera a vitória aos romanos. Quando

Pompeu tomou Jerusalém e profanou o seu templo em 63 a.C., as escrituras judaicas apresentaram esse fato como um sinal da ira divina. Deus ajudara os conquistadores estrangeiros, disseram eles, a fim de punir seu povo pela perversidade dele.

Os gauleses e judeus conquistados não eram os únicos cuja teologia foi afetada pelas conquistas romanas: os próprios conquistadores também foram transformados. À medida que as campanhas militares de César e Pompeu continuaram, parecendo insustentáveis – Pompeu dominando o Mediterrâneo e o Oriente Próximo, César subjugando grande parte da Europa ocidental e invadindo por pouco tempo a Grã-Bretanha –, os dois homens começaram a alardear sua divindade. Júlio César insistia em afirmar que, como pertencia à linhagem conhecida como *gens Julia*, ele descendia da própria Vênus. Fora Vênus que dera à luz Eneias, que gerara Iulo, o qual dera seu nome à família de César. Em algum nível, todo mundo em Roma já sabia disso, mas agora César havia se certificado de que esse fato não passaria despercebido. Com esse intuito, dedicou um templo a *Venus Genetrix*, "Vênus a Ancestral". O nome foi cuidadosamente calculado: a deusa era ancestral de Rômulo e Remo e, por conseguinte, de todos os romanos, mas César também enfatizou que ela era, de modo mais específico, ancestral *dele*. A história de Eneias, filho de Vênus, também se tornou particularmente popular por volta dessa época, sem dúvida porque ela foi útil para César e seus seguidores.

Nesse meio-tempo, Pompeu intitulou-se o novo Alexandre: fazia questão de ser chamado de *Pompeius Magnus*, "Pompeu, o Grande", e exigia várias homenagens divinas, em particular no leste da Grécia. Na ilha egeia de Mitilene, por exemplo, um mês inteiro foi designado em sua homenagem, embora os meses fossem geralmente dedicados aos deuses. Na ilha de Delos – o lugar de origem de Apolo e Ártemis! –, Pompeu desfrutava um culto pessoal, do qual inclusive faziam parte sacerdotes especialmente nomeados conhecidos como *Pompeiastai*. É difícil saber o que os gregos comuns pensavam a respeito das alegações de divindade de Pompeu. Talvez achassem que venerá-lo era a melhor opção que tinham naquelas circunstâncias, ou talvez pensassem que seu poder impressionante era verdadeiramente, pelo menos em algum nível, divino. Uma minúscula evidência sugere que alguns gregos, pelo menos, eram bastante ambivalentes com relação a Pompeu. Um grafite riscado em um muro ateniense educadamente advertia: "Quanto mais sabes que és um homem, mais te tornas um deus".[6]

É questionável se Pompeu prestava muita atenção a essa sabedoria das ruas. Na Grécia, ele podia fazer o que queria. Era em Roma que ele precisava ser cuidadoso: na capital, havia maneiras consagradas pelo tempo de lidar com o relacionamento entre os deuses e os mortais, e se desviar demais delas poderia pôr em risco o extraordinário apoio divino que Roma desfrutava. Pompeu precisava respeitar a tradição romana – e ele fez isso, com algumas distorções cruciais. Por exemplo, modificou um importante ritual romano, o triunfo, para sugerir a ideia de sua divindade para os concidadãos. Tradicionalmente, depois de uma vitória importante, o Senado concedia ao general que regressava o direito de realizar uma entrada grandiosa na cidade: o general passava através de um portão triunfal especial na frente do exército, exibindo prisioneiros de guerra, pilhagens, animais exóticos e outras maravilhas que tivesse reunido quando em campanha. O cortejo seguia um itinerário ritual específico através da cidade, terminando diante do templo de Júpiter no Monte Capitolino. Lá, o general colocava coroas de louros no colo da estátua de culto pintada de vermelho, agradecendo formalmente ao deus supremo pela vitória. Durante um triunfo, o próprio general vitorioso também usava uma coroa de louros, vestia-se de vermelho e tinha o rosto maquiado de vermelho, imitando a aparência da estátua de Júpiter. Em outras palavras, durante um dia inteiro, o general e Júpiter eram reflexos um do outro, mas no fim do dia o homem depositava sua coroa no colo do deus e reassumia a aparência normal. Mas as coisas não eram assim no caso de Pompeu: depois da queda de Jerusalém, o Senado lhe concedeu não apenas o direito de celebrar um triunfo como também lhe deu permissão para usar o traje e maquiagem de Júpiter sempre que fosse ao *circus maximus*. O público romano veria então Pompeu com a aparência exata do Júpiter do Capitolino sempre que comparecesse oficialmente ao estádio popular.

Na prática, parece que Pompeu só ousou fazer isso uma única vez, mas com certeza deu exemplo ao seu rival, César. Já na década de 40 a.C., o mundo não parecia grande o bastante para conter os dois homens – enquanto eles lutavam pelo controle da república. Pompeu foi assassinado no Egito pelos Ptolomeus, que apresentaram a sua cabeça decepada a César, literalmente, em uma bandeja de prata. Depois que César voltou para Roma, ele não se sentiu nem um pouco acanhado de se comportar como um deus. Ele insistiu no direito de usar o traje de Júpiter em todas as ocasiões públicas: a coroa de louros, parte das vestes divinas, tornara-se um atributo característico em seus retratos. Como convinha ao seu novo *status*, César também fez alguns ajustes significativos na sua casa, acrescentando um frontão triangular na parte da frente da casa que fez com que ela ficasse parecida com um templo. Em seguida, ele nomeou um sacerdote para cuidar do seu culto pessoal, e renomeou um dos meses do ano em sua homenagem. (Ao contrário do mês que Pompeu designou em sua homenagem em Mitilene, o mês de Júlio César – Julho – leva seu nome até hoje.) Em resumo, em vez de limitar as manifestações divinas mais extravagantes ao mundo grego, César insistiu em ser venerado como um deus na própria Roma.

Como seria de esperar, esse comportamento gerou ressentimentos – e os adversários de César encontraram munição não apenas no fato de ele se desviar da conduta romana tradicional, mas também na filosofia helenística. Em meados do século I a.C., o poeta romano Lucrécio havia insistido em perguntar o que efetivamente significava ser um deus, abrindo uma linha de investigação que logo teria uma óbvia relevância para as alegações de César. Segundo o ponto de vista de Lucrécio, o que acontecia no nosso mundo dependia apenas de causas físicas, especificamente do movimento de átomos, e da vontade humana. Os olimpianos, de acordo com Lucrécio, não tinham nenhuma influência nos assuntos humanos. Viviam completamente satisfeitos na própria esfera individual, aparecendo para os mortais apenas como imagens e visões, *simulacra*. Ao mesmo tempo, Lucrécio insistiu em que os mortais comuns poderiam se tornar deuses: tudo o que precisavam fazer era abandonar o pavor que sentiam da morte e começar a se divertir. O pensador grego Epicuro, disse ele, havia mostrado o caminho: a filosofia epicurista, que postulava os prazeres como a meta mais elevada da vida, era um guia para a perfeita felicidade.

Lucrécio não poderia exaltar Epicuro mais do que já era exaltado. Ele era mais do que Baco, o portador do vinho, e do que Ceres, a provedora do milho; era mais forte do que Hércules, matador de monstros, porque derrotava os medos e as tristezas que assolam nossa vida.

No que dizia respeito a Lucrécio, Epicuro era o verdadeiro salvador da humanidade. A fim de divulgar a filosofia epicurista em Roma, ele escreveu um poema veemente e rigorosamente argumentado chamado *Sobre a Natureza das Coisas*, delineando sua visão do universo e explicando como tornar a vida humana não apenas suportável, e sim jubilosa. Lucrécio foi bem-sucedido, até certo ponto: ler seu poema ainda é um grande e edificante prazer. No que diz respeito aos deuses do Olimpo, deixou muitas questões sem resposta. O que eram as *simulacra*, aquelas imagens divinas que mereciam a atenção dos mortais? Eram os deuses, como Evêmero argumentou na *História Sagrada*, visão de pessoas reais (como Epicuro) que tinham ajudado a humanidade? As mesmas leis da física governavam os movimentos e as combinações de átomos na esfera divina que os deuses habitavam? Lucrécio sabia que precisava explicar os deuses e a espantosa resistência do poder deles, e prometeu abordar a questão em seu poema – mas nunca chegou a escrever essa seção relevante. É possível que tenha morrido antes de terminar *Sobre a Natureza das Coisas*. Assim como Simônides, ele pode ter descoberto que uma única vida humana é breve demais para captar a essência do divino.

Depois que César começou a agir como um deus, as pessoas se voltaram para a obra de Lucrécio com um renovado senso de urgência. Quem, ou o quê, era realmente um deus? Como um deus agia no mundo? Um deus podia morrer? E, se fosse esse o caso, ele sobrevivia apenas como uma imagem mental, ou como um poder efetivo que moldava o desenrolar futuro dos eventos? Essas perguntas agora passavam a ser do interesse não apenas de filósofos-poetas como Lucrécio, mas também dos políticos. Cícero, um proeminente senador e estadista romano, escreveu um extenso tratado chamado *Sobre a Natureza dos Deuses* – porque, alegou ele, era do interesse do Estado que ele fizesse isso. Além disso, acrescentou, ele tinha muito tempo livre, já que César assumira sozinho o controle da política:

Se alguém me perguntar por que decidi escrever a respeito da natureza dos deuses [...] posso explicar facilmente a minha decisão. Eu não tinha mais nada para fazer: a condição dos assuntos públicos era tal que uma forma autocrática de governo se tornara inevitável.[7]

Para Cícero, pensar a respeito da natureza dos deuses era uma resposta lógica ao despotismo de César. Tendo em vista a pretensão de César ao *status* divino, ele considerava como seu dever cívico investigar o que essas alegações poderiam significar. Em seu tratado, Cícero levou em consideração a possibilidade de que os deuses não existissem, mas em seguida enfatizou que todas as pessoas no mundo inteiro acreditavam que os deuses existiam – e tinha que haver alguma verdade nessas opiniões difundidas. Depois de começar dessa perspectiva universal, o argumento não demorou a se voltar para Roma. Cícero estruturou seu trabalho como uma conversa entre oficiais romanos de alto escalão: descreveu-os em uma descontraída conversa ao ar livre, em um belo jardim romano, em que discutiam a natureza dos deuses e exploravam diferentes teorias – que a divindade era providencial, como os estoicos afirmavam, ou que ela era indiferente à vida humana, como argumentavam os epicuristas –, não chegando, em última análise, a nenhuma conclusão.

Formalmente, isso fez de Cícero um cético acadêmico, uma pessoa que examinava todas as teorias e não abraçava nenhuma. Como matinha uma posição cética com relação aos deuses enquanto também permanecia fiel às suas obrigações como senador e sacerdote – o que incluía interpretar a vontade dos deuses e orientar o senado romano a esse respeito – tem sido muito debatido. Algumas pessoas argumentam que Cícero mantinha suas funções bem separadas: que, quando atuava como um sacerdote romano, agia de acordo com as concepções romanas dos deuses, e, quando escrevia filosofia, seguia as fontes gregas. Eu discordo – não porque acredite que Cícero tenha um dia elaborado uma posição inteiramente coerente para si mesmo, mas porque escrevia filosofia precisamente como uma forma de política. Tornou-se um filósofo na tradição grega *porque* era um senador e sacerdote romano. Não foi por acaso que, quando César começou a monopolizar a religião do Estado, sugerindo que ele era um deus, Cícero apresentou uma abordagem ampla e cética da divindade. Ele usava a ciência importada da filosofia grega para os próprios fins romanos.

A classicista Mary Beard compara Cícero, nesse aspecto, a um curandeiro tribal tentando se adaptar à medicina ocidental a fim de reter um pouco do seu poder tradicional.[8] A comparação é apropriada, de várias maneiras: ela capta uma parte da confusão, do conflito interior e da resposta criativa a ideias estrangeiras. Mas ela também subestima uma diferença fundamental entre Cícero e um membro de uma tribo de uma aldeia africana colonizada. Roma não era uma povoação atrasada – ela era uma capital imperial internacional. Do mesmo modo, Cícero não se voltava aos métodos dos colonizadores em uma tentativa desesperada de reter parte de seu poder local. Ele pertencia a uma elite imperial, e tomava seus exemplos dos gregos derrotados e subjugados. E, por sinal, César estava fazendo a mesma coisa. Apesar de suas diferenças, os dois homens adaptavam ideias helenísticas a respeito dos deuses às urgentes necessidades romanas – César aludia à possibilidade de que os governantes poderiam ser deuses, enquanto Cícero filosoficamente questionava essas afirmações.

O mistério e o fascínio da antiga Roma residem nessa criativa reformulação da cultura grega. De modo singular, nesse caso, os vitoriosos criavam oportunidades para si mesmos adaptando-se ao ponto de vista dos derrotados. Nas palavras de Horácio: "os gregos cativos conquistaram os seus conquistadores".[9] E o resultado dessa conquista cultural não foi uma síntese greco-romana bem equilibrada do tipo que poderíamos imaginar hoje, e sim um conflito brutal de pessoas e perspectivas. A maioria dos principais protagonistas do final da República Romana teve uma morte violenta. César foi assassinado menos de quatro anos depois de Pompeu ser decapitado, e Cícero foi assassinado (pelos partidários de César) menos de dois anos depois disso. Suas mãos e a sua cabeça foram publicamente fixadas na *rostra*, a plataforma pública onde ele proferira tantos de seus discursos.

Partes de corpos espalhadas no final da República Romana: a cabeça de Pompeu em Alexandria; o cadáver mutilado de César no teatro de Pompeu; a cabeça e as mãos de Cícero em exibição pública. Os olimpianos, nesse meio-tempo, se deleitavam com a confusão. Na qualidade de ancestrais, aliados e *alter egos* dos homens mais proeminentes de Roma, eles instigaram uma sanguinária revolução. Tácito resumiu os últimos anos da República Romana em uma frase devastadora: "Os deuses não se importavam mais com a nossa segurança, apenas com a nossa punição".[10]

Punição ou, mais precisamente, vingança – *ultio*, em latim. O termo descrevia animosidades pessoais: deus contra deus, homem contra homem, facção contra facção. Personalidades violentas destroçaram Roma, até que o sucessor de César traçou uma rota improvável em direção à paz. No seu governo, a especulação filosófica a respeito dos deuses perdeu todo o ímpeto. A possibilidade de que os deuses existiam ou não, ou que existiam, mas não tomavam parte nos assuntos humanos; a ideia de que os deuses tinham de ser imortais, ou generais humanos, ou talvez pensadores como Epicuro, inclinados para o prazer, e não para o poder político – o novo imperador não gostava dessas alternativas extremas, preferindo um estilo mais acomodatício de pensar a respeito dos deuses, estilo esse que possibilitava a diferentes ideias coexistirem e se combinarem. Ele incentivava os poetas e os artistas, em vez dos filósofos argumentadores. Ele esperava que as opiniões deles sobre os deuses pudessem manter todas as pessoas felizes – não apenas com os deuses, mas com ele, o novo governante de Roma.

1. *Monte Olimpo, visto do sul.*

2. *Ruínas do templo de Apolo em Delfos. Os peregrinos empreendiam uma difícil jornada para chegar a esse santuário e fazer perguntas a Apolo sobre os assuntos que lhe eram mais importantes, desde questões de paternidade até o resultado provável das guerras. Seus oráculos sempre se revelavam verdadeiros, embora fossem difíceis de interpretar.*

3. Um raro exemplo de um hermes cujo pênis sobreviveu intacto ao longo dos séculos. Essa pedra demarcadora de limites é proveniente da ilha de Sifnos, datada de aproximadamente 520 a.C. Em Atenas, Alcibíades mutilou os hermes locais em um ato de vandalismo profano que chocou a cidade.

4. Uma estátua de culto arcaica de Apolo, dentro de um templo, é retratada ao lado do efetivo deus, representado no estilo clássico mais livre: este fragmento de um vaso do sul da Itália, datado do início do século IV a.C., sugere uma história de progresso artístico.

5. O artista favorito de Alexandre, o Grande, Lisipo, esculpiu este Dionísio bebê nos braços de um Sileno idoso. Os escultores helenísticos se tornaram cada vez mais interessados em corpos jovens e idosos, em vez de se concentrar em figuras adultas perfeitas. Assim como Alexandre começou a ser tratado como um deus vivo, os corpos divinos eram agora vistos como sujeitos ao envelhecimento.

6. *O nascimento de Afrodite*, em um relevo datado de cerca de 460 a.C., e conhecido como trono de Ludovisi. A cena central mítica era ladeada por imagens de devotas de Afrodite: uma cortesã nua tocando flauta e uma esposa coberta da cabeça aos pés, queimando incenso.

7. <u>O nascimento de Vênus</u> (1486), de Sandro Botticelli, foi inspirada na arte e na poesia da Antiguidade, especificamente no <u>Hino Homérico a Afrodite</u> mais breve, e em Simonetta Vespucci, rainha da beleza de Florença. Simultaneamente, a composição evocava a iconografia de um batismo.

8. O sacrifício em Listra (1515-16) de Rafael ilustra um famoso episódio dos Atos dos Apóstolos. Quando se viram diante de um milagre, as pessoas em Listra tentaram oferecer um sacrifício a Paulo e Barnabé, por achar que eles eram Hermes e Zeus. Uma estátua de Hermes é colocada no ponto de fuga no horizonte, mostrando que os apóstolos afugentavam antigas noções dos deuses.

9. Las Hilanderas (c. 1657) de Diego Velázquez se inspira na história de Aracne em Metamorfoses. No primeiro plano, Minerva (disfarçada de idosa) e Aracne competem na fiação. Suas tapeçarias finalizadas são exibidas em segundo plano, em uma plataforma elevada.

10. *A punição de Juno* (1519) de Correggio decorava a entrada de um convento de freiras em Parma. Um comentarista eclesiástico afirmou que a pintura tinha a intenção de ser uma advertência para as noviças tentadas a abandonar seus votos. Afinal de contas, Juno tinha aprendido pela própria experiência como poderia ser terrível fazer sexo, até mesmo com o próprio marido. O décimo quarto livro da *Ilíada* narrou essa história. Juno seduziu Júpiter a fim de distraí-lo enquanto os gregos lutavam contra os troianos. Ao acordar, Zeus lembrou, zangado, à esposa que ele a tinha torturado certa vez ao pendurá-la em uma corrente de ouro, e que estava preparado para fazer isso de novo se ela voltasse a usar o sexo para favorecer seus objetivos e desejos pessoais.

11. *Roots Odyssey* (1976) de Romare Bearden reinterpreta a cerâmica de figuras negras da Antiguidade, e a cultura clássica em um sentido mais amplo, à luz da experiência traumática da Passagem do Meio.

12

OS MUTANTES

O TESTAMENTO DE JÚLIO CÉSAR, aberto depois da sua morte em 44 a.C., revelou algumas surpresas. A mais drástica foi o fato de César ter nomeado Otávio, um de seus filhos adotivos, o seu principal herdeiro. A escolha se revelaria inspirada, mas na ocasião Otávio dificilmente parecia ser um sucessor natural para César. A fim de reivindicar a sua herança, ele teria que lidar não apenas com os senadores que tinham matado o seu pai adotivo, mas também com os próprios aliados de César sedentos de poder, dos quais Marco Antônio era o mais importante. Otávio tinha apenas 18 anos; ele estava longe, em campanha, e provavelmente nem conhecia o conteúdo do testamento de César. No entanto, ao tomar conhecimento dele, ele agiu rapidamente. Otávio insistiu, em primeiro lugar, em ser chamado de Júlio César como o pai (embora os historiadores modernos o chamem de "Otaviano" nesse período da sua vida, para evitar uma confusão com o César anterior). Quando um consulado lhe foi recusado, ele atravessou o rio Rubicão, como César notoriamente fizera antes dele, e marchou sobre Roma.

Tendo assim firmemente se estabelecido como seguidor dos passos de César, Otaviano organizou a deificação de seu pai. Em 42 a.C., um decreto público concedeu oficialmente a Júlio César o *status* de deus. Parece que Marco Antônio não ficou muito entusiasmado com esse plano: na condição de deus, Júlio César certamente apoiaria o filho e herdeiro acima de todos os outros homens em Roma. Antônio estava certo em se preocupar. Apoiando-se no César morto como seu único aliado incondicional, Otaviano rapidamente neutralizou os republicanos e assumiu o controle do exército. Enquanto fazia isso, eliminou grande parte da classe senatorial, confiscou as propriedades deles e entregou-as ao exército. Não demorou a adquirir a reputação de ser extremamente violento: espalharam-se rumores de que Otaviano era capaz de arrancar os olhos das pessoas apenas com as mãos.

No entanto, a brutalidade não era seu principal recurso – e uma das razões disso era que o suprimento dela também era abundante entre os inimigos. O que distinguia Otaviano era sua capacidade de adaptar e transformar a sua base de poder. Ostensivamente, ele restaurou muitas instituições republicanas à moda da ditadura de César, mas na prática ele manteve o controle do império nas mãos com firmeza. Essa manobra exigiu, é claro, um gerenciamento muito cuidadoso dos deuses. Otaviano fez questão de retornar às formas romanas tradicionais de devoção, enfatizando o vínculo entre o comportamento religioso adequado e a segurança de Roma. Todavia, tanto na religião quanto na política, ele mantinha um controle pessoal em vez de confiar nos conselhos e nas ideias dos sacerdotes. Os deuses estavam unidos no seu apoio a Roma, insistia ele, e isso na verdade significava que eles estavam unidos no seu apoio ao próprio Otaviano.

Não foi fácil fazer com que isso soasse convincente, porque os rivais de Otaviano também tinham fortes pretensões ao apoio divino. Marco Antônio cultivava um estreito relacionamento com Hércules – na realidade, ele até mesmo tentou sugerir uma semelhança familiar. Hércules era ordinariamente retratado vestindo trajes mínimos, para exibir melhor seus músculos; com frequência, tinha um manto pesado ou uma pele de leão sobre os ombros, e uma grande clava ou uma espada na mão. E era exatamente assim que Marco Antônio se apresentava nas ruas de Roma, de acordo com Plutarco, seu biógrafo da Antiguidade:

> Marco Antônio tinha uma barba bem formada, a testa larga e um nariz aquilino, características que eram consideradas como tendo uma semelhança viril com os retratos e estátuas de Héracles. Uma antiga tradição

dizia que os Antônios descendiam de Héracles e que o seu antepassado Anton era um dos filhos de Héracles. Antônio achava que o formato do seu corpo confirmava essa tradição, e ele a enfatizava com o traje que vestia. Sempre que ele ia ser visto por muitas pessoas, ele usava a túnica presa na coxa e uma grande espada pendurada ao lado do corpo, o qual estava envolvido por um pesado manto.[11]

Assim como Alexandre, o Grande, tinha usado a arte antropomórfica para realçar suas alegações de divindade no período helenístico, Antônio agora tinha a intenção de usar sua semelhança com Hércules para aumentar a autoridade em Roma. As circunstâncias políticas, no entanto, com o tempo obrigaram Antônio a deslocar sua base de poder de Roma para a Grécia e para a Ásia, onde ele escolheu um modelo de vida diferente para si mesmo: o deus Dionísio. Algumas pessoas disseram que representar o papel de Dionísio era apenas uma desculpa para Antônio se envolver com bebida e sexo, mas, desde que esses excessos fossem liberalmente compartilhados, a oposição era pequena. "As pessoas aclamavam Antônio como Dionísio Doador de Alegria e Generoso", relatou Plutarco, embora, no final, "para a maioria das pessoas ele se revelou Dionísio Carnívoro e Selvagem".[12]

Quer ele estivesse se apresentando como Dionísio ou Hércules, para Antônio o ponto principal da divindade era seu esplendor glorificante. A rainha Cleópatra – que fora amante de César – compartilhava dessa perspectiva. Quando Antônio a intimou depois da morte de César, a razão oficial foi que queria questionar sua lealdade, já que ela supostamente teria fornecido fundos para Cássio, um dos assassinos de César. Cleópatra, contudo, usou a ocasião para encenar um sensacional encontro entre deuses. Velejou até Tarso, a cidade no sul da Turquia onde Antônio estava baseado, em uma barcaça com proa dourada, velas roxas e uma tripulação que manejava remos prateados ao som de canções. A cena era tão deslumbrante, disse Plutarco, que "espalhou-se um rumor por todas as terras que Afrodite tinha chegado para festejar com Baco, para o bem da Ásia".[13] Esse espetáculo divino tinha um objetivo prático: Cleópatra estava em busca de novos aliados políticos e pessoais. Na condição de amante de César e mãe de seu filho, tinha poucas opções a não ser tomar o partido do vingador de César, e Antônio estava bem próximo. Sua união lhes conferiu um poder militar e econômico sem precedentes, enquanto agir como deuses aumentou ainda mais o carisma de ambos. Não é de causar surpresa que, em Roma, Otaviano decidisse que ele também precisava de um *alter ego* olímpico. Escolheu Apolo, deus da beleza e da ordem, e até mesmo prometeu construir um templo para ele perto da sua própria residência no Monte Palatino.

As linhas de batalha tornavam-se claras, tanto no Olimpo quanto na Terra. Otaviano e Apolo estavam em um lado; Antônio, Cleópatra e as divindades sensuais que os apoiavam, enfileiradas no outro. Essa disposição particular era bastante conveniente para Otaviano: ela o ajudava a se apresentar como um oficial honrado e determinado a preservar os valores romanos tradicionais do dever e da moderação. Certamente, o nome e a origem de Apolo eram gregos, mas ele já residia em Roma havia muito tempo e era bastante compatível com a imagem de devoção obediente que Otaviano queria projetar. Como disse o historiador Ronald Syme: "só havia vantagens, e nenhum prejuízo, em invocar a melhor espécie de divindades gregas".[14] Ainda assim, a perspectiva de uma contenda entre deuses do Olimpo estava longe de ser reconfortante para os romanos. Por conseguinte, Otaviano fez todo o possível para levar a crer que *todos* os deuses na verdade o apoiavam, e que ele, na realidade, não estava de modo nenhum envolvido em uma guerra civil. Ele persuadiu o Senado a declarar guerra apenas a Cleópatra, reduzindo Marco Antônio a um participante secundário – um bom soldado romano desencaminhado por uma rainha seducative.

Como parte dessa reformulação, a própria Cleópatra passou por uma significativa transformação. A mãe greco-macedônia do filho de Júlio César era agora retratada como uma egípcia nativa que adorava divindades estranhas, semelhantes a animais – "o Anúbis ladrador e toda uma progênie de deuses grotescos", como afirmou Virgílio.[15] Essa descrição era, no mínimo, tendenciosa. É verdade que Cleópatra, ao contrário dos predecessores ptolemaicos, fizera questão de aprender egípcio, mas os deuses do Olimpo continuaram a ser seus deuses, assim como tinham sido os deuses de Alexandre e Ptolomeu I, seu ancestral. Entretanto, a história é escrita pelos vencedores – e, em 31 a.C., as forças de Otaviano derrotaram decisivamente Antônio e Cleópatra na Batalha de Actium. Desse modo, a exótica Cleópatra, criação de Otaviano, continua a existir na imaginação popular. Virgílio, Elizabeth Taylor e um sem-número de outras pessoas ao longo dos séculos apresentaram Cleópatra como uma arrebatadora beldade egípcia, embora os retratos feitos enquanto estava viva sugerem uma imagem muito diferente: neles, ela parece romana e bastante insípida.

Depois de derrotar os rivais, Otaviano continuou a evoluir. Quando ele marchara sobre Roma pela primeira vez, ele se chamara de César, como o seu pai adotivo; agora, como o novo imperador de Roma, mudou novamente de nome, adotando o título de Augusto. Essa nova designação tinha uma aura de autoridade religiosa: significava algo como "o Santíssimo", embora seu sentido exato fosse bastante vago. No entanto, os detalhes eram menos importantes do que a mensagem global de autoridade divina. Nas circunstâncias altamente voláteis do período, era fundamental que um governante apresentasse o tipo certo de imagem, acompanhada pelo mito mais apropriado.

Na realidade, de acordo com poetas da época, a necessidade mais urgente de Augusto era ter um poema épico que explicasse o passado, o presente e o futuro de Roma – e seu lugar nele. Os poetas insistem em que ele desejava esse poema mais do que tudo no mundo. Podemos duvidar do testemunho deles, mas é verdade que Augusto começou a exigir um poema épico bem cedo em sua carreira, muito antes de se tornar imperador. Horácio se recusou a compor um; depreciou-se, afirmando ser baixo e gordo demais para uma tarefa tão elevada, e se ateve a seus temas favoritos – vinho, mulheres e amigos. (Mais tarde, quando ficou mais velho, chegou a compor poemas filosóficos a respeito de como dizer não para o poder e ainda assim manter um padrão de vida confortável.) Foi Virgílio, amigo de Horácio, que se dedicou à tarefa de escrever um poema épico para Roma, embora ele tivesse todos os motivos para estar ressentido com Augusto, responsável pelo fato de o poeta ter perdido suas terras e sua casa durante o período de confiscações. A *Eneida* foi o resultado, e agradou ao imperador.

O poema conta a história de Eneias, que sobrevive à pilhagem de Troia e, depois de muitas provações, se estabelece na Itália. O poema tem por cenário o passado mítico, mas se estende para o presente e o futuro de Roma: Júpiter explica como Eneias irá gerar uma grande dinastia; como Rômulo, seu descendente, fundará a cidade de Roma; e como o descendente de Rômulo, Júlio César (ou seja, o imperador Augusto) constituirá um "império sem fim".[16] A partir da perspectiva da *Eneida*, a ascensão de Augusto ao poder não é apenas o que acontece, e sim o que *tem* que acontecer. *Eneida* é influenciado pela filosofia estoica: a vontade de Júpiter é providencial, como afirmavam os estoicos. Mas Virgílio não apresenta uma história simples e triunfalista do sucesso romano. Existem outras vozes na *Eneida* – de melancolia, e até mesmo de desespero. O próprio Eneias se sente inacreditavelmente oprimido pelo peso do destino: carrega o pai nos ombros quando foge de Troia e, quando o pai morre, prossegue a viagem sozinho, envergado por um futuro ainda mais pesado que seu passado. Eneias é solitário, zeloso – e excepcionalmente violento. Augusto deve ter se identificado com ele: a solidão, a selvageria, o absoluto comprometimento com o futuro eram todos seus. Virgílio também deve ter se sentido envolvido na sua descrição fatídica da supremacia romana: talvez ele encarasse a *Eneida* como o próprio fardo do dever, um exercício de comprometimento e abnegação. Depois da morte de Virgílio, alguns disseram que ele desejara destruir sua obra-prima. Virgílio entendia o que era a perda e a descreveu com pungência particular na figura de Dido, a rainha africana que hospedou Eneias durante suas viagens e se apaixonou por ele. Ela queria que ele ficasse com ela, desfrutasse sua parcela de felicidade e se esquecesse dos deveres obscuros para com os deuses, os guardiães da glória futura de Roma. Dido, no fundo, era epicurista: desejava a felicidade, e estava convencida de que os deuses não se importavam com os assuntos humanos. Estava errada a respeito disso: os deuses se importavam, só que não com ela.

O sofrimento humano é real e enigmático na *Eneida*, e os deuses também o são. Não existe nenhuma via direta para a felicidade humana. Bem no início do poema, Virgílio introduz Eneias, descreve suas provações e pergunta por que Juno o tratou com tanta violência. Como pode haver tanta crueldade contra um homem devoto; como podem as mentes celestiais sentir tanta raiva? *Tantaene animis caelestibus irae?* Virgílio nunca responde às próprias perguntas, tampouco explica a natureza do poder de Juno. É claro que, em certo nível, ela é a deusa do Olimpo familiar, que desde o julgamento de Paris queria ver Troia e os troianos destruídos. Em outro nível, Virgílio identifica Juno com a deusa africana Tanit, defensora dos cartagineses. De modo simultâneo, a associa com o ar (seguindo a etimologia dominante de seu nome grego, Hera): Juno não envia apenas uma tempestade no início da *Eneida*; de alguma maneira, ela *é* a tempestade que quase fez Eneias naufragar. Traçando todas essas diferentes possibilidades, Virgílio as combina com uma promessa de que, independentemente do que Juno possa ser, um dia ela se tornará uma defensora de Roma. Haverá paz no Olimpo e na Terra, e Augusto governará o mundo. Nas palavras de Júpiter, "até mesmo a odiosa Juno se juntará a mim para promover a causa dos romanos, o povo com togas, os senhores da criação".[17] Visões de paz nacionais e cósmicas se reúnem nessa profecia, resumindo perfeitamente o alcance da ambição de Augusto.

Ansioso por sugerir que os todos os olimpianos tinham se unido em seu apoio, Augusto deve ter desejado retratar os deuses de uma maneira bastante semelhante à que eles apareciam na parte central do friso do Partenon: uma família bem organizada. Historiadores da arte mostraram que Augusto preferia a escultura clássica ao estilo helenístico posterior, e isso faz sentido. As imagens clássicas sugeriam equilíbrio e harmonia, remetendo a uma Grécia pura e gloriosa, anterior aos excessos de Alexandre, o Grande, os Ptolomeus, Cleópatra e o seu amante Marco Antônio. Mas Augusto nunca era exclusivo em suas preferências: também podia agir como Alexandre, quando isso lhe convinha. A ideia de construir um templo para Apolo ao lado de sua residência era alexandrina, bem como a de acrescentar uma biblioteca a esse templo, possibilitando que poetas e eruditos trabalhassem lá juntos. Na arte, Augusto era igualmente eclético: o estilo de seu fórum, em linhas gerais, era clássico, mas entre as colunas clássicas perfeitamente simétricas havia imagens de Zeus Amon, aquela divindade greco-africana tão preciosa para Alexandre. Assim como a maneira como Augusto abordava o governo mudava, dependendo da ocasião e das circunstâncias, o mesmo acontecia com seu envolvimento com os deuses.

Essa natureza híbrida e inconstante do poder era um aspecto tão impressionante da era augustana que um poeta decidiu usá-la como tema, em grande escala. *Metamorfoses* de Ovídio cataloga uma enorme gama de transformações divinas e humanas, e é em si um poema que sofre constantes alterações: ao mesmo tempo épico e resistindo às convenções do poema épico, ao mesmo tempo estável e cambiante, ao mesmo tempo grego e romano, o poema é augustano e no entanto um item de irreverentes subversões. Dentro de *Metamorfoses*, a história de Aracne oferece, talvez, o comentário mais direto de Ovídio sobre o seu próprio empreendimento. Na sua narrativa, Aracne é uma moça lídia "que não era famosa nem pelas origens nem pela sua família, mas apenas pela sua arte".[18] Ela sabe tecer tão bem que fantasia que talvez seja melhor do que a própria deusa Minerva. A deusa, como era de esperar, fica ofendida com essa sugestão, e desafia Aracne para uma competição. A mulher e a deusa trabalham incansavelmente no tear durante muitas horas, cada uma produzindo o melhor de sua arte. Minerva cria uma imagem dos doze deuses do Olimpo, com Júpiter governando todos eles; cada deus é fielmente retratado, e reconhecido de modo instantâneo. No centro de sua composição, Minerva coloca a si mesma no ato de vencer uma competição: ela mostra como ofereceu aos atenienses a dádiva da oliveira, sobrepujando o presente inferior de Netuno, o cavalo. Para dar uma lição ainda mais clara à pobre Aracne, Minerva decora cada canto de sua tapeçaria com imagens de vários mortais arrogantes punidos pelos deuses.

Nesse meio-tempo, em seu tear, Aracne tece uma imagem muito diferente: ela exibe os deuses assumindo as mais diferentes formas a fim de satisfazer seus impulsos sexuais. Na tapeçaria, Zeus não é um patriarca majestoso cercado pela família; é um touro prestes a estuprar Europa, um cisne que persegue Leda, um sátiro atrás de Antíope, uma águia agarrando Astéria. Obstinada e desobediente, Aracne mesmo assim produz um trabalho de arte perfeito: nem mesmo Minerva consegue encontrar algum defeito quando o inspeciona. No entanto, a deusa decide, de qualquer maneira, punir a pobre moça: ela a golpeia três vezes na cabeça, transformando-a em uma aranha.

O fato que a tapeçaria de Minerva **retrata uma** cena do classicismo augustano é algo que Ovídio explicitamente enfatiza: os doze olimpianos, diz ele, aparecem lá em *augusta gravitate*, em toda a sua augusta majestade. Tudo na composição de Minerva está organizado **para** demonstrar o seu poder e para fazer a imagem corresponder à realidade. Os doze deuses do Olimpo aparecem exatamente como eles são. E Minerva também retrata a si mesma exatamente com ela é: vitoriosa. Aracne, em contrapartida, tece um retrato de deuses enganosos, e a sua arte é, por si mesma, enganosa: "Pensaríamos que a sua imagem de Júpiter era realmente um touro", comenta Ovídio.[19] No entanto, embora Minerva se destine a personificar a justiça, em última análise ela não precisa de nenhuma justificação. Ela pode abater Aracne, embora o trabalho da jovem seja universalmente reconhecido como sendo impecável.

O que isso pressagiou para o próprio Ovídio? *Metamorfoses* incluiu precisamente os tipos de mitos e transformações que figuram na obra-prima de Aracne, e esta última se sente bastante, de modo geral, representante de Ovídio neste episódio. Na realidade, a descrição tem poder profético: assim como Aracne foi punida por Minerva, Ovídio acabou sendo punido por Augusto. Quando Ovídio compôs *Metamorfoses*, ele era um dos poetas mais em voga e admirados em Roma, mas, tendo em vista sua energia subversiva, não é de causar muita surpresa que ele, com o tempo, tenha entrado em atrito com o imperador. Em 8 d.C., Augusto exilou Ovídio para Tomi no Mar Morto, onde ele morreu cerca de dez anos depois. As razões para o exílio de Ovídio são notoriamente obscuras: o poeta declara de modo lacônico que tudo aconteceu por causa de "um poema e um erro".[20] O poema pode ter sido o *Ars Armatoria*, que ensinava aos romanos como seduzir mulheres casadas precisamente quando Augusto estava aprovando leis contra o adultério. E o erro pode ter tido algo a ver com a neta de Augusto, Júlia, que infringiu as leis contra o adultério, sendo exilada ao mesmo tempo que Ovídio. O modo de ser dela, agitado e volúvel, não poderia ser tolerado enquanto seu avô impunha sua autoridade olímpica majestosa e atemporal.

A competição entre Minerva e Aracne em *Metamorfoses* simboliza um conflito mais amplo entre o classicismo e a inovação helenística, a moralidade e o fingimento, o poder do imperador e a verdade diferente da arte. É claro que os dois lados nesses debates nunca eram exatamente o oposto um do outro. Tanto Minerva quanto Aracne são excelentes tecelãs. Ambas têm uma verdade para contar — e ambas mentem ao fazê-lo. Aracne, sobretudo, engana a si mesma: acha que a competição diz respeito ao mérito artístico, ao passo que a disputa é decidida com base no mero poder. Mas ela também está certa a respeito dos deuses, porque eles efetivamente agem para satisfazer sua luxúria. Nesse meio-tempo, na vida real, Augusto e Ovídio também eram reflexos um do outro. Augusto tinha a capacidade do imperador de impor a lei e a moralidade como julgasse conveniente; mas Ovídio tinha o poder insustável de expor a vaidade do imperador e o fato de ele se apoiar na força bruta. Quanto aos deuses, ambas as tapeçarias revelam alguma coisa a respeito deles. Os olimpianos de fato assumem diferentes disfarces na busca de suas metas egoístas. No entanto, também permanecem uma família de doze membros, estável e instantaneamente reconhecível.

Parte V

DISFARCE: CRISTIANISMO E ISLAMISMO

O cristianismo e o islamismo desfecharam um golpe fatal na religião pagã — mas os deuses do Olimpo conseguiram sobreviver. Seus últimos adoradores escondiam suas estátuas nos porões e em poços, cobertos por mosaicos mitológicos, e levavam objetos de culto para a região rural, onde ainda podiam usá-los sem ser descobertos. Esses pagãos resolutos desempenharam um papel crucial na história dos deuses do Olimpo, porque, em épocas posteriores, os arqueólogos iriam descobrir o que eles tinham escondido, fazendo reviver assim as esculturas clássicas dos deuses. Os eruditos cristãos e muçulmanos desempenharam um importante papel na história dos deuses, embora nem sempre da maneira como pretendiam. Os Pais da Igreja, por exemplo, atacavam incansavelmente em seu discurso as divindades pagãs, com isso fazendo-as parecer poderosas e importantes.

Depois que lhes foi negado o status de deuses, os olimpianos gradualmente se reinventaram como demônios, tentações, ficções e outras forças perniciosas. Nesse meio-tempo, no mundo árabe, assediavam aqueles que estudavam a filosofia e a ciência gregas, dominando suas explicações sobre sonhos, humores, átomos e corpos celestes. Por meio da astrologia, em particular, eles continuaram a afetar a mente humana. Religiosamente falidos, os deuses do Olimpo encontraram maneiras cada vez mais criativas de exercer seu poder na Idade Média — e, com o tempo, depois de uma longa crise de identidade, emergiram, vitoriosos.

13

HUMANOS COMO VOCÊS

É DIFÍCIL ACREDITAR QUE Jesus tenha nascido apenas poucos anos depois do sofisticado e escandaloso Ovídio: eles parecem pertencer a épocas inteiramente diferentes. E, no entanto, enquanto Ovídio desfrutava uma vida de luxo em Roma, planejando sua obra *Metamorfoses* e refletindo a respeito do poder da arte humana, Maria, grávida – de acordo com os Evangelhos –, estava a caminho de Belém. Parecia pouco provável que o seu filho, nascido na pobreza e na opressão, fosse inspirar milhões de pessoas, mas ele logo faria exatamente isso. O cristianismo se espalhou com uma incrível rapidez no mundo antigo. No início, ele foi reprimido, mas com o tempo a maré virou contra os adoradores dos antigos deuses. Agora eram eles que só podiam praticar seus ritos em segredo, como "cidadãos privados" ou "rústicos" (que é o que o termo *pagani* originalmente significava).

A repentina ascensão e o duradouro sucesso do cristianismo podem ser interpretados de diversas maneiras, dependendo, em grande medida, de nossas convicções religiosas e de ideias resultantes a respeito do que poderia contar como explicação. Na sua célebre obra *A História do Declínio e Queda do Império Romano* (1776-1778), Edward Gibbon estabelece polemicamente uma distinção entre a teologia e a história em um famoso trecho: "O teólogo pode se entregar à agradável tarefa de descrever a Religião como se ela descendesse do Céu, vestida na sua pureza natural. Um dever mais melancólico é imposto ao historiador. Ele precisa descobrir a inevitável mistura de erro e corrupção que ela contraiu em uma longa residência sobre a Terra, no meio de uma raça de seres fraca e degenerada".[1] A visão melancólica de Gibbon é que o cristianismo se propagou porque era inflexível, prometia a vida depois da morte, fazia bom uso de supostos milagres, promovia "costumes puros e austeros" e era excepcionalmente bem organizado. Embora ele seja desagradável, essa análise encerra um mérito considerável.

O fato de que os primeiros cristãos eram inflexíveis é confirmado pelas reações que inspiravam: desde o início, se depararam com um grau incomum de hostilidade. A repressão oficial refreou sua influência durante algum tempo, mas essa mesma repressão também conferiu proeminência à fé cristã, sugerindo que ela era especial. As autoridades romanas sabidamente toleravam uma grande variedade de cultos e convicções religiosas – no entanto, essas mesmas autoridades não apenas aprovaram a execução de Jesus como também perseguiram ativamente seus seguidores. Quando um incêndio irrompeu em Roma em 64 d.C., por exemplo, o imperador Nero procurou atribuí-lo aos cristãos. Diante de acusações de que fora ele que iniciara a conflagração a fim de abrir espaço para seu magnífico palacete, Nero precisava encontrar culpados alternativos – e os cristãos, amplamente conhecidos e de modo geral malvistos, eram perfeitos para seu propósito. De acordo com fontes cristãs do século III d.C., os apóstolos Pedro e Paulo estavam entre as vítimas de Nero. Quer seja possível ou não confiar nesses relatos (e existem consideráveis contradições no que afirmam), fica claro que, no intervalo de algumas décadas depois da morte de Jesus, os cristãos eram visíveis em Roma e considerados alvos fáceis. Tácito, que sobreviveu ao incêndio, oferece uma evidência de primeira mão a respeito. Sua descrição dos eventos é tão hostil para com os primeiros mártires cristãos, que ela merece confiança como fonte histórica:

> Para encerrar os rumores de que ele próprio começara o incêndio, Nero substituiu a parte culpada – e puniu com penalidades selecionadas – aqueles que eram odiados pelos seus vícios, popularmente chamados de cristãos. O originador do seu nome, um tal de Christus, fora executado no Principado de Tibério pelo governador Pôncio Pilates. A mortífera

superstição que ele inspirou foi refreada durante algum tempo, mas irrompeu novamente, não apenas na Judeia, a origem do mal, mas até mesmo na capital... Os que foram mortos se tornaram objeto de zombaria: foram pregados em cruzes, ou cobertos com a pele de animais e despedaçados por cães; quando a luz do dia se extinguiu, eles foram acesos como tochas, para iluminar a escuridão.[2]

Embora haja algumas incertezas a respeito das exatas palavras de Tácito no final desse trecho, Nero claramente torturou e matou cristãos com uma perversa inventividade. Somente o número de mortes permanece incerto: as fontes antigas estão em silêncio com relação a essa contagem. Como resultado, os eruditos tendem a revelar mais a respeito de si mesmos do que da história quando apresentam suas estimativas. Falando de modo geral, quanto menos simpatia os historiadores sentem pela fé cristã, menor o número de mártires que reconhecerão.

A dedicação dos primeiros cristãos à sua causa aparece em diversos relatos, tanto cristãos quanto pagãos. Os Atos dos Mártires, uma coleção de antigos depoimentos cristãos, descreve com detalhes como profissões de fé – e as perseguições resultantes – desintegraram famílias e comunidades. Maridos se indispunham com esposas, filhas com pais, irmãos com irmãs. Hoje, o cristianismo às vezes é associado a valores de família tradicionais, mas no início da sua história despedaçou os elementos formativos da sociedade e procurou criar estruturas alternativas. Os cristãos chamavam uns aos outros de "irmão" e "irmã", não reconheciam nenhuma diferença de classe ou posição hierárquica, e aceitavam até mesmo escravos entre eles. Parece que adaptaram a linguagem da democracia ateniense a fim de descrever suas novas instituições: *ekklesia* (igreja, mas também a antiga assembleia ateniense), *leitourgia* (liturgia, serviço, missa; mas também serviço público na antiga Atenas), *episkopos* (bispo, mas também "supervisor" na administração imperial ateniense). Em um nível prático, usaram a formidável estrutura do Império Romano – estradas bem construídas e serviços postais eficientes – para alcançar possíveis adeptos em toda parte, desde a África e o Oriente Próximo à extremidade norte da Europa. Em resumo, os primeiros missionários cristãos estavam construindo uma comunidade inteiramente nova: eles estavam *edificando*, no sentido literal da palavra.

As recompensas que prometiam eram enormes: a ressurreição do corpo e a vida eterna. Os milagres ofereciam uma forma crucial de testemunho, mas o que conquistava os novos crentes era a mensagem cristã. As pessoas de repente sentiam que tinham importância, que eram amadas e que seriam salvas. A ênfase na vida após a morte e na comunhão com Deus atendia a necessidades urgentes. A religião romana tradicional alcançava uma pontuação baixa precisamente nas áreas em que os cristãos faziam as maiores promessas: ela não tinha nada de encorajador para dizer a respeito da morte ou do Mundo Subterrâneo, tampouco oferecia um relacionamento íntimo e amoroso com os deuses. Na sua origem, a religião romana não dizia respeito nem um pouco às pessoas, e sim à preservação do relacionamento entre os deuses e o estado em uma condição ideal. Sem dúvida, os grandes homens de Roma, com o tempo, forjaram uma conexão com os deuses do Olimpo, mas essas conexões apenas enfatizavam a distância entre as pessoas comuns e os grandes deuses e imperadores que as governavam. O cristianismo era diferente: prometia um Deus que prestava atenção em cada pessoa, por mais modesta que ela fosse. "Abençoados serão os humildes", pregou Jesus de acordo com Mateus, "porque eles herdarão a terra".[3]

Outros cultos, nos anos que antecederam e nos que se seguiram ao nascimento de Cristo, também pareceram responder às necessidades que a religião romana tradicional tinha deixado de satisfazer. O baquismo, já mencionado, promovia o próprio relacionamento com o deus do vinho e da loucura, e iniciava as pessoas em "mistérios" que supostamente facilitavam sua transição da vida para a morte. Na realidade, Jesus e Baco poderiam parecer bastante semelhantes, com base em determinado ângulo. Ambos tinham um pai divino e uma mãe mortal; ambos podiam transformar a água em vinho; ambos encorajavam os banquetes como forma de comunhão e reuniam pessoas radicalmente diferentes – homem e mulheres, escravos e homens livres, ricos e pobres, cidadãos romanos e aqueles que eram dominados por eles. Algumas pessoas argumentaram que os Atos dos Apóstolos fazem alusão deliberada aos mistérios báquicos. Na minha opinião, isso é difícil de provar, mas não seria algo excessivamente surpreendente.[4] O apóstolo Paulo, por exemplo, foi um judeu helenizado de Tarso, um próspero centro de educação grega. Ele deve ter conhecido a obra *As Bacantes* de Eurípides e talvez estivesse familiarizado com os mistérios báquicos. Tendo em vista que sua missão estava voltada principalmente para comunidades gregas, poderia muito bem ter utilizado a linguagem de Dionísio.

É claro que havia diferenças cruciais entre o baquismo e o cristianismo primitivo — não apenas do ponto de vista das convicções, mas também nas práticas que esses cultos promoviam. Embora não conheçamos os detalhes dos "mistérios", está claro que o sexo, a violência e o vinho aproximavam as pessoas de Baco. Em contrapartida, o cristianismo promovia a abnegação; uma tendência ascética com relação à carne como alimento, às bebidas alcoólicas, ao sexo e à luxúria se desenvolveu cedo na história da religião. Algumas pessoas argumentaram que a disciplina pessoal foi por si mesma uma das razões do sucesso do cristianismo: "a disciplina faz com que as pessoas tenham êxito", como disse um austero acadêmico especializado nas antigas religiões.[5] Não obstante, as práticas cristãs e báquicas podem não ter parecido tão diferentes para os observadores externos. Tácito, por exemplo, falou de "vícios cristãos": ele pode ter interpretado a Missa como uma espécie de simulação de banquete canibalístico, ou, em um sentido mais amplo (e mais correto), visto os adeptos cristãos como uma ameaça às estruturas tradicionais da família e da sociedade.

Era difícil para os primeiros pregadores cristãos expressar com clareza as diferenças entre a sua religião e os cultos praticados à sua volta. Um dos problemas era que eles estavam indo contra o hábito consagrado da transferência (ou translação) e da acomodação. As pessoas estavam acostumadas a identificar seus deuses com os dos vizinhos — ou estavam satisfeitas em guardar sua opinião e práticas para si mesmas, a fim de conviver mais pacificamente com os que as cercavam. Os missionários cristãos desprezavam essas duas atitudes. Assim como os judeus, recusavam-se a oferecer sacrifícios ao imperador; ao contrário deles, queriam converter o mundo inteiro. Essa atitude se revelou um desafio excessivo para as autoridades romanas: os adoradores cristãos receberam ordens para executar os sacrifícios tradicionais, e, se se recusassem a fazê-lo, enfrentariam a tortura e a morte. O sacrifício se tornou, portanto, a questão mais litigiosa nos conflitos religiosos entre os adeptos cristãos e a comunidade mais ampla.[6]

Ele era tão crucial, na verdade, que ainda distorce as ideias modernas sobre a Antiguidade. Os historiadores têm a tendência de descrever as religiões grega e romana com referência a suas *práticas*, e não às suas crenças: como as perseguições se concentravam no sacrifício (ou seja, no que as pessoas fizeram ou se recusaram a fazer), é tentador concluir que tudo o que importava, para as comunidades pagãs, era a representação ritual. Na realidade, é claro, as práticas andavam de mãos dadas com comprometimentos e explicações profundamente defendidos. Os adeptos cristãos se recusavam a fazer os sacrifícios não apenas porque esse ato era incompatível com suas crenças, mas também porque queriam desafiar as crenças das pessoas que os cercavam. Contestavam todo o sistema de sacrifícios, propiciações e profecias – junto com as negociações e súplicas que os acompanhavam. O problema, eles logo descobriram, é que era difícil remover a crença das pessoas nas antigas divindades. A religião era extremamente flexível, e os deuses do Olimpo, em particular, podiam se adaptar a todos os tipos de diferentes circunstâncias. Quando pressionados, podiam até mesmo aparecer disfarçados de apóstolos cristãos.

Um trecho nos Atos dos Apóstolos ilustra essa façanha particular. Quando Paulo e Barnabé viajaram para a cidade de Listra, no sul da Turquia, eles curaram um aleijado "coxo desde o ventre da sua mãe".[7] Impressionados com esse milagre, as pessoas do local chegaram à conclusão de que os dois visitantes eram deuses disfarçados na forma humana e começaram imediatamente a identificá-los da seguinte maneira: "Eles chamaram Barnabé de Zeus e Paulo de Hermes, porque ele era o principal orador". A multidão queria fazer sacrifícios para Zeus e Hermes, e desse modo reconhecer a divindade deles, mas os apóstolos agiram rapidamente para evitar isso. Eles rasgaram as roupas que vestiam e entraram no meio da multidão, gritando que eles eram apenas homens, "humanos como vocês". Depois, uma vez que tinham impedido o abominável sacrifício, começaram a pregar, apresentando as boas novas a respeito do Deus vivo. Eles insistiam em que "no passado, ele permitiu que todas as nações seguissem o próprio caminho, mas ele não deixou de apresentar um testemunho: demonstrou bondade ao dar a vocês a chuva do céu e as safras em suas estações". Até mesmo com seus sermões, contudo, eles tinham dificuldade em evitar a própria deificação.

Os eruditos bíblicos descartaram todo esse episódio como ficção. Argumentaram que o autor dos Atos não acompanhou Paulo e Barnabé a Listra e, como não tinha informações efetivas a respeito dessa visita, inventou a história do sacrifício como elemento de ornamentação literária. Na realidade, alguns leitores viram nesse trecho uma alusão à obra *Metamorfoses* de Ovídio. No entanto, esta última sugestão me parece muito forçada: a identidade do autor dos Atos é desconhecida, mas é pouco provável que ele estivesse familiarizado com os detalhes da poesia de Ovídio e inclinado a usá-la para inventar histórias a respeito de São Paulo.[8] A narrativa nos Atos não foi um jogo literário divertido; foi um ataque completo a práticas e crenças antigas. O autor dos Atos apresentou uma cena de aturdida confusão e de uma rápida – até mesmo instantânea – transferência (ou transladação). Vendo-se diante de um milagre, as pessoas do local se voltaram para o que achavam que sabiam a respeito dos deuses, presumindo a sua universalidade, antropomorfismo, capacidade de se manifestar como mortais comuns e necessidade de sacrifícios.

É claro que nós não sabemos o que realmente aconteceu em Listra. Um dos mais influentes comentaristas modernos dos Atos diminui a importância de todo o episódio, considerando a reação das pessoas do local bastante exagerada: "É altamente improvável que o sacerdote pagão fosse acreditar imediatamente que os dois fazedores de milagres eram Zeus e Hermes, além do que os animais teriam que ser trazidos do pasto e as guirlandas teriam que ser tecidas".[9] Nessa prosaica interpretação, os dois fazedores de milagres começam a parecer latoeiros que consertam ferramentas e panelas em vez dos membros de um aleijado: espera-se que as pessoas em Listra permaneçam calmas e racionais mesmo quando se veem diante de uma coisa que não conseguem explicar. Parece ser melhor interpretar o momento por ele mesmo. Independentemente do que efetivamente aconteceu, e independentemente do que Paulo e Barnabé relataram a respeito da sua visita, o autor dos Atos descreveu uma cena de assombro.

Somos informados de que as pessoas falavam umas com as outras em licaônico, mas logo lhes foi oferecida uma explicação em grego. Os deuses do Olimpo apareceram precisamente naquele momento da tradução de uma língua para outra: Zeus e Hermes, ou Júpiter e Mercúrio (em versões latinas subsequentes da Bíblia) agiram, portanto, na sua função habitual, como mediadores internacionais. Eles tentavam ajudar as pessoas a entender umas às outras, mas dessa vez seus serviços foram diretamente recusados. Os apóstolos insistiam em que as pessoas se uniriam, a partir de então, somente em nome do verdadeiro Deus.

A mensagem geral é clara, mesmo que alguns detalhes da atuação dos apóstolos possam ainda parecer enigmáticos. Não é imediatamente óbvio, por exemplo, por que Barnabé e Paulo decidiram arrancar a roupa a fim de provar sua condição humana: afinal de contas, os deuses do Olimpo eram geralmente representados na forma de estátuas humanas desnudas. Talvez o corpo dos dois apóstolos não tivesse uma aparência exatamente divina. De qualquer modo, a decisão de tirar a roupa representou um ataque direto às visões antropomórficas dos deuses. Foi exatamente isso que Rafael entendeu, ao interpretar a cena. Quando ilustrou o sacrifício em Listra para a Capela Sistina, colocou uma estátua desnuda de Hermes no ponto de fuga no horizonte, mostrando justamente o que os apóstolos tentavam afugentar.

Apesar da intransigência, até mesmo os cristãos tiveram que aceitar a existência de algumas semelhanças entre suas crenças e as das pessoas que tentavam converter. Em Listra, por exemplo, Paulo insistiu em que o Deus cristão era responsável pela chuva e pelas safras, evocando portanto Zeus o trovejador, que tinha associação particular com a agricultura no culto local. Além disso, é claro, Zeus também se parecia com o Deus cristão em outros aspectos – como figura paterna e regente do destino, por exemplo. Outros aspectos da sua personalidade, contudo, pareciam bastante censuráveis: Zeus era um estuprador em série, um rei violento e que mudava de forma a seu bel-prazer para enganar as pessoas, entre muitos outros vícios. Por essas razões, Agostinho de Hipo, no século V d.C., argumentou vigorosamente contra a identificação de Júpiter com o Deus cristão. Ele não fazia objeção à antiga prática de transferir (ou transladar) nomes divinos, mas se preocupava com a possibilidade de que isso pudesse levar a ideias completamente equivocadas:

> Se Júpiter é Deus – o Deus que controla todas as causas dos eventos, e de todas as substâncias, e de todas as coisas na natureza – então as pessoas devem parar de difamá-lo com histórias escandalosas. Elas devem substituir Júpiter por algum personagem ficcional como protagonista dessas histórias. Isso seria bem melhor do que dizer que Júpiter é ao mesmo tempo o trovejador e um adúltero, o governante do universo e um bêbado, aquele que controla as causas mais elevadas de todas as substâncias e de todas as coisas na natureza, e que no entanto age com as intenções mais desprezíveis.[10]

Ao contrário do autor dos Atos, Agostinho conhecia muito bem *Metamorfoses*. Sua polêmica alude a uma passagem na qual Júpiter se transforma em um touro a fim de estuprar Europa – uma metamorfose que causou o seguinte comentário de Ovídio: "o amor e a dignidade não caminham bem juntos".[11] Agostinho, um brilhante leitor da literatura antiga, atacou essa ideia a fim de enunciar a própria posição. Na verdade, o amor cristão e a dignidade caminham muito bem juntos, insistiu ele; o problema de Júpiter era sua luxúria animal. As diferenças entre o antigo poeta e o santo cristão se tornaram claras. Ovídio queria mostrar que Júpiter unia impulsos contraditórios, que podia ser ao mesmo tempo um olimpiano majestoso e um touro impudente, que podia misturar, transformar, confundir, danificar e ainda assim reinar. Agostinho, em contrapartida, queria manter as coisas separadas. Se Júpiter era Deus, não seria um touro e, certamente, também não um estuprador. E, como todos os poetas concordavam com que Zeus de fato se transformava e estuprava, então ele não era Deus. Essas distinções se tornaram fundamentais para o pensamento teológico cristão, mas trouxeram à tona uma pergunta embaraçosa: se os deuses pagãos não eram deuses, o que eram, então?

14

DEMÔNIOS

O MAIS IMPORTANTE, e inesperado, evento na história do cristianismo foi a conversão do Imperador Constantino no século IV d.C. Historiadores especulam a respeito do que poderia ter acontecido se Constantino não tivesse se convertido; alguns aventam que, sem o forte apoio imperial, o cristianismo teria se extinguido, como muitos outros cultos que um dia foram populares no final da Antiguidade. Quer ou não isso seja verdade, Constantino certamente exerceu uma profunda influência na história do cristianismo e, consequentemente, também na história dos deuses do Olimpo.

Na ocasião em que ele se converteu, os deuses do Olimpo eram exibidos por toda parte. Dominavam a paisagem das cidades da África ao norte de Europa, da Ásia à Espanha: suas estátuas se erguiam em templos, postavam-se sobranceiras nas praças principais, guardavam as encruzilhadas, espreitavam nas fontes e nas arcadas e ocupavam um lugar privilegiado em muitos prósperos palacetes. Ninguém conseguiria imaginar uma cidade sem eles – nem mesmo o próprio Constantino. E foi assim que, quando fundou sua nova capital imperial em 324 d.C., ele a encheu das mais belas estátuas dos deuses, pilhadas em todo o Império Romano. Como declarou Jerônimo, Constantinopla "foi consagrada à custa da nudez de todas as outras cidades".[12] Essa descrição teve um duplo sentido, assim como as ações do próprio Constantino: os nus divinos foram trazidos de toda parte para Constantinopla, e desse modo outras cidades foram deixadas nuas, despidas de seus deuses. Por que o imperador cristão Constantino enchia sua capital de estátuas pagãs? Eusébio, Bispo de Cesareia, tentou com afinco dar uma resposta para essa pergunta em sua biografia de Constantino, escrita no século IV d.C. Argumentou que os santuários das outras cidades foram desnudados para que as pessoas em Constantinopla pudessem insultar com mais facilidade os deuses destronados. Essa foi uma valente defesa do primeiro imperador cristão, mas ela dificilmente soa convincente: seja o que for que as estátuas pagãs estivessem fazendo em Constantinopla, não se destinavam a ser insultadas. O esforço requerido para transportá-las e a maneira como foram orgulhosamente expostas na cidade indicam que eram valorizadas – embora exatamente por que seja mais difícil de esclarecer.

Para entender a enigmática atitude de Constantino diante dos deuses do Olimpo, é proveitoso considerar o contexto mais amplo no qual vivia e governava. Ele cresceu no lugar que hoje é a Turquia, na corte de Dioclécio, um dos quatro imperadores que governavam o Império Romano. A corte imperial era um ambiente animado e multicultural: o jovem Constantino provavelmente compareceu a palestras tanto de eruditos pagãos quanto cristãos, e conheceu pessoas vindas de todas as partes do império. Sobretudo, aprendeu cedo que a autoridade religiosa e o poder imperial precisavam estar estreitamente em harmonia. Essa era uma ideia fundamental da religião romana, a qual nunca abandonou Constantino. Em 303, Dioclécio instigou as mais extensas e cruéis perseguições contra os cristãos, provavelmente em resposta à crescente ansiedade a respeito da unidade do Império. Constantino nada fez para impedir essas perseguições (um fato que, mais tarde, se tornou uma desvantagem para ele), talvez porque também achasse que os pregadores cristãos estavam enfraquecendo e dividindo o Império – porém, mais provavelmente, porque, naquele momento, ele estivesse mais preocupado com a própria segurança e sucesso pessoais do que com a Igreja Cristã. Seu pai, Constâncio, era o imperador responsável pela parte ocidental do Império Romano; Dioclécio, na parte oriental, mantinha Constantino na sua corte quase como um refém para garantir o bom comportamento do seu pai. Quando Dioclécio morreu, a situação se tornou ainda mais perigosa para Constantino. Com o tempo, ele conseguiu deixar a Turquia e se juntar ao pai na Grã-Bretanha, onde este estava em campanha contra os pictos. Constâncio morreu em Eboraco (a York moderna) em 306, e as tropas imediatamente proclamaram Constantino seu sucessor. Essa proclamação não resolveu exatamente a questão: os imperadores não eram necessariamente designados pelas suas tropas, tampouco os filhos dos imperadores herdavam necessariamente o título dos pais. Ao longo dos anos seguintes, Constantino foi abrindo caminho, à força, em direção ao total controle do Império Romano. Deslocou-se da Grã-Bretanha para Trier, na Alemanha, e depois marchou sobre Roma.

Antes da batalha decisiva na Ponte Mílvia, ao norte de Roma, ele teve um sonho – ou uma visão – que mudou o curso da história. O que Constantino viu em detalhes permanece obscuro. Aparentemente, o deus-sol Apolo apareceu para ele na companhia de Vitória, ou assim Constantino afirmou a princípio. Com o tempo, também se aventou que ele vira uma cruz sobre o sol e ouvira a seguinte injunção: CONQUISTE COM ISTO. Fossem quais fossem os detalhes exatos, Constantino concluiu que deveria enviar os soldados para a batalha com um novo símbolo, o Chi Rho: as duas primeiras letras gregas do nome de Cristo entrelaçadas: ☧. Os soldados, sem dúvida, também portavam outros símbolos, mas Constantino reconheceu na vitória deles a mão do Deus cristão, e quis garantir as boas graças de um aliado tão poderoso para o Império e para si mesmo. Apenas um ano depois da batalha da Ponte Mílvia, aprovou o Edito de Milão, que garantia liberdade religiosa para todas as pessoas. Nos anos seguintes, empreendeu um grandioso programa de construção de igrejas: em Roma, ele providenciou uma basílica perto dos muros da cidade, hoje conhecida como São João de Latrão, e supervisionou a fundação da Igreja de São Pedro ao sul do Tibre.

E no entanto, apesar de seu grandioso investimento nas igrejas, quando fundou Constantinopla alguns anos depois, também instalou numerosas estátuas dos deuses do Olimpo. A mais proeminente era uma representação de Apolo, o Sol, que se erguia no alto de uma grande coluna no fórum e representava o próprio imperador; rezava a lenda que ela fora pilhada da Frígia. Famosas estátuas também foram removidas de muitos outros lugares e cidades. Na frente do Senado, Constantino colocou uma estátua de Zeus vinda de Dodona, na Grécia ocidental, e uma de Atena, proveniente da cidade de Lindos, na ilha de Rhodes. Dentro do Senado, abrigou as nove Musas, retiradas do Monte Helicão (onde Hesíodo havia supostamente se encontrado certa vez com elas). Dezenas de estátuas adornavam as termas de Zeuxippus; um monótono poema preservado na *Antologia Palatina* elenca todas elas.[13] Quase todas representavam heróis da mitologia, mas havia também poetas, oradores, filósofos e – o que é mais importante – deuses.

O que quer que Constantino estivesse fazendo ao trazer essas estátuas para Constantinopla, a tendência não foi interrompida quando ele morreu. Uma grande coleção foi reunida no palácio de Lausus, um eunuco que trabalhava como camarista na corte imperial. A coleção incluía a famosa estátua de Zeus de Olímpia (uma das Sete Maravilhas do Mundo), uma Atena de Lindos feita inteiramente de esmeralda, a Afrodite de Cnido de Praxiteles e uma famosa Hera da ilha de Samos. Essas estátuas eram claramente valorizadas por sua beleza, e a coleção de Lausus tinha alguma coisa em comum com um museu. (Na verdade, é uma terrível perda para os museus modernos que todas as estátuas reunidas em Constantinopla com o tempo tenham se desintegrado ou sido destruídas: nenhuma delas sobreviveu, e o Louvre e o Museu Britânico precisam se contentar com meras cópias romanas dessas grandes obras-primas da arte grega.) Mas o valor das estátuas no século IV não era apenas artístico. Algumas pessoas na cidade poderiam ainda considerá-las como imagens de verdadeiros deuses. Muitas, por certo, continuaram a venerar o imperador como representado pela estátua de Apolo: esse foi um culto que Constantino nada fez para esmagar.

Quando Constantino teve o seu famoso sonho, os cristãos representavam apenas uma minoria no Império Romano: é notoriamente difícil fazer estimativas, mas parece que eles formavam cerca de dez por cento da população.[14] Embora Constantino tenha decidido arriscar a sorte com o Deus cristão, a maioria de seus súditos, e até mesmo a administração, ainda venerava as antigas divindades: eles faziam sacrifícios nos templos,

12. Dois homens derrubam a estátua de um deus pagão: essa pintura do século IV decorava uma catacumba em Roma, um dos numerosos túneis subterrâneos onde os primeiros cristãos enterravam seus mortos.

recorriam a profecias e homenageavam os deuses participando de competições atléticas e artísticas. Pelo mesmo critério, quando Constantino fundou sua nova capital, não apenas levou para lá estátuas dos deuses como também chegou ao extremo de permitir a restauração de velhos templos (Constantinopla foi fundada no local da antiga cidade de Bizâncio), financiando um novo templo de Vitória. Podemos optar por interpretar o programa de construção de Constantino como uma concessão a seus ministros e conselheiros, um sinal de hipocrisia ou uma indicação de sua ampla abrangência religiosa. Todas essas explicações foram sugeridas, mas de minha parte defendo uma única justificativa para suas ações: no século IV d.C., todas as cidades imperiais continham estátuas e templos do deuses do Olimpo. Essa era apenas a aparência das cidades – e Constantino não reconsiderou toda a paisagem urbana. Não foi por acaso que as grandes igrejas que ele construiu em Roma, inclusive as basílicas de São João de Latrão e de São Pedro, estavam na periferia. O centro da cidade ainda pertencia aos deuses do Olimpo.

Foi apenas gradualmente que as pessoas começaram a sentir um mal-estar, e até mesmo hostilidade, com relação às imagens dos deuses pagãos. O argumento de Eusébio – de que o imperador encheu a sua capital "com estátuas impudentes de um trabalho artístico extremamente requintado [...] para que elas pudessem ser expostas ao ridículo e ao divertimento de todos os contempladores" – soa um tanto confuso: ele reconheceu "um trabalho artístico requintado" ao mesmo tempo que encorajou o "ridículo" como reação.[15] Não estava sozinho ao expressar esses sentimentos conflitantes: no século IV d.C., a fascinação pelas antigas estátuas e a ansiedade com relação a elas eram realmente muito difundidas. O Antigo Testamento era claro a respeito do assunto da adoração de ídolos, e Paulo insistiu, muito categoricamente, que os gregos "faziam sacrifícios aos demônios, e não a Deus".[16] Desse modo, espalhou-se a ideia de que demônios habitavam estátuas que representavam os deuses do Olimpo.

A arte clássica sofreu enormemente em decorrência dessa ideia – e não apenas em Constantinopla. Em Gaza, por exemplo, havia uma figura nua de Afrodite, que era especialmente apreciada pelas mulheres do local. Já em 402, contudo, o Bispo Porfírio afrontou essa estátua, acompanhado por uma multidão de cristãos que portavam cruzes. Somos informados que "o demônio que habitava a estátua, por ser incapaz de contemplar o terrível símbolo, se afastou do mármore com grande tumulto, e, ao fazer isso, derrubou a estátua e a partiu em muitos pedaços".[17] Duvido de que os destroços tenham sido completamente espontâneos, mas a crença de que os demônios tinham que ser expulsos das antigas estátuas de culto era intensa no final da Antiguidade. Durante séculos, pregadores cristãos percorreram a região rural, expulsando "o demônio Júpiter" ou "o diabo Mercúrio" dos redutos rústicos onde eles ainda sobreviviam. A vida dos santos está repleta desses encontros. Quando São Benedito subiu o Monte Cassino, por exemplo, ele estraçalhou uma estátua local de Apolo e converteu o seu templo em um oratório de São João. O deus expulso, segundo nos dizem, começou então a atormentar o santo, aparecendo para ele como um monstro negro com olhos flamejantes.[18] Apolo, deus da proporção e da beleza, se transformou em um dragão medieval.

Assim como os pagãos, os cristãos tinham dificuldade em tratar as estátuas de culto apenas como objetos: elas pareciam poderosas demais, excessivamente cheias de vida. No entanto, algumas pessoas começaram a tentar separar as representações dos deuses de seu significado religioso. As estátuas de culto eram com frequência removidas dos templos e colocadas no que chamaríamos de locais "seculares", como em praças de mercado ou nas termas. Ao supervisionar esse remanejamento, os oficiais cristãos reconheciam a beleza da antiga estatuária enquanto, de modo simultâneo, negavam seu valor religioso. O risco era que, mesmo removida do contexto sagrado, uma estátua pudesse continuar a atrair adoradores; em alguns lugares, isso provocou remanejamentos adicionais; em outros, levou à completa destruição. Nesse meio-tempo, os pagãos também examinavam suas opções. Diante de crescentes ameaças a seus cultos, tentavam proteger seus deuses escondendo ou enterrando as estátuas. Havia devoção no que faziam, mas às vezes também um desejo mais secular de preservar objetos de beleza. Zózimo, um historiador pagão do final do século V d.C., notou que as estátuas de Zeus e Atena na frente da casa do senado felizmente permaneciam intactas quando irrompeu um incêndio, e portanto continuavam a dar prazer às pessoas "mais cultas" da cidade.[19] Os admiradores pagãos das estátuas não se apresentavam necessariamente como adoradores devotos de ídolos, mas sim como apreciadores de arte.

As evidências arqueológicas são cruciais para que possamos reconstituir o que aconteceu à estatuária olímpica no decurso do final da Antiguidade e na Idade Média – e o quadro que emerge é extremamente complexo.[20] As práticas variavam consideravelmente de região para região e de período para período: em algumas partes do Império Romano, as estátuas foram deixadas para se decompor gradualmente; em outras foram violentamente mutiladas ou destruídas por completo. Em algumas cidades, as imagens de culto eram repetidamente transportadas de lugar a lugar, enquanto em outras eram enterradas com cuidado. O problema da arqueologia, contudo, é que ela não oferece um acesso direto ao que as pessoas pensavam. As estátuas que se decompuseram lentamente, por exemplo, podem ter exercido seu fascínio mesmo enquanto entravam em decadência. Fontes escritas indicam que, à medida que as estátuas se deterioravam, os demônios dentro delas passaram por uma mudança sutil de personalidade: a princípio considerados extremamente perigosos, com o tempo se tornaram apenas ligeiramente sinistros, e alguns deles até mesmo se revelaram demoniacamente úteis. As estátuas de Atena, em particular, não raro desempenhavam o papel de talismãs, evitando calamidades secundárias como infestações de ratos ou ondas de calor. Outros demônios que viviam em antigas estátuas ofereciam serviços mais específicos. Teofilato Simocata, escrevendo no século VII d.C., incluiu interessantes observações a respeito dos demônios no seu trabalho.[21] Ele afirmou que quando o Imperador Maurício foi assassinado em Constantinopla em 602, alguns demônios imediatamente transmitiram a notícia na cidade de Alexandria. Várias estátuas, disse ele, deslizaram dos pedestais e caminharam na direção de um calígrafo que voltava para casa tarde da noite, depois de uma festa, e lhe informaram o que havia acontecido ao pobre imperador, deixando-o atordoado e ansioso. Nove dias depois, mensageiros humanos oficiais chegaram a Alexandria e confirmaram a notícia. Os demônios podiam viajar rapidamente e desse modo tomar conhecimento de eventos que tinham acontecido a uma grande distância. Com frequência, tentavam fazer essa velocidade passar por presciência, mas esse, insistiu Simocata, não era um dom que efetivamente possuíssem.

Assim como os demônios podiam ser úteis, o mesmo era verdade com relação à antiga cultura. Para explicar o seu relacionamento com a Antiguidade pagã, os escritores cristãos primitivos frequentemente invocavam o êxodo judaico do Egito: de acordo com a Bíblia, quando o povo hebreu voltou para casa depois do seu período de cativeiro, eles levaram com eles muitos receptáculos de ouro e de prata que pertenciam aos egípcios a fim de usá-los para os próprios rituais. Exatamente dessa maneira, afirmavam os escritores, os cristãos deveriam saquear as riquezas do passado grego e romano para a glória maior de Deus. Foi com base na força desse argumento que grande parte da cultura clássica foi apreendida e preservada: a antiga literatura se tornou parte da educação eclesiástica, antigos templos foram convertidos em igrejas e a antiga filosofia foi pesquisada em busca de argumentos a favor do Deus cristão.

Foi desse modo, como bens saqueados, que os deuses do Olimpo conseguiram sobreviver na era cristã. Até mesmo depois que a maioria de suas estátuas tinha sido destruída ou enterrada, continuaram a viver nas histórias: a poesia clássica, que era repleta de deuses, permaneceu a pedra angular de uma boa educação até a Idade Média. Homero era um texto central na cultura bizantina, enquanto Virgílio e Ovídio eram amplamente lidos no Ocidente. E, para ajudar a explicar a presença de divindades pagãs no currículo educacional, os eruditos cristãos de novo aplicaram a abordagem da pilhagem da prata egípcia, pesquisando antigas fontes em busca de informações a respeito do que esses deuses eram ou representavam (tendo em vista que não poderiam ser efetivamente divinos). Muitos textos gregos e romanos citados em capítulos anteriores deste livro, de Xenófanes a Varro, só chegaram a nós por intermédio da polêmica de autores cristãos, que os utilizavam para explicar a natureza dos deuses pagãos.

Uma das ideias que os cristãos assimilaram de antigas fontes era que as divindades do Olimpo podem ter sido pessoas de verdade que passaram a ser tratadas como deuses por seus crédulos contemporâneos. Evêmero, no século III a.C., havia sugerido que os olimpianos eram originalmente benfeitores da humanidade; e Arnóbio, no século III d.C., adaptou essa ideia com uma distorção, argumentando que os deuses tinham sido deificados por seus crimes e não pelos bons serviços. "Vênus era uma cortesã e Ciniras, rei de Chipre, a venerava", afirmou Arnóbio com um vigor típico.[22] Júpiter, disse ele, fora um homem perverso que apreciava balé, teatro, competições atléticas e "olhar para cavalos correndo sem nenhum propósito".[23] Não poderia haver uma verdadeira santidade em um deus que passava o tempo assistindo a eventos esportivos. E, de qualquer modo, era absurdo projetar a divindade em pessoas reais, de carne e osso. Como cristão, Arnóbio era particularmente sensível ao que significava para Deus assumir a forma humana, a vulnerabilidade e a dor que o corpo de verdade envolvia – e considerou o retrato antropomórfico dos olimpianos completamente não convincente. Deveríamos imaginar, indagou Arnóbio, que os deuses do Olimpo precisavam fazer a barba? Tinham barbeiros divinos no Olimpo, que mantinham a barba deles aparada e asseada?[24] Como era de esperar, ele também atacou o sexo divino, embora o que preocupasse

Arnóbio não fosse tanto sua indecência, e sim a total aleatoriedade. Era realmente imaginável que Júpiter, governante do universo, não pudesse ter nascido exceto por uma atração casual entre divindades primordiais? Era inconcebível, disse ele, que, "sem prazeres degradantes e abraços sensuais, talvez nunca tivesse existido um governante do universo; e mesmo até hoje os deuses não teriam um rei, e o céu ficaria sem seu senhor".[25] Arnóbio astuciosamente projetou em Júpiter a ansiedade muito humana a respeito das próprias origens, a respeito do abraço casual que existe no início de cada vida humana. Sem dúvida, argumentou ele, o verdadeiro Deus era diferente: eterno, não gerado.

Dos autores pagãos, o favorito de Arnóbio era Platão – não tanto por causa das opiniões de Platão a respeito da imortalidade espiritual e da transcendência divina (que eram de fundamental importância para outros autores cristãos primitivos), mas porque ele havia criticado a poesia e questionado a verdade do poema épico. Assim como Platão, Arnóbio desconfiava da alegoria como maneira de justificar a poesia e suas surpreendentes alegações. Ele argumentou que a alegoria revelava mais a respeito da mente do intérprete do que da verdadeira natureza dos deuses. Talvez a união entre Júpiter e Ceres pudesse de fato ser interpretada como "a chuva caindo no seio da terra", admitiu Arnóbio, mas também não havia como saber se alguma outra explicação não poderia ser igualmente válida: "toda essa alegoria, como ela é chamada, é extraída de narrativas que foram propositalmente criadas de um modo obscuro, permitindo que as pessoas leiam nelas o significado que desejam".[26] O próprio Arnóbio preferia, sempre que possível, interpretações práticas e literais. Vendo-se diante da metamorfose de Zeus em um touro para estuprar Europa, convidou os leitores a ir em frente e imaginar a cena: "Júpiter, pai dos deuses, governante do universo, adornado com os chifres de um touro, sacudindo as orelhas peludas, os pés contraídos em cascos, mastigando a relva verde e tendo atrás de si uma cauda e as pernas traseiras lambuzadas de excremento mole".[27] E em seguida apresentou sua frase-clímax: as crenças cristãs eram de fato tão estranhas, tão inverossímeis, em comparação com esse absurdo pagão?

Arnóbio travou uma batalha perdida contra a alegoria. Apesar de todos os seus esforços, ela se revelou uma solução excessivamente atrativa e conveniente para o problema dos deuses na literatura clássica. E também tinha excelentes credenciais cristãs: afinal de contas, o próprio Jesus falara por meio de parábolas. O mais importante é que a alegoria parecia absolutamente necessária para que fosse possível reinterpretar o Antigo Testamento à luz do Novo. A Bíblia era, como disse um acadêmico, "apenas um pouco mais receptiva à cristianização automática do que a *Metamorfoses* de Ovídio".[28] O cristianismo buscou um novo significado em antigas histórias, separando-se tanto da tradição judaica quanto da clássica. A alegoria e a metáfora eram ferramentas cruciais nesse empreendimento. Escritores cristãos, ao conduzir uma cultura pilhada através do Mar Vermelho, transportavam a sabedoria antiga – e o vocábulo grego para *transporte* é *metaphor*.

A ideia de que os antigos poetas falavam alegoricamente era acompanhada por uma furtiva admiração pela imaginação deles. Como podiam olhar para a chuva caindo sobre a terra seca e descrevê-la como sexo entre Júpiter e Ceres? Isso requeria uma mente vigorosa, e permissão para expressá-la. Os primeiros escritores medievais se sentiam incomodados com essa licença poética, e não apenas porque era, com frequência, bastante licenciosa. Mesmo sem considerar as cenas inventivas de sexo, as mentiras, a trapaça, o adultério e a frivolidade generalizada do Olimpo, a poesia antiga encerrava um perigo mais fundamental. Ela fazia as pessoas imaginarem coisas – até mesmo deuses – que não existiam de modo efetivo, sem dar uma indicação clara de onde de fato estava o limite entre realidade e imaginação. Lactâncio, um dos discípulos de Arnóbio (e posteriormente um professor do filho de Constantino), estava preocupado com a ausência de uma maneira segura de distinguir entre verdade e falsidade. "As pessoas não sabem qual é o limite da licença poética, ou em que medida é permissível continuar a fantasiar", escreveu ele. No entanto, ele também admitiu que "a função do poeta consiste precisamente nisso: transferir, com elegância, o que efetivamente aconteceu para alguma outra aparência por meio da linguagem figurada".[29] No final, Lactâncio tinha a tendência de responsabilizar os leitores, e não os autores. Os poetas estavam apenas fazendo o que deviam fazer quando toldavam o limite entre a realidade e a figura de linguagem; a tarefa dos leitores era tirar as conclusões corretas. A literatura antiga era, por conseguinte, aceitável, desde que fosse acompanhada por uma boa educação cristã.

Os deuses como demônios, como pessoas de verdade, como produtos da imaginação: essas diferentes teorias não eram inteiramente compatíveis, é claro, mas todas tinham suas raízes na Antiguidade. Na origem, os deuses gregos tinham sido tanto reais quanto metafóricos; era precisamente essa mistura que os tornara tão poderosos. No entanto, os pensadores cristãos adotaram uma abordagem mais rígida: ou os olimpianos eram malfeitores ou figuras de linguagem. Ambas as estratégias diminuíam sua importância. Como um adúltero da vida real, Júpiter não poderia ser tão impressionante quanto sua imagem mitológica. E se, por outro lado, fosse apenas uma alegoria, uma figura de linguagem, não encerrava nenhum poder verdadeiro. O problema era escolher uma única estratégia contra os deuses do Olimpo e permanecer fiel a ela.

Foi Agostinho que assumiu esse desafio e tentou formar uma teoria cristã superabrangente dos deuses pagãos. Em *A Cidade de Deus Contra os Pagãos*, ele apresentou as antigas divindades como fantasias malignas que não encerravam nenhuma verdade – o que, em última análise, as transformava em demônios, porque o diabo era um ilusionista, ao passo que Deus era a Verdade. Além disso, afirmou ele, como eram demônios, os deuses pagãos também podiam assumir a aparência de pessoas reais. Dessa maneira, Agostinho também encontrou espaço para explicações no estilo de Evêmero. Na realidade, ele gostava bastante da ideia de deuses como mortais que foram erroneamente deificados, porque isso esclarecia a aparência muito humana dos deuses do Olimpo e o detalhe literário da personalidade deles. Interpretações alegóricas não raro pareciam bastante abstratas. Agostinho assinalou o seguinte: "Um relato bem mais verossímil dos deuses é apresentado quando as pessoas dizem que eles um dia foram seres humanos – e que cada um era venerado de acordo com sua personalidade, costumes, ações e circunstâncias".[30] Júpiter, por exemplo, provavelmente foi um jovem príncipe cruel que queria matar o próprio pai, Saturno: ou então não era cruel, mas foi obrigado a lutar contra um pai

13. Nesse manuscrito francês ilustrado, Júpiter enfrenta seu pai, Saturno. Uma cidade medieval rotulada como "Creta" pode ser vista ao fundo, enquanto os dois deuses aparecem representados como cruzados.

perverso. Não importavam os detalhes históricos (Agostinho sabiamente admitiu que não podia ter certeza a respeito deles); eles faziam mais sentido do que engenhosas alegorias, porque podiam abrigar a riqueza textual dos deuses como personagens.

Agostinho era um leitor sensível de poesia, e suas explicações se revelaram influentes. Mesmo assim, os deuses nunca foram exatamente domados em uma teoria coerente. Durante muitos séculos, figurariam tanto em obras de história (com frequência na aparência de reis e rainhas) quanto em complexas explicações alegóricas (de qualidades abstratas como virtudes e paixões). As duas tradições, a histórica e a alegórica, floresceram lado a lado ao longo da Idade Média, e além dela. Em narrativas históricas, os deuses não raro pareciam personagens medievais comuns, como donzelas com chapéus pontudos e cavaleiros com armaduras reluzentes. Em um manuscrito, por exemplo, Júpiter é retratado com a aparência de um cruzado matando Saturno, com uma cidade medieval rotulada de "Creta" ao fundo. O rótulo traça uma via que remonta a Evêmero e, no final, à *Teogonia* de Hesíodo, composta mais de dois mil anos antes. Nesse meio-tempo, *Metamorfoses* de Ovídio pareceu inspirar interpretações alegóricas cada vez mais elaboradas, como a obra anônima *Ovide moralisé* e *Ovidius moralizatus* de Pierre Bersuire, ambas do século XIV. Essas obras argumentaram que Ovídio havia deliberadamente ocultado profundas verdades teológicas sob o disfarce da alegoria, para protegê-las do olhar dos profanos. No entanto, é claro que também era possível rejeitar por completo tais argumentos. Se Ovídio precisava ser moralizado, então talvez ele não fosse, para início de conversa, uma pessoa preocupada com a moral. Foi essa ambiguidade, essa falsidade alegórica, que preservou a antiga literatura ao longo dos séculos, revelando sua vitalidade.

Com o tempo, antigas histórias deram origem a novas histórias. Chaucer, por exemplo, foi inspirado por Bereuire e outros moralizadores ovidianos, e sua obra *Os Contos de Canterbury* continha frequentes referências a *Metamorfoses* de Ovídio. Mais notoriamente, "Conto do Manciple" de Chaucer incluía uma nova versão do mito de Apolo e Coronis (amante mortal de Apolo que ousara traí-lo), transformando-o em uma advertência contra os perigos da maledicência. Chaucer também foi influenciado por Boccaccio, o mais exuberante narrador de histórias da Itália no século XIV – e o próprio Boccaccio estava enfeitiçado pelos deuses do Olimpo. Mais para o final da vida, ele reuniu, de modo sistemático, histórias sobre eles para sua obra enciclopédica *A Genealogia dos Deuses Pagãos* , que apresentou explicações tanto históricas quanto alegorizantes para os antigos mitos. Quando Boccaccio contou a história do caso amoroso de Zeus com

Sêmele, por exemplo, explicou que a combustão da pobre mulher tinha resultado de uma mistura de ar quente (representado alegoricamente pela ciumenta Juno) e fogo (o trovejante Júpiter). Ao mesmo tempo, contudo, ele também podia descrever Júpiter como um rei luxurioso da vida real.

As interpretações variáveis de Boccaccio são simbólicas de uma ambivalência mais ampla e duradoura a respeito dos deuses. Os leitores cristãos precisavam justificar os deuses, mas também queriam celebrar as histórias das quais faziam parte. Reconheciam a exuberante vitalidade da literatura antiga, mas também sentiam a necessidade de domar os deuses do Olimpo. Havia, afinal de contas, algo suspeito tanto a respeito dessas divindades pagãs quanto sobre os empreendimentos literários que elas inspiravam. Ao longo de toda a Idade Média, a narrativa olímpica continuou a cheirar a enxofre, porém apenas ligeiramente.

15

ROUPA DE SACO E CIMITARRA

JÁ NO SÉCULO VII D.C., a parte ocidental do Império Romano havia se dividido em muitos reinos instáveis. Em contrapartida, o Império Romano oriental prosperava; na realidade, parecia disposto a reconquistar a Europa ocidental – só que a ascensão do islamismo repentinamente reconfigurou todo o cenário político. Assim como o cristianismo, essa nova religião do livro se posicionou como um retorno a uma fé original e verdadeira. Era atrativa, vigorosa e alcançou um extraordinário sucesso militar. Em um século, os árabes tinham chegado à fronteira da Índia e à costa atlântica da Espanha. O Império Romano oriental – o Império Bizantino, como hoje o chamamos – sobreviveu por mais oitocentos anos, mas seu lugar no mundo foi radicalmente modificado. A conquista árabe foi um fato fundamental para tornar a "Europa" um espaço cultural distinto: as regiões do sul do Mediterrâneo não pertenciam mais ao Império Romano oriental e, portanto, não estavam mais sujeitas à influência da antiga capital, Constantinopla. Nesse meio-tempo, a própria capital passou a ser, cada vez mais, alvo de ataques do sul islâmico – e também do Ocidente cristão. A quarta cruzada de 1204 foi um dos piores episódios na história do cristianismo: originalmente empreendida a fim de liberar Jerusalém do controle muçulmano, foi sabotada pelos venezianos, que, em vez disso, conduziram toda a expedição contra Constantinopla. A partir de então, a cidade declinou de maneira acentuada, até que foi dominada pelos turcos em 1453.

Os muçulmanos, em conformidade com suas atitudes tolerantes com relação "às pessoas do livro", não destruíram as academias cristãs e escolas paroquiais quando conquistaram o Mediterrâneo meridional no século VII, e uma versão do silabo helenístico continuou a ser ensinada nelas. A primeira dinastia de califas, com residência em Damasco, teve uma interação relativamente pequena com esses centros de aprendizado cristão. No entanto, a segunda dinastia, a 'Abbāsids, demonstrou muito mais interesse na cultura clássica, em particular porque ficou claro que o envolvimento com a filosofia grega poderia ajudar a articular as bases intelectuais do islamismo, justificando as estruturas de poder. A 'Abbāsids fundou uma nova capital, Bagdá, e diziam até mesmo que o califa al-Ma'mūn (que governou no início do século IX d.C.) patrocinou uma "Casa de Sabedoria" lá, dedicada ao estudo "dos antigos" – com o que os eruditos muçulmanos, exatamente como seus colegas cristãos, queriam dizer os gregos.

Segundo a lenda, o próprio Aristóteles apareceu para o califa al-Ma'mūn em um sonho e teve com ele uma conversa filosófica. "O que é bom?", perguntou o califa; "O que quer que seja bom de acordo com o intelecto", respondeu o filósofo. "E então o quê?", perguntou o califa. "O que quer que seja bom de acordo com a lei religiosa", replicou Aristóteles.[31] Uma enorme importância foi atribuída a esse encontro onírico: algumas fontes árabes medievais sugerem que ele inspirou todo o amplo projeto de tradução de obras do grego presidido por al-Ma'mūn. Na realidade, o envolvimento com a cultura clássica deve ter antecedido e, na verdade, inspirado o sonho: al-Ma'mūn estava ativamente potencializando a autoridade de Aristóteles a fim de apoiar suas lutas contra os carismáticos líderes muçulmanos. Ainda assim, mesmo que o sonho tenha sido o efeito, e não a causa, dos estudos gregos em Bagdá, ele confirma o prestígio que Aristóteles desfrutava na cidade.

As obras de Homero, em contrapartida, permaneceram em grande medida desconhecidas no domínio da dinastia 'Abbāsids, de modo que uma importante fonte de informações sobre os deuses do Olimpo permaneceu inexplorada. Essa falta de envolvimento com Homero poderia parecer surpreendente, tendo em vista que seus poemas eram a pedra angular da educação clássica, mas havia razões tanto literárias quanto teológicas para os poemas épicos homéricos terem sido marginalizados em Bagdá. Antes de mais nada, havia uma crença difundida de que a poesia era intraduzível. O erudito al-Jāḥiẓ do século IX, por exemplo, argumentou que "os poemas não se prestam à tradução e não deveriam ser traduzidos. Quando são traduzidos, sua estrutura poética é destruída; a métrica deixa de ser correta; a beleza poética desaparece e nada que seja digno de admiração permanece no poema".[32] Por conseguinte, ele e muitos outros eruditos muçulmanos se concentraram principalmente na filosofia e na ciência. Antigas teorias *a respeito* da poesia, contudo, despertavam um grande interesse em Bagdá; a *Poética* de Aristóteles foi traduzida nada menos que três vezes, e por meio dela a fama de Homero foi preservada – embora seus poemas não estivessem normalmente em circulação. Aristóteles disse que Homero era o melhor poeta grego, e essa avaliação era, em geral, aceita de olhos fechados.

O paradoxo de Homero no mundo árabe – que era admirado sem ser lido – está refletido na vida e na obra de Ḥunayn ibn Isḥāq, o mais influente tradutor em Bagdá. Ele era um cristão nestoriano nascido em Hira, tendo se mudado para Bagdá nas primeiras décadas do século IX para estudar com o grande médico de sua época, Yūḥannā ibn Māsawayh. No entanto, fez perguntas demais, irritou seu professor e foi expulso das aulas. Desalentado, porém de modo nenhum sentindo-se derrotado, Ḥunayn se afastou de Bagdá durante muitos anos. Não sabemos aonde ele foi, mas ao regressar supostamente se mostrou capaz de recitar de memória as obras médicas completas de Galeno, bem como os poemas épicos de Homero, todos no original em grego. Dizem que seu professor, impressionado, o aceitou de volta, e Ḥunayn veio a se tornar o maior erudito de sua época. É difícil distinguir fato de ficção nas numerosas narrativas a respeito de Ḥunayn: suas façanhas homéricas e galênicas parecem especialmente improváveis, porque seriam necessárias semanas, ou até meses, para que ele recitasse as obras completas desses dois autores. Mas Ḥunayn com certeza aprendeu grego, conhecia bem os poemas de Homero e estava familiarizado até mesmo com alguma erudição antiga a respeito deles. Foi sugerido que ele viajara até Bizâncio a fim de adquirir esse conhecimento de tão alto nível, o que parece plausível. Ḥunayn estava claramente preparado para fazer qualquer coisa em prol do conhecimento.[33]

Embora ele tenha aprendido grego em algum lugar, permanece o fato de que Ḥunayn nunca traduziu Homero, embora tivesse conhecimento suficiente para fazê-lo. É claro que ele pode, simplesmente, ter tido diferentes prioridades, mas um detalhe sugere que talvez tivesse um problema específico com os deuses gregos. Ao fazer comentários sobre as obras de Galeno, Ḥunayn escreveu uma nota sobre o mítico Péon, explicando que ele era um "profeta e modelo de vida para os médicos".[34] Esse foi um comentário breve e enganoso: de modo deliberado, ele encobriu a divindade de Péon, bem como seu papel como "médico dos deuses" no poema épico de Homero. Ḥunayn não mencionou a história de como Péon havia curado o próprio deus Ares no Olimpo, por exemplo, embora isso tenha resultado em uma eficaz conclusão para o quinto livro da *Ilíada*. Essa atitude não era apenas uma questão de varrer os médicos divinos para debaixo do tapete não tão mágico da ciência árabe; era uma manobra destinada a evitar a controvérsia religiosa.

Um dos discípulos de Ḥunayn, o erudito cristão Qusṭā ibn Lūqā, era mais acessível à utilização de Homero para fins de discussões teológicas. Um erudito muçulmano, Ibn al-Munajjim, enviou certa vez uma carta sincera e abrangente a Qusṭā e Ḥunayn na qual tentou provar a verdade do islamismo usando a lógica aristotélica. Seu raciocínio era defeituoso?, perguntou ele. Seus colegas cristãos poderiam analisá-lo? Ḥunayn respondeu sucintamente, mas Qusṭā enviou uma longa e erudita resposta. Entre os pontos que Qusṭā refutou estava a ideia de que o Alcorão era divinamente inspirado porque estava além de qualquer imitação. Qusṭā ressaltou que, de acordo com Aristóteles, o estilo de Homero também era inimitável, e no entanto ele era um poeta pagão sem nenhuma visão religiosa.[35] Parece que, diante do reverenciado porém alarmantemente pagão Homero, as pessoas, tanto na Europa quanto no mundo árabe, começavam a reconhecer o poder da inspiração humana – em vez da divina.

Ainda assim, na ausência de uma tradução, havia um limite ao impacto que a poesia grega poderia causar na cultura árabe. De qualquer forma, os deuses do Olimpo encontraram outras maneiras de se infiltrar no mundo muçulmano: se o que importava era a ciência, era então por intermédio da ciência que fariam sentir sua presença. Além da medicina, os eruditos árabes estudavam assiduamente matemática, astronomia e astrologia. Na realidade, eles encaravam todos esses empreendimentos como conectados, porque eles acreditavam que as estrelas e os planetas exerciam uma influência direta no corpo humano. A obra *Almagest* de Ptolomeu, um monumental livro-texto grego de astronomia, foi traduzido cedo para o árabe, e essa tradução se tornou extremamente influente. (Observe-se que o nome pelo qual conhecemos o livro em inglês e também em português deriva da versão árabe de seu título em grego. Originalmente, o trabalho era apenas chamado de "tratado matemático"; depois, se tornou conhecido como "o mais magnífico" tratado matemático, *hē megistē mathēmatikē syntaxis*, em grego; e esse título superlativo, *hē megistē*, se tornou *al-majistī*, e daí o nosso *Almagest*.) E, junto com o *Almagest* teórico, os eruditos árabes também traduziram *Tetrabiblos* ("Os Quatro Livros") de Ptolomeu, que explicavam como a posição das estrelas e dos planetas afetava a vida humana na Terra.

Assim como na Antiguidade, a prática da astrologia no mundo árabe requeria tanto um grande conhecimento científico quanto um talento mitológico. A posição e o movimento dos corpos celestes tinham que ser medidos, compreendidos e prognosticados — e depois eles eram interpretados como encontros e conflitos entre personalidades míticas. Os eruditos árabes estavam profundamente interessados nesses dois diferentes aspectos da astrologia. Abū al-Saqr al-Qabīṣī, um erudito do século X conhecido na Europa medieval como Alcabício, argumentou que os melhores astrólogos não apenas conheciam os fatos a respeito dos movimentos dos planetas, como também eram capazes de *prová-los*. A observação empírica era de crucial importância, e valiosas informações podiam ser compiladas a partir de várias tradições astrais. Afinal de contas, o céu era acessível para todo mundo, de modo que constatações sobre os movimentos celestes poderiam ser obtidas de qualquer pessoa que estivesse disposta a observá-los. Essa exploração intensa e de longo alcance ajudou os deuses do Olimpo a ampliar seu raio de ação, mas,

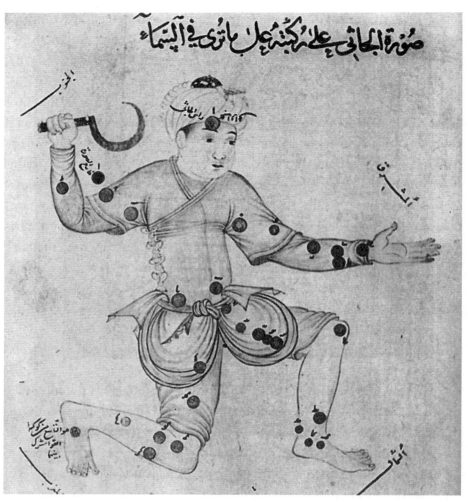

14. *Um Héracles árabe, com turbante e cimitarra, ilustrando a obra do astrônomo persa ʿAbd al-Raḥmān al-Ṣūfī (século X). Os grandes pontos são as estrelas que compõem a constelação de Héracles.*

em contrapartida, eles também perderam algumas de suas características mais especificamente gregas.

Versões árabes da obra de Ptolomeu registraram com cuidado a posição dos corpos celestes, mas eram muito mais liberais quando se tratava das representações mitológicas. Na astronomia grega, grupos de estrelas recebiam o nome de personagens mitológicos e tinham a intenção de se parecer com eles: a constelação de Gêmeos, por exemplo, supostamente representava os Dióscuros, os filhos gêmeos de Zeus com a mortal Leda. Do mesmo modo, as estrelas na constelação de Héracles supostamente traçavam uma imagem no céu do musculoso herói. No entanto, por não ter acesso às imagens ou aos poemas clássicos que explicavam como deveria ser a aparência de Héracles, os artistas muçulmanos usaram a imaginação ao ilustrar os textos astronômicos. E foi assim que Héracles perdeu sua clava e a pele de leão, e adquiriu um turbante e uma cimitarra. Outras mudanças podiam ser associadas mais diretamente a dificuldades linguísticas. Graças a uma tradução ambígua, por exemplo, Hermes se viu, de repente, segurando um surpreendente implemento na mão: um pênis, em vez da tradicional clava. (O termo que o tradutor árabe utilizara poderia se referir a qualquer um dos dois.)[36] Foi por mera coincidência que esse erro evocou os hermes, aqueles antigos marcadores de beira de estrada que havia muito tempo tinham sido mutilados ou enterrados.

À medida que os deuses gregos ganharam nova proeminência por intermédio da astronomia e da astrologia árabes, os deuses babilônicos também passaram por uma revitalização. Como já sabemos, as divindades gregas e babilônicas já tinham se misturado no período helenístico – mas agora se reúnem mais uma vez, em novas combinações. Exatamente como os deuses da Babilônia de repente vieram à tona na ciência árabe é uma questão que envolve algum debate, mas está claro que algumas tradições locais muito antigas tinham permanecido vivas, porque as divindades planetárias árabes às vezes se pareciam mais estreitamente com seus ancestrais babilônicos do que com os primos gregos. Em distritos isolados da Mesopotâmia, as pessoas devem ter continuado a venerar e estudar as estrelas, relativamente protegidas de influências gregas, romanas, cristãs e islâmicas.[37] E agora os antigos deuses babilônicos ingressavam nos tratados árabes. O Mercúrio árabe, por exemplo, se revelou um tipo intelectual, parecido com o Nabu babilônico: tinha pouco em comum com o jovial, dissimulado e irreverente Hermes. Do mesmo modo, o Júpiter árabe compartilhava algumas características com o Marduk babilônico: era retratado como um juiz, por exemplo, um papel que o Zeus grego raramente

15. *Júpiter disfarçado de monge no campanário de Santa Maria del Fiore, em Florença (final da década de 1330).*

desempenhava. Portanto, os deuses planetários da ciência árabe se mesclavam às divindades babilônicas, gregas e de outros tipos: eram, na verdade, tão variados quanto os eruditos que os estudavam.

Esses deuses planetários misturados, com o tempo, chegaram à Europa, onde ainda decoram castelos e catedrais, olhando para nós da sua posição elevada e continuando a viver em um relativo anonimato. Os detalhes de suas vias intricadas são incertos, mas os principais estágios da jornada em direção à Europa ainda podem ser reconstruídos. Em primeiro lugar, é preciso assinalar que a astrologia nunca realmente se extinguiu no mundo cristão. No mínimo, pertencia à história do Natal: os três sábios do Oriente predisseram o nascimento de Jesus baseados em uma estrela, de modo que, a partir de uma perspectiva cristã, a observação planetária não poderia estar inteiramente errada. No entanto, era difícil conciliar a astrologia com a onipotência de Deus e o livre-arbítrio dos seres humanos na Terra. Um dos Pais da Igreja, em uma tentativa desesperada de arbitrar entre o determinismo astrológico e o livre-arbítrio cristão, declarou que os planetas haviam proporcionado uma forma proveitosa de conhecimento até o nascimento de Jesus, mas deixaram de funcionar depois disso: a partir do ano um, tornara-se impossível determinar o futuro com base em Saturno, Marte e outros "deuses mortos".[38]

Os repetidos esforços da Igreja de erradicar a astrologia nunca foram realmente bem-sucedidos, mas, até o século XII, os aspirantes a astrólogos tinham pouquíssimos livros aos quais recorrer. Foi somente mais adiante na Idade Média que o antigo conhecimento astronômico e astrológico se tornou mais disponível. Em parte como resultado das Cruzadas, o contato com os eruditos árabes aumentou e, enquanto os soldados lutavam, pessoas mais contemplativas trocavam ideias a respeito das estrelas. Textos árabes foram traduzidos para o latim (com frequência por judeus) e chegaram à Sicília, à Espanha e, com o tempo, ao resto da Europa. O *Almagest* e o *Tetrabiblos* de Ptolomeu agora entravam na consciência ocidental, enriquecidos por terem passado pelas mãos de eruditos como al-Qabīṣī. O resultado foi um aumento extraordinário do prestígio da astrologia. Entre os séculos XII e XIV, ela experimentou um verdadeiro *boom*.

A carreira de Michael Scot exemplifica o maior tráfego intelectual dessa época. Nascido na Escócia por volta de 1175 (seu nome significa literalmente "Michael, o escocês"), ele estudou primeiro na escola catedral de Durham, e depois em Oxford e Paris. Não satisfeito com isso, ele se mudou para o sul, para a Bolonha, e, com o tempo, acabou indo parar em Palermo, na corte de Frederico II. Da Sicília, ele foi para Toledo na região central da Espanha, onde aprendeu árabe, obtendo assim acesso à tradução árabe de muitas obras gregas, além de acréscimos eruditos, correções e comentários. Michael transmitiu o que tinha aprendido por meio das próprias interpretações alegóricas da ciência planetária; a sua obra, e as ilustrações que a acompanhavam, levaram para a Europa algumas concepções dos deuses nitidamente oriundas do Oriente Próximo. Em decorrência disso, Michael não se deu muito bem com a posteridade: ele ganhou a reputação de usar magia e, no momento devido, encontrou um lugar no *Inferno* de Dante.[39] Mas seus deuses misturados floresceram. Mercúrio-Nabu, o patrono planetário dos eruditos, apareceu em um belo capitel em Veneza, coroando uma coluna no Palácio de Doge. Também se tornou visível na Cappella degli Spagnoli em Florença e no coro dos Eremitani em Pádua. Ele não tinha uma aparência necessariamente oriental – na realidade, com frequência assumia a aparência de um bispo –, mas sua procedência era, em última análise, do Oriente Próximo: o grego Hermes nunca demonstrara muito interesse pelo aprendizado formal, ao passo que Nabu era um grande erudito.

Para mim, o disfarce mais impressionante é aquele adotado por Júpiter na *campanile* de Giotto em Florença. Lá, bem no coração da cidade, decorando o campanário da própria catedral, posta-se a suprema divindade pagã, parecendo – de modo surpreendente – um monge cristão. Foi-se a reputação de Júpiter de sedução em série, adultério e estupro. Foi-se seu impressionante corpo clássico. Ele agora aparece no disfarce de um frade, um tanto rechonchudo, vestido com uma humilde roupa de saco, e segurando um cálice em uma das mãos e um crucifixo na outra. No entanto, sabemos que aquele tem de ser Júpiter, porque está cercado por todos os outros deuses planetários.

Como o supremo governante do Olimpo poderia aparecer nesse disfarce perfeitamente cristão? A resposta jaz enterrada, de modo surpreendente, em um texto árabe: o *Ġāyat al-Ḥakīm*, um manual de magia escrito no século XI, porém contendo fatos e tradições gregos e babilônicos muito mais antigos. O manual foi traduzido do árabe para o espanhol e depois para o latim. Com o misterioso título *Picatrix* (possivelmente uma corruptela do nome de Hipócrates, o médico grego), circulou amplamente na Idade Média, ensinando aos aspirantes a magos como aplacar os deuses planetários e, dessa maneira, obter os préstimos deles. Dizia-se que cada planeta presidia uma região específica da Terra:

Saturno, por exemplo, era responsável pela Índia, motivo pelo qual, em alguns manuscritos, era retratado como um sábio indiano. O domínio atribuído a Júpiter era a Europa ocidental, e acreditava-se que ele era o planeta protetor dos cristãos.

Aplicando os princípios da magia simpática, o *Ġāyat* insistia em que os adoradores deveriam adotar os costumes dos ocidentais quando rezassem para Júpiter. Eles precisariam "ser humildes e modestos, se vestir como os monges se vestiam [...] e agir de todas as maneiras como os cristãos agem, usando os trajes deles: um manto amarelo, um cinturão e uma cruz".[40] No campanário de Santa Maria del Fiore, bem no coração da bela cidade de Florença, Júpiter ostenta o traje de um monge – com a sua aparência estando perfeitamente de acordo com as instruções dadas em um manual de magia árabe. Isso não significa que Giotto (ou Andrea Pisano, que foi responsável pelo *design* dos deuses planetários no *campanile*) tenham lido esse manual específico e desenhado imagens diretamente a partir dele. Mas os artistas e os arquitetos são moldados pela cultura que os cerca, e à medida que a astrologia greco-arábica se propagava por toda parte, ela encontrou expressão (por meio de canais de transmissão que não podemos mais identificar detalhadamente) nas grandes obras da arte ocidental.

Obviamente, os deuses do Olimpo tiveram que fazer um enorme esforço para sobreviver sob o jugo do cristianismo e do islamismo. Suas estátuas foram estraçalhadas, os templos destruídos e seus adoradores seduzidos por visões mais virtuosas de Deus. Parece-me equivocado afirmar (como o fazem alguns historiadores) que o antigo paganismo prosseguiu imperturbável até um período bem avançado da Idade Média; ao contrário, seu caráter mudou radicalmente.[41] O culto dos deuses do Olimpo se tornou algo secreto, uma prática que só podia sobreviver em circunstâncias mais resguardadas. Longe de ser a pedra angular da vida cívica, ele se tornou uma superstição rústica, um assunto para *pagani* isolados. No entanto, surpreendentemente, os próprios deuses conseguiram sobreviver ao fim dos seus adoradores. O fato de os deuses terem continuado a atrair interesse e especulação – mesmo sem a ajuda da crença ou da prática religiosas – é uma das ocorrências mais extraordinárias na história da civilização clássica.

Os deuses do Olimpo continuaram a florescer porque as pessoas valorizavam as antigas culturas das quais eles faziam parte. Das fronteiras da Índia às Ilhas Britânicas, diferentes sociedades continuaram a se envolver com filosofia, literatura, arte e ciência antigas, constantemente se deparando, por causa disso, com os deuses do Olimpo. Esses encontros eram eletrizantes e, não raro, bastante desafiadores. Os deuses como demônios, ficções, pessoas de verdade ou planetas – a grande variedade de teorias conflitantes a respeito dos olimpianos indica a intensidade do conflito entre as perspectivas antigas e medievais a respeito do mundo. Algumas pessoas achavam que os deuses estavam mais bem agrupados nos doze meses (nosso março ainda tem o nome em homenagem a Marte); outras, que poderiam estar associados às sete artes liberais – o chamado *trivium* da gramática, lógica e retórica, e o *quadrivium* da aritmética, música, geometria e astronomia, cada uma organizada sob uma divindade planetária dominante. À medida que os discípulos ascendiam no programa do curso, eles se expandiam nas esferas dos planetas mais distantes.[42] Todo o esforço do escolasticismo foi dedicado à organização de um sistema universal de conhecimento, e os deuses antigos deviam estar incluídos nele. No entanto, os deuses do Olimpo se revelaram indisciplinados demais para isso. Continuaram a trocar de rótulos e disfarces, e, com o tempo, começaram a causar estremecimentos em todo o edifício sagrado do conhecimento medieval. Na realidade, seu comportamento perturbador impeliu a história para a frente, em direção à Renascença e à modernidade.

Parte VI

Renascido: A Renascença

A literatura e a arte antigas se tornaram um importante foco de atenção na Itália durante os séculos XIV e XV. Eruditos, poetas, artistas e arquitetos competiam uns com os outros na tentativa de reviver a antiga cultura, deparando-se com os deuses do Olimpo a cada passo. Ao lidar com esses deuses, repetiam argumentos que já tinham sido apresentados na Idade Média, porém conferindo-lhes uma nova inflexão. Se os olimpianos eram apenas criações humanas, produtos da imaginação – então, como essa imaginação era poderosa! Como essa capacidade de criar era impressionante! Tendo começado a vida como divindades, os deuses do Olimpo emergiram na Renascença italiana como embaixadores de uma nova crença na humanidade.

Essa transformação era, em parte, estruturada como um revivescimento. Na Grécia arcaica, afinal de contas, discutir os deuses já envolvera uma apreciação crítica da poesia e da arte, enquanto na Atenas clássica os deuses tinham figurado em debates a respeito do poder humano e da capacidade de as pessoas comuns governarem a si mesmas. No período helenístico, os deuses do Olimpo haviam se misturado com as divindades da Pérsia, do Egito, da Babilônia e da Índia – e agora, mais uma vez, quando capitães italianos tinham navegado através do Atlântico, encontraram antigos deuses em um novo mundo. Divindades mexicanas se juntaram aos olimpianos nas páginas dos manuais mitológicos. Em toda parte, ao que parecia, a criatividade humana transparecia com mais clareza ao descrever os deuses.

16

PETRARCA PINTA OS DEUSES

NA IDADE MÉDIA, as pessoas não pensavam em si mesmas como se habitassem um período escuro e opressivo entre a Antiguidade e a Renascença. Na realidade, não percebiam nenhuma interrupção clara e distinta entre o mundo antigo e o delas, a não ser na questão crucial da fé. Seus maiores esforços eram dedicados a organizar toda a cultura de acordo com a doutrina cristã – e, no Mediterrâneo, isso em geral significava um profundo envolvimento com a cultura dos gregos e dos romanos.

Uma obra como a *Divina Comédia* de Dante (escrita entre 1308 e 1321), por exemplo, era um feito supremo de sistematização, dedicado a encontrar o lugar certo para todo mundo, e por toda a eternidade. Tendo em vista a ênfase do poema no relacionamento entre Dante e seu predecessor pagão, o poeta Virgílio, decidir o que fazer com os antigos deuses era inevitavelmente parte de um projeto desse tipo. A abordagem de Dante possibilitava que os antigos mitos tivessem tanto significado metafórico quanto realidade histórica: as realidades pagãs figuravam no poema como personagens humanos, diversificadamente condenadas, mas também como poderosos símbolos cristãos. Assim foi que Dante pôde pedir inspiração a Apolo no início do seu *Paradiso*, tratando-o como o Espírito Santo. Ele chegou a se referir a Jesus Cristo como "o mais elevado Júpiter", *il sommo Giove*.[1] Boccaccio, como vimos, adotaria uma atitude semelhantemente versátil nos anos logo depois de Dante. Nos séculos que se seguiram, os dois estilos de interpretação continuariam a florescer, com os poetas apresentando com frequência os olimpianos como alegorias cristãs, enquanto os historiadores insistiam em que haviam sido pessoas de verdade. Em 1483, por exemplo, a crônica universal de Giacomo de Bergamo discutiu o reino do rei Júpiter de Creta, antes de prosseguir para outras figuras históricas: José, Maria, Apolo, Baco e Vulcano.

Tendo em vista esse grau de continuidade, podemos muito bem perguntar se os deuses do Olimpo efetivamente experimentaram um "renascimento" na Renascença, já que nunca abandonaram os disfarces medievais. Na realidade, nos últimos anos, essa pergunta tem sido feita repetidas vezes, e de maneira muito mais geral – já que a questão, em última análise, não diz respeito apenas aos deuses do Olimpo, mas à nossa própria concepção da História. O que foi a Renascença? Não faria mais sentido, talvez, falar a respeito de várias Renascenças? E por que embalar, de algum modo, a história humana em períodos definidos? Em certo nível, é fácil argumentar que a Renascença é uma invenção artificial. Assim como as pessoas da Idade Média não sabiam que viviam em uma época medieval, ninguém que vivesse nos séculos XIV, XV ou XVI teria reconhecido a "Renascença" como um rótulo. Humanistas italianos falavam às vezes a respeito de uma *rinascita* da cultura clássica, mas a nossa concepção da Renascença, em toda a sua amplitude e significado, teria sido bastante estranha para eles.

O termo só foi introduzido em meados do século XIX, pelo historiador francês Jules Michelet, que argumentou que homens como Colombo, Copérnico e Galileu redefiniram o universo e o lugar da humanidade nele. Michelet encarava a Renascença tanto como um período histórico quanto como uma atitude humana – uma atitude que era, para ele, de algum modo, essencialmente francesa (um dos motivos pelos quais definiu a Renascença como o século XVI, efetivamente um bom período para a França). Algumas décadas depois de Michelet, o erudito suíço Jacob Burckhardt reconfigurou a Renascença como uma realização italiana dos séculos XIV e XV: foi nessa época, argumentou ele, que a revivescência da Antiguidade clássica, a descoberta do mundo mais amplo e a crescente crítica à Igreja levaram as pessoas a pensar em si mesmas, pela primeira vez, como indivíduos independentes e autônomos. Ao descrever "o homem da Renascença", Burckhardt apresentou retratos influentes de figuras como Alberti e Leonardo, mas também revelou algo a respeito de si mesmo: sua visão da Itália renascentista continha um traço nitidamente protestante, republicano e suíço.

Pouco depois da publicação do trabalho de Burckhardt, Walter Pater, um esteta de Oxford, concentrou a discussão mais especificamente na arte. Seu livro de 1873, *The Renaissance* [*A Renascença*], excluiu a questão dos avanços políticos e científicos, celebrando em vez disso os sentidos e a imaginação. Para Pater, a Renascença tratava da arte por amor à arte – e foi graças a ele que os deuses do Olimpo, que serviram de inspiração para muitos artistas, se tornaram emblemáticos do período. A obra de Pater foi influente e problemática desde o início, e continua a sê-lo até hoje. Seus contemporâneos o consideravam decadente e irreligioso; mais recentemente, críticos condenaram o seu ponto de vista como um argumento escassamente disfarçado a favor da superioridade cultural – e, por consequência, política e econômica – da Europa.[2] Certamente não foi por acaso que *The Renaissance* de Pater tenha surgido precisamente em uma época em que a Europa, por intermédio de suas colônias e impérios, dominava o resto do mundo.

Talvez, então, nunca tenha havido um "renascimento" da Antiguidade, impelindo a Europa rumo à sua forma específica, e agressiva, de modernidade. Será que a Renascença foi apenas um mito do século XIX, na verdade um mito em causa própria? Até mesmo no início do século XX, antes das reavaliações pós-coloniais da História, alguns acadêmicos começaram a questionar o significado e a importância da "Renascença" como período. *The Waning of the Middle Ages* [*O Declínio da Idade Média*] de Johan Huizinga argumentou, de modo bastante convincente, que muitas das qualidades atribuídas à Renascença eram, na realidade, produto do final da Idade Média. E o influente *The Survival of the Pagan Gods* [*A Sobrevência dos Deuses Pagãos*]* de Jean Seznec apresentou um argumento mais específico a respeito dos deuses

---

* O livro foi escrito originalmente em francês, com o título *La Survivance des dieux antiques*. (N. dos trads.)

do Olimpo: mostrou que eles tinham estado continuamente presentes desde a Antiguidade até o século XIV, e que era, portanto, bastante duvidoso falar a respeito do "renascimento" deles. Assinalando que os deuses haviam viajado através da Ásia e da África, e também da Europa, a obra de Seznec enfatizou os numerosos e variados itinerários da sobrevivência divina.

A intuição de Seznec de que os deuses do Olimpo nunca tinham morrido por completo e de que, de qualquer modo, nunca haviam sido exclusivamente europeus permanece crucial para qualquer interpretação de sua história. No entanto, até mesmo Seznec teve que reconhecer que algo peculiar aconteceu aos deuses no período que hoje chamamos de Renascença italiana. Mais obviamente, a aparência deles mudou: de repente, em vez de se parecer com monges medievais, reis, donzelas, demônios, sultões e eruditos, passaram a se assemelhar a estátuas antigas. De modo curioso, essa transformação visual foi iniciada, em parte, não por um pintor ou um escultor, e sim por um poeta do século XIV: Francesco Petrarca. Hoje, Petrarca é lembrado principalmente por seus sonetos, escritos em um belo, puro e enxuto italiano; mas foi *África*, um poema enorme em latim, que consagrou sua fama durante a vida dele. *África* nunca foi finalizado — Petrarca tinha o hábito de trabalhar intermitentemente em vários projetos ao mesmo tempo, interrompendo-os e recomeçando-os em uma luta permanente de acompanhar as próprias ideias —, mas alguns trechos do poema circularam cedo como excertos independentes. E foi por intermédio de *África* que os deuses do Olimpo abandonaram sua roupagem medieval e começaram a assumir a antiga aparência.

Petrarca moldou seu poema épico pela *Eneida* de Virgílio, tendo a intenção de que ele fosse sua continuação. Assim como Virgílio escolhera Eneias, o fundador de Roma, para ser seu tema, Petrarca queria compor um poema a respeito de Cipião, que derrotara Aníbal na Segunda Guerra Púnica e instituiu Roma como a capital republicana de um império mundial. Petrarca tinha o ardente desejo de que Roma pudesse um dia recuperar sua antiga glória — embora no século XIV essa fosse uma ideia um tanto quixotesca. Decadente, infestada de criminosos e administrada por famílias rivais, as perspectivas da cidade eterna nesse aspecto não eram muito promissoras. Até mesmo o papa partira para Avignon, e uma atmosfera geral de violência e decadência pairava sobre a cidade. Petrarca teve todas as oportunidades de ver o quanto Roma tinha decaído com relação a qualquer padrão de comportamento digno (certa vez, foi capturado por bandidos quando tentava deixar a cidade), mas sua visão utópica para a cidade nunca vacilou. Roma era o coração tanto do cristianismo quanto da cultura clássica, o centro do mundo.

Como *África* se destinava a propiciar um vínculo entre o passado ilustre de Roma e o seu glorioso futuro, os deuses do Olimpo representavam um problema difícil para Petrarca. Ele não queria aventar que uma horda de divindades pagãs tinham um dia governado a cidade eterna. Por outro lado, se quisesse que seu poema imitasse a *Eneida* de Virgílio, não poderia deixar os deuses do Olimpo inteiramente fora do poema épico. À guisa de contemporização, Petrarca tentou apresentar apenas uma cena passada no Olimpo: um trecho no qual duas matronas, alegorias de Roma e Cartago, sobem ao céu e pedem a Júpiter que arbitre entre elas.[3]

Durante a arbitragem, Madame Cartago afirma que desfruta do apoio de Juno, mas a deusa nunca confirma essa afirmação. Na realidade, ela jamais aparece, deixando aberta a questão de se é, de fato, uma força ativa no poema. Júpiter, pelo seu lado, se apresenta como uma alegoria cristã; ele anuncia até mesmo que está prestes a ser reencarnado em Jesus Cristo e amamentado no seio reconfortante da Virgem Maria. Vinda de Júpiter, essa sequiosa expectativa do seio de Maria soa um tanto alarmante. Mas duvido de que Petrarca tenha desejado evocar os numerosos incidentes em que Júpiter se deleitou estuprando uma virgem: o que ele tentou fazer foi apresentar uma cena olímpica que afirmasse a supremacia do Deus cristão. E nisso ele fracassou. Dante conseguiu se dar bem ao apresentar Jesus Cristo como Júpiter, mas apenas porque manteve toda a *Divina Comédia* dentro de uma estrutura rigidamente cristã e alegórica. Como Petrarca escreveu um poema histórico, seguindo as convenções do poema épico romano, a ideia de um Júpiter cristão como um todo passou a impressão de ser anacrônistica e absurda.

Embora o episódio no Olimpo tenha sido um fracasso, outra cena em *África* demonstrou uma abordagem muito mais bem-sucedida da inclusão dos deuses no Olimpo em um poema moderno. Em vez de recorrer à alegoria, ou apresentar os deuses como reis e rainhas históricos, Petrarca adotou uma abordagem inteiramente diferente: colocou os olimpianos dentro de um quadro.[4] O palácio do rei africano Sifax, afirmou ele, era decorado com imagens dos deuses do Olimpo. Dentro do poema, o embaixador romano Lélio visitou a corte africana, proporcionando assim a perfeita oportunidade para que Petrarca descrevesse os deuses a seu bel-prazer, sem ter que justificá-los.

Júpiter é, como era de esperar, o primeiro deus mencionado na relação de Petrarca: ele é "orgulhoso no seu augusto trono, com o cetro na mão, na frente dos outros deuses e brandindo um relâmpago". A seu lado, posta-se um miserável Saturno, um pai velho e derrotado; em seguida vem Netuno, segurando um tridente e cercado por monstros marinhos. Mais adiante no quadro, um belo Apolo toca a lira, enquanto seu irmão mais novo Mercúrio se aproxima dele "com uma expressão travessa", segurando um bastão com serpentes entrelaçadas. O Vulcano manco é retratado como alvo de zombaria, objeto divino de gozação desde que sua mulher, Vênus, o traiu com Marte. A Juno de Petrarca tem a cabeça envolta em uma nuvem colorida, um arco-íris: a associação entre a deusa e o ar úmido perdura, embora o trocadilho grego no qual ela se baseia há muito tenha sido esquecido. Minerva, que nasceu da cabeça de Júpiter, sobressai na descrição de Petrarca, com uma longa lança na mão e um elmo emplumado na cabeça. Ela zomba de Vênus por ter vergonhosamente nascido de órgãos genitais castrados; a deusa do amor é retratada nua em uma concha flutuando no mar. Nas proximidades, três Graças entrelaçam os braços em um círculo: "a primeira jovem está virada de costas, mas as outras duas fixam o olhar em nós", diz Petrarca, descrevendo o que iria se tornar um tema favorito na arte da Renascença. Nesse meio-tempo, Cupido está a postos, pronto para atirar uma flecha. Diana vem em seguida, cercada por criaturas da floresta – ninfas, faunos e sátiros. E, por último, na descrição de Petrarca, vem Cibele: essa mãe terrena anatoliana é retratada como "uma deusa idosa, volumosa e assentada". Petrarca explica, de modo proveitoso, que, "de acordo com os antigos, Cibele deu à luz todos os deuses, inclusive o próprio Deus do Trovão".

Essa descrição dos deuses em *África* se revelou imensamente popular. Foi um de apenas dois trechos do poema que circularam amplamente antes de Petrarca ser coroado poeta laureado, e que portanto justificou sua coroação. Todos queriam saber qual era a aparência dos deuses do Olimpo, sem ser oprimidos por insípidas e prolixas explicações alegóricas de quem ou do que supostamente representavam. As breves e vívidas descrições das divindades de Petrarca – uma pintura com palavras, em vez de uma enfadonha discussão filosófica – satisfizeram perfeitamente esse desejo. Ao colocar os olimpianos na antiga África, dentro de um quadro, o poema emoldurou os deuses, dispondo-os a uma distância segura para que leitores pudessem admirá-los. Existem algumas evidências de que Petrarca redigiu essa descrição dos deuses até mesmo antes de decidir onde iria colocá-la dentro da narrativa em *África*: isso demonstra o quanto estava ávido para descrever o panteão olímpico e o quanto estava certo de que a cena iria agradar aos leitores.

O outro trecho do poema que circulou amplamente e ajudou a estabelecer a reputação de Petrarca foi um discurso proferido por Mago, irmão de Aníbal, pouco antes de morrer.[5] Mago recordou todas as grandes ambições que ele tinha quando era jovem, compreendeu que não seria capaz de realizá-las porque estava prestes a perecer em um naufrágio, e sentiu um profundo remorso. (Em italiano, *magone* significa efetivamente "remorso"; a etimologia da palavra provavelmente está relacionada com o vocábulo alemão *Magen*, "estômago" – tristeza sentida nas entranhas –, mas muitos italianos acreditam que a palavra deriva do discurso *de Mago*: vivenciar *magone* é se sentir como o Mago de Petrarca.) Alguns contemporâneos de Petrarca se queixaram de que os sentimentos de Mago eram nobres demais para um pagão africano, mas Petrarca replicou dizendo que Mago estava exprimindo sentimentos comuns a todos os seres humanos, *humanum omniumque gentium comune*.[6] A Antiguidade ajudava Petrarca a expressar o que significava ser humano – e ele percebeu que isso tinha alguma coisa a ver com a aspiração, com o anseio de realizar coisas meritórias. Na concepção de Petrarca, todas as pessoas, independentemente de quem elas eram, de quando existiram, de onde viveram ou de que deuses adoravam, podiam vivenciar os sentimentos de Mago.

Esses dois trechos de *África* proclamaram importantes eventos culturais, a defesa de Mago de Petrarca continha as sementes do que hoje chamamos de humanismo da Renascença; a sua descrição dos deuses no palácio de Sifax, entretanto, marcou o início de um duradouro interesse visual pelos olimpianos. A pintura com palavras de Petrarca inspirou a redação de manuais iconográficos, e esses manuais, por sua vez, inspiraram artistas, que deliberadamente tentaram retratar os deuses *all'antica* – conforme tinham aparecido na Antiguidade. A princípio, essas representações dependiam de modo expressivo de relatos escritos; ao lado de moedas e ocasionais pedras preciosas entalhadas, poucos artefatos estavam prontamente disponíveis. No entanto, à medida que o trabalho dos artistas passou a atrair cada vez mais atenção, os antiquários começaram a procurar estátuas romanas, e, assim que exploraram antigas ruínas, passaram a encontrá-las. Em prédios semissoterrados, chegaram a descobrir antigos murais – *grottesche*, como os chamavam: "temas encontrados em cavernas". Logo os artistas tomavam providências para ser baixados às "cavernas" no Monte Esquilino em Roma (na verdade, as ruínas do extravagante palácio de Nero) a fim de copiar as decorações das paredes.

O desejo de ler e redescobrir a literatura clássica, tanto em latim quanto em grego, acompanhou esse interesse pela arte antiga. Petrarca também foi um pioneiro nesse empreendimento. Procurou antigos manuscritos em bibliotecas empoeiradas, editou textos que descobriu e utilizou-os como inspiração para seu trabalho. Ele recuperou, por exemplo, as cartas de Cícero, usando-as como modelo para as suas. Também se esforçou com afinco, durante anos, para conseguir um exemplar da *Ilíada*, e depois para encontrar alguém que traduzisse a obra e lhe ensinasse o idioma – o conhecimento do grego era raro no Ocidente. Em uma carta que escreveu para o próprio Homero, ele se dirigiu ao antigo poeta como a um amigo desaparecido: "Tinha abandonado toda a esperança; a não ser por alguns fragmentos de seus livros – a partir dos quais captara um vislumbre de suas sobrancelhas arqueadas e do seu cabelo solto – não consegui ler nada seu em latim ...".

Com o tempo, com a ajuda de seu amigo Boccaccio, Petrarca conseguiu entrar em contato com Leôncio Pilato, um grecófono do sul da Itália que afirmava ter grande erudição bizantina (e de fato possuía alguma). Inicialmente, as coisas caminharam bem. Leôncio começou a traduzir a *Ilíada* e, nesse meio-tempo, passou a ensinar grego a Petrarca. O entusiasmo deste último ganhou novas alturas. Boccaccio e Petrarca conseguiram até mesmo convencer as autoridades municipais florentinas a patrocinar a primeira cátedra de grego na Europa ocidental, e Leôncio chegou, triunfante, a Florença para assumir seu novo cargo. Os eventos então tomaram um rumo desfavorável. Cartas perplexas trocadas entre Petrarca e Boccaccio transmitem um pouco da impressão que Leôncio causou: "sombrio", "obstinado", "vaidoso", "inconstante", "malvestido", "cabeça dura como pedra", "intratável".[7] Os alunos não simpatizavam com esse professor. Em sentido mais amplo, o relacionamento entre humanistas italianos e eruditos bizantinos era marcado por rivalidade e desconfiança. Todo o projeto de propagar o conhecimento do grego foi adiado por várias décadas.

Quando Petrarca morreu, não havia alunos de grego em Florença, o papa ainda estava em Avignon e *África* permanecia inacabado. Mas com o tempo seu trabalho deu frutos. Os manuscritos gregos lentamente chegaram à Itália; os eruditos aprenderam a lê-los; e as edições e traduções deles inspiraram novos poemas e pinturas, contribuindo para uma revivescência geral da antiga cultura. De algumas maneiras, *O Nascimento de Vênus* de Botticelli – a expressão suprema da Renascença, na visão de Walter Pater – pode ser considerado como o clímax da obra de Petrarca. Os manuscritos gregos que continham os *Hinos Homéricos*, entre eles o breve *Hino a Afrodite*, chegaram à Itália no século XV. Inspirado pela descrição do nascimento de Vênus nesse hino, o erudito Poliziano incluiu uma versão da história em um dos próprios poemas – uma composição escrita em homenagem a Simonetta Vespucci, rainha da beleza de Florença, e ao seu protetor Giuliano de' Médici. Seguindo o exemplo de Petrarca em *África*, Poliziano transformou o poema épico de Homero em uma imagem ficcional: imaginou um trabalho artístico que mostrasse o nascimento de Vênus e apresentou uma descrição dele em seu poema. Alguns anos depois, inspirado tanto por Poliziano quanto pela própria Simonetta, Botticelli produziu efetivamente a obra.

É claro que existem maneiras de interpretar a Vênus de Botticelli como uma alegoria cristã. Uma das Graças ergue-se a seu lado, pronta para envolvê-la em um manto cor-de-rosa, e a composição lembra a cena de um batismo: um sem-número de pinturas retratam Jesus saindo da água e aceitando uma toalha igualmente cor-de-rosa de João Batista. Outros detalhes também encorajam os observadores a contemplar a cena com olhos cristãos. O manto cor-de-rosa de Vênus, por exemplo, está salpicado de centáureas, símbolo de Nossa Senhora, a Rainha do Céu. O quadro pode, portanto, ser visto como uma imagem de amor celestial, uma importante ideia cristã e platônica – mas ele não *tem que* ser visto dessa maneira. As imagens não impõem sua interpretação da mesma maneira que os textos o fazem: narrativas alegóricas podem acompanhá-las, mas também podem ser descartadas com igual facilidade. Existe sempre a opção, para os observadores, de desfrutar o óbvio – que Simonetta é bela e está nua.

Estou certa de que, na reação adversa contra essa crescente permissividade, Savonarola teria queimado o quadro de Botticelli na sua Fogueira das Vaidades de 1497, se tivesse conseguido pôr as mãos nele. O fato de não ter conseguido sugere que *O Nascimento de Vênus* estava escondido em alguma mansão na zona rural que pertencia à família Médici. E isso, por sua vez, implica não haver ainda nenhuma função pública óbvia para o quadro; a visão dele era uma fantasia compartilhada apenas por seletos eruditos, artistas e seus patronos. Ainda assim, essa fantasia tinha consideráveis poderes de atração e se tornaria cada vez mais influente com a passagem do tempo. Os deuses emergiam das páginas de manuscritos empoeirados, de destroços de estátuas semidestruídas, começando a assumir sua aparência anterior.

O processo envolveu uma nova avaliação das origens distantes dos deuses. Essas fascinantes criaturas não faziam parte do mundo cristão: elas eram misteriosas, antigas e exóticas. Os pensadores medievais tinham dedicado uma extraordinária energia à construção de um mundo único e unificado a partir da religião cristã e da cultura pagã, utilizando nesse processo quantidades liberais de argamassa alegórica, mas agora a construção desintegrava. De repente, a Antiguidade era uma coisa e sua revitalização cristã, outra bem diferente. E, embora a "Idade Média" e a "Renascença" pudessem ser invenções do século XIX destinadas a demonstrar a superioridade da Europa, já no século XIV, Petrarca proclamava que um período de ignorância rudimentar o separava de seus amados da Antiguidade. Ele admirava o que as pessoas da Antiguidade tinham alcançado "por meio da labuta e do talento", lastimando profundamente que gerações posteriores tivessem dirimido os esforços deles "devido a uma desavergonhada negligência".[8]

Como Theodor E. Mommsen ressalta, Petrarca audaciosamente inverteu a linguagem cristã da luz e da escuridão. Jesus Cristo era a "Luz do Mundo", mas Petrarca censurou os sombrios séculos cristãos que se estendiam entre ele e as brilhantes realizações da Antiguidade pagã.[9] Não condenou, em nenhum sentido, o cristianismo, mas não conseguia suportar a ignorância, ou qualquer coisa que pudesse tolher a inspiração humana. Na realidade, afirmou audaciosamente estar determinado a aprender com "homens excepcionais de todos os países e de todos os tempos".[10] E os deuses do Olimpo desempenharam um papel fundamental ao ajudar Petrarca a definir seu raio de ação e sua visão. Sem ser mais vistos como ídolos decaídos, passaram agora a representar precisamente a labuta e o talento humanos que ele tanto valorizava.

17

CARNAVAL COSMOPOLITANO DE DIVINDADES

AO LONGO DA RENASCENÇA, os deuses do Olimpo foram gradualmente ganhando terreno – embora não tão rápido quanto se possa supor com frequência. Podemos imaginar que os artistas da Renascença e seus patronos tenham dedicado uma grande quantidade de energia e riqueza à ressurreição da antiga cultura, mas não era o caso. Na realidade, como ressalta um historiador da arte, até o século XVII, "a proporção de quadros datados dedicados a temas mitológicos, em qualquer ano considerado, raramente era maior do que dois por cento".[11] Essa estatística crucial sugere que deveríamos rever algumas concepções comumente adotadas sobre o período, em particular se levarmos em conta que muitos dos quadros incluídos nesses reduzidos dois por cento sabidamente permaneciam na casa e no estúdio dos próprios artistas, presumivelmente porque não tinham encontrado nenhum comprador. Falando com franqueza, não havia uma grande demanda pelos deuses do Olimpo. Os artistas não raro pintavam os deuses como forma de esmerar suas habilidades, comparando-se aos mestres da Antiguidade, mas o trabalho deles não buscava comercialização imediata.

Lentamente, contudo, os deuses começaram a encontrar novos papéis para si mesmos. A princípio, as aparições pareciam erráticas e efêmeras. No inverno de 1406, por exemplo, quando uma neve excepcionalmente abundante caiu na cidade de Florença, os habitantes locais imediatamente construíram um gigantesco homem de neve com a aparência de Hércules. Era evidente que o atraente homem clássico estava na mente deles, em particular quando saíam para se divertir. Os deuses do Olimpo também serviam de inspiração para fantasias de Carnaval e carros alegóricos. Como o homem de neve Hércules, essas eram extravagâncias relativamente espontâneas, mas também requeriam certo grau de esforço comunal. Já em meados do século XV, estava claro que os antigos deuses tinham assumido o controle das festas de rua; a atratividade deles era inegável.

Talvez a mais impressionante aparição na rua tenha sido uma grandiosa exibição olímpica que o Papa Paulo II organizou em 1466 para celebrar sua vitória sobre os condes de Anguillara, que o vinham ameaçando de sua base, ao norte de Roma. Ele começou as festividades soltando um grande bando de pássaros da janela, que foram seguidos por trompetes, fogos de artifício e um Cupido desnudo que entoava louvores ao papa enquanto o mirava com flechas flamejantes. (Essa era verdadeiramente uma nova maneira de demonstrar amor pelo pontífice.) Depois da entoação de Cupido, seguiu-se uma longa procissão de gigantescos carros alegóricos, conduzindo os deuses do Olimpo sentados e juntos, enquanto saboreavam um banquete. A deusa Diana vinha atrás montada em um cavalo branco, com muitas ninfas escassamente vestidas em seu séquito. Parando bem abaixo do balcão do papa, Diana declarou que ela, todas as suas ninfas virgens e o mundo inteiro se submeteriam, de bom grado, ao domínio dele. A antiga derrota dos deuses pagãos foi desse modo transformada em uma gigantesca exibição de poder papal. O exército de Paulo II triunfara sobre os condes de Anguillara, que agora se submeteriam a ele – exatamente como os olimpianos tinham se submetido ao cristianismo.

Ao lado dessas ocasiões públicas, os deuses também se mostrariam cada vez mais à vontade em ambientes mais privados, proporcionando uma decoração casual na forma de utensílios para mesa, medalhas, pedras preciosas, broches, bordados e bolos. Os banquetes com frequência tinham um tema olímpico, enquanto os baús de casamento não raro exibiam Vênus, Cupido e cenas amorosas livremente baseadas em Ovídio. Em resumo, os deuses estavam na moda, e é estudando essas aparições no século XV, comumente bastante triviais, que começamos a entender como eles demarcaram novos empreendimentos humanos. Era óbvio que não estavam substituindo o cristianismo por uma nova (ou antiga) forma de religião. O que fizeram, de modo mais específico, foi colonizar áreas inteiras da experiência humana nas quais o cristianismo parecia ter pouco a oferecer.

O sexo era uma delas. Os deuses passaram a ser vistos, cada vez mais, em desenhos que eram, francamente, pornográficos, enquanto os textos clássicos forneciam detalhes explícitos que podiam instigar até mesmo a mais insípida imaginação sexual. Vênus, é claro, sempre inspirara a ação dentro do quarto, mas agora todo o panteão olímpico parecia dedicado a essa tarefa. Um visitante romano da Antiguidade que viajasse para a Itália no século XV teria ficado bastante assombrado com a quantidade de nudez na representação dos deuses. Até mesmo Diana aparecia desnuda, feliz da vida, embora nos tempos antigos geralmente se vestisse como uma modesta donzela. Actéon aprendera, a um grande custo, como poderia ser ruim se deparar com Diana nua – mas agora, no século XV, estava totalmente exposta para todos os olhares, e ninguém parecia se transformar em veado ou ser destroçado por cães por causa disso. O mito se tornara uma celebração de belos e saudáveis corpos humanos, e de tudo que inspiravam. Isso incluía a homossexualidade, é claro: a história do caso amoroso de Zeus com o adolescente Ganimedes era uma das favoritas.

A natureza e o amor à natureza com frequência caminhavam juntos com essa celebração dos sentidos. Na arte da Renascença, os deuses do Olimpo tendiam a aparecer em cenários luxuriantes: em prados verdejantes, nas margens de rios, em florestas sombrosas, à beira-mar. Nesse aspecto, também exploravam uma lacuna no mercado, porque o cristianismo era essencialmente uma religião citadina. É claro que os artistas podiam retratar Adão e Eva no Jardim do Éden, ou São Francisco de Assis cercado por pássaros, mas no geral as escrituras cristãs ofereciam poucas oportunidades de celebração ao ar livre. Exatamente por essa razão, os deuses clássicos correram para a zona rural, nus e belos. É, em parte, devido a essa afinidade com a natureza que uma das grandes inovações da arte da Renascença – o uso da perspectiva – dificilmente aparece nos quadros mitológicos. O ambiente natural é em geral mais plano do que os prédios, ruas e arcos que tipicamente emolduram as cenas dos evangelhos ou da vida dos santos. Por conseguinte, embora o estudo da perspectiva fosse diretamente inspirado pela arte clássica, ele encontrou sua expressão mais eficaz na representação de temas cristãos do que de cenas olímpicas.

Em vez de uma perspectiva sofisticada, a pintura mitológica proporcionava outras alegrias – a descontração, sobretudo. A arte cristã podia ser, em termos emocionais, bastante exigente: inspirava veneração, humildade, horror, gratidão, tristeza, êxtase. Belas ninfas nuas dançando na floresta eram muito mais leves, não apenas para o olho mas também para o coração. Era aceitável se descontrair, apenas, e desfrutá-las, sem fazer muitas perguntas. Afinal de contas, aquelas ninfas não eram muito importantes. Ao contrário dos mártires sofredores ou da Virgem Maria, elas nem sequer existiam.

Junto com a sensualidade, a despreocupação e a beleza, os deuses do Olimpo também ofereciam imagens positivas do poder humano secular – que também eram difíceis de aparecer nas escrituras cristãs. Os próprios papas eram rápidos em tirar vantagem disso. O Papa Paulo II, como vimos, fez com que Cupido, Diana e todo o panteão olímpico celebrassem sua vitória militar sobre os condes de Anguillara. Mas os governantes seculares também podiam mobilizar os deuses para celebrar seus sucessos. Foi Sigismondo Malatesta, o "Lobo de Rimini", que compreendeu a plenitude do potencial para se explorar os deuses como embaixadores do poder terreno – colocando-se, em decorrência disso, em uma rota de colisão com o papado.

Malatesta, filho ilegítimo de um comandante militar, não desconhecia o conflito e a controvérsia. Ele começara desafiando os mais poderosos membros da própria família: aos 15 anos de idade, tendo a seu crédito várias experiências no campo de batalha, havia se estabelecido como único governante de Rimini. Passaria o resto da vida lutando a favor de quem pudesse pagar o melhor salário, tentando nesse meio-tempo adquirir terras, segurança e prestígio para seu pequeno estado na costa do Adriático. De modo geral, tinha poucos escrúpulos quando se tratava de promover os próprios interesses. Quando ele se entusiasmou por uma menina de 12 anos ao vislumbrá-la através de uma janela, por exemplo, poucos observadores ficaram surpresos com o fato de o pai da menina e a esposa de Malatesta terem morrido pouco depois, deixando os dois livres para se casar.

No geral, a reputação de Malatesta dificilmente poderia ser pior, e as acusações que enfrentava em Roma em 1461 refletem os rumores que circulavam a respeito dele:

> Ele estuprou virgens que tinham se consagrado a Deus e também judias, matou moças e mandou chicotear brutalmente rapazes que tinham se revoltado contra ele. Cometeu adultério com muitas mulheres cujos filhos tinha segurado no batismo, e assassinou o marido delas. Sua crueldade era maior do que a de qualquer bárbaro, e ele infligiu terríveis torturas a culpados e inocentes com as próprias mãos sangrentas. Raramente dizia a verdade; era um mestre da paciência e da dissimulação, um traidor e perjuro que nunca cumpria sua palavra.[12]

Essas acusações eram muito graves, mas é preciso dizer que os crimes de violência, sexo e falsidade eram muito difundidos, em especial entre os membros do clero. A alegação seguinte é que foi verdadeiramente exclusiva: Malatesta foi acusado de ter transformado uma igreja em um templo repleto de imagens dos deuses do Olimpo. Em outras palavras, como diz um relato: "a mais abominável acusação contra Sigismondo Malatesta foi arquitetônica".[13] O papa optou por descrever esse Tampio Malatestiano com termos bastante medievais: Malatesta, disse ele, tinha "enchido o prédio com tantas obras pagãs que ele era claramente um templo para adoradores infiéis de demônios, e não para cristãos".[14]

Por que e como o Lobo de Rimini decidiu construir seu templo é uma questão de certo interesse, porque revela precisamente o tipo de empreendimentos que os deuses do Olimpo começavam a inspirar no século XV. Malatesta, bastardo e soldado mercenário, ansiava por respeitabilidade. E ele sabia que só poderia obtê-la por meio de realizações pessoais: as comunidades religiosa e secular dificilmente defenderiam um homem ilegítimo como ele, a não ser que ele conseguisse provar o seu valor. Era como pessoa de talento, portanto, que ele precisava se promover. Até mesmo os inimigos de Malatesta logo o reconheceram como o mais ousado e ardiloso comandante militar de sua época. Mas ele também queria sugerir que era um homem letrado, autor de ardentes poemas de amor, alguém que conversava com humanistas e apoiava o trabalho deles. (Foi como patrono das artes que ele seria lembrado nos *Cantos* de Ezra Pound.) A combinação de poder militar com a ambição artística de Malatesta tinha antigas raízes: seus conselheiros culturais o encorajaram especificamente a pensar a respeito da Antiguidade e se inspirar em antigos modelos. Afinal de contas, os imperadores romanos tinham conquistado o mundo sem precisar de nenhuma bênção do papa. Foram os deuses do Olimpo que os tinham inspirado e feito com que se sentissem fortes. E foi por intermédio da poesia e da arte que os imperadores haviam administrado sua imagem pública.

Em 1446, Malatesta incumbiu Matteo de' Pasti, um artista plástico, de moldar uma série de medalhas que exibiam sua imagem de perfil no estilo de um imperador romano. Sem se satisfazer apenas com as medalhas, ele logo voltou a atenção para projetos mais grandiosos: mandou construir uma fortaleza, o Castel Sismondo, onde poderia viver no estilo imperial adequado. Em seguida, concentrou-se na modesta capela de São Francisco, onde membros da família Malatesta estavam enterrados havia séculos. A princípio, Matteo de' Pasti também assumiu o controle desse projeto, remodelando cada parte do prédio. Acrescentou novas capelas e decorações à estrutura medieval original. Embora oficialmente dedicados a santos, o objetivo desses novos acréscimos estava muito longe de ser cristão. Na sacristia, onde eram guardados os objetos da Missa, um retrato de Malatesta estava agora em primeiro plano. Ele se encontrava, sem dúvida, ajoelhado diante de seu santo padroeiro – mas o santo havia sido empurrado para um canto da cena, enquanto Malatesta dominava a composição, exibindo, como sempre, seu perfil imperial. Perto do altar, um santuário celebrava as artes liberais, representadas pelas Musas; as roupas translúcidas delas tudo revelavam. No outro lado do altar, outro santuário exaltava os deuses planetários, algo que o papa iria achar, mais tarde, particularmente provocador.

Pouco a pouco, a velha capela gótica foi sendo vestida com novos trajes clássicos: colunas de Corinto, cornijas, querubins cavalgando golfinhos, folhas de acanto e de louro, sibilas e, é claro, os próprios olimpianos. As divindades planetárias Diana, Mercúrio, Vênus, Apolo, Marte, Júpiter

16. Júpiter no Tempio Malatestiano (c. 1450): a figura exibe influências gregas, romanas e do Oriente Próximo. O Papa Pio II a condenou como sendo demoníaca, mas os deuses do Olimpo, disfarçados de divindades planetárias, ainda decoram o templo de Malatesta, que hoje funciona como a catedral de Rimini.

e Saturno não eram novas nas igrejas e em outros prédios sagrados: como vimos, decoravam a *campanile* de Giotto em Florença, entre outras estruturas. Mas havia algo alarmante e profano a respeito da maneira como eram usadas nas visões de Malatesta. Nelas, a nudez de Vênus, a roupa diáfana de Diana e o bíceps de Apolo exprimiam prazeres humanos, terrenos. Esses deuses tinham pouco em comum com as figuras alegóricas graves e repletas de dignidade de Florença, que estavam envoltas em pesados mantos ou grossas roupas de saco. As maravilhas de mármore de

Malatesta não tinham nenhum propósito edificante, nenhuma intenção didática. Em vez disso, todo o Tempio Malatestiano era um monumento ao poder de Malatesta – e ao talento dos artistas e humanistas que trabalhavam para ele.

O templo de Malatesta é hoje considerado um ponto de referência da Renascença italiana, mas é preciso dizer que os deuses estão longe de ser puramente clássicos. Júpiter, com um feixe de trigo em uma das mãos e um chicote na outra, tem uma procedência mista, egípcia e síria, conforme descrito no autor latino Macróbio.[15] Apolo, com sua superabundância de acessórios – a lira, o louro e três Graças em miniatura em uma das mãos, um arco e flecha na outra, um globo debaixo dos pés, e um corvo e um cisne na lateral – representa todo o sistema solar, como foi explicado por Porfírio ao comentar sobre o culto egípcio de Osíris. Quanto a Mercúrio, ele é retratado como um mago peculiar com um chapéu pontudo, uma mistura do Hermes grego (que conduz as almas para o Mundo Subterrâneo) e do egípcio Thot (que ensina as almas como se elevar aos poucos ao conhecimento divino). Historiadores da arte criticaram com frequência essas figuras malatestianas pela sua exuberância de detalhes e falta de equilíbrio – e elas de fato parecem, tomando emprestada a frase de Nietzsche, "um carnaval cosmopolitano de divindades".[16] Mas sua confusa variedade é facilmente explicada. As figuras no Tempio Malatestiano representam uma tentativa de traduzir o que era ainda uma tradição em grande medida textual e alegórica – uma tradição rica em detalhes e com influências abrangentes – para uma linguagem visual eficaz.

Pouco depois de o trabalho no templo ter começado, Malatesta convidou um novo arquiteto para supervisioná-lo. Parece ter confiado em Leon Battista Alberti tão logo o conheceu, e talvez tenha tido um sentimento de conexão pessoal com ele. Assim como Malatesta, Alberti era filho ilegítimo de uma família nobre, e ele também era ambicioso e tinha orgulho de sua força física: de acordo com um relato anônimo de sua vida (muito provavelmente escrito pelo próprio Alberti), ele era capaz de saltar sobre a cabeça de um homem com os pés juntos. O mais importante era que suas concepções sobre arquitetura coincidiam com as visões de Malatesta. Alberti pregava um retorno à Antiguidade: ele usava o único

17. Esta medalha, projetada por Matteo de' Pasti em 1450, retrata Sigismondo Malatesta como um imperador romano e, no anverso, um prédio descrito na legenda como o "famoso templo de Rimini". A medalha fornece a melhor indicação disponível de como Leon Battista Alberti planejava estruturar seu templo, porque o trabalho de construção nunca foi concluído.

manual antigo sobrevivente sobre construções, *De architectura* [*Dez Livros sobre Arquitetura*] de Vitrúvio, e simultaneamente se inspirava em efetivas ruínas antigas. Na realidade, afirmava que as ruínas de antigos teatros e templos poderiam "ensinar tanto quanto qualquer professor".[17] Na sua época, essas ruínas eram predominantemente o abrigo de mendigos e ladrões, e Alberti ficou chocado e horrorizado com a degradação delas. Ainda assim, ao olhá-las, conseguia imaginar belas cidades antigas repletas de estátuas e futuros prédios erigidos tendo-as como modelo; tinha um relacionamento tão profundo com o passado que, em seus textos arquitetônicos, referia-se às igrejas chamando-as de templos. Alberti era o homem certo para traduzir os sonhos seculares de Malatesta em efetivas construções. Por outro lado, o dinheiro de Malatesta podia traduzir as teorias de Alberti em realidade de mármore. Era uma parceria formada no Olimpo.

De' Pasti celebrou a chegada de Alberti com uma nova medalha. Em um dos lados, como de costume, havia um retrato de Malatesta de perfil, enquanto o outro exibia uma imagem do plano de Alberti para a igreja de São Francisco com uma ousada inscrição: o "famoso templo de Rimini". Tanto as palavras quanto a imagem estabeleciam a identidade do prédio como um "templo" moderno. O plano mostrava claramente uma fachada modelada pelo arco do triunfo romano, adicionando assim, pela primeira vez, esse símbolo de poder imperial a uma estrutura cristã. Ele também exibia uma bela cúpula, semelhante à do Panteão em Roma – um antigo templo dedicado, literalmente, a "todos os deuses", que fora transformado em uma igreja no século VII. O projeto de Alberti se destinava a seguir o caminho oposto, transformando igreja em templo. No entanto, infelizmente, a medalha permaneceu como mais próxima realização de suas intenções, porque o Tempio Malatestiano real nunca foi finalizado. A fachada em arco permaneceu inacabada, e a cúpula mal começou a ser construída: Malatesta ficou sem dinheiro. O Lobo de Rimini teve que enfrentar as acusações do papa em Roma e nunca recuperou seu poder depois de ser excomungado. Alberti foi dispensado, e deve ter ficado arrasado – talvez não tanto por causa das desventuras de Malatesta, mas devido ao trabalho inacabado. Para Alberti, a beleza era uma questão de perfeitas proporções, de cada parte se relacionando com o todo, mas tudo o que conseguira realizar fora o esboço de um prédio. Na realidade, não era melhor do que uma antiga ruína.

Ainda assim, mesmo esse templo incompleto, essa ruína moderna, se revelou importante: anunciou para o mundo inteiro que os deuses do Olimpo tinham escapado do controle papal. Quando o papa acusou o Tempio Malatestiano de estar cheio de "demônios", a questão, é evidente, não era que os deuses pagãos tivessem entrado em um prédio cristão pela primeira vez: como divindades planetárias, já o tinham feito muitas vezes. O problema era que Malatesta as tinha utilizado para promover o próprio poder secular em vez do poder de Deus. Era tudo uma questão de intenção e interpretação – e todo o projeto de transformar uma humilde capela de São Francisco em um "famoso templo" era pura e simplesmente uma provocação.

O papa que excomungou Malatesta, Pio II, sabia que os antigos modelos precisavam ser usados com cuidado, pois ele era nada menos do que Enea Silvio Piccolomini, um conhecido homem de letras, diplomata e libertino. Quando, depois de uma vida aventurosa, ele fora (surpreendentemente) nomeado papa, escolhera o nome Pio em homenagem a *pius Aeneas* de Virgílio, tirando proveito da versão latina do próprio nome secular: precisava sugerir que, de fato, se tornara pio mesmo enquanto permanecia sendo Enea. Seu amor pela literatura clássica propiciou uma forma de continuidade, bem como sua duradoura admiração pela arte mitológica. Em resumo, esse papa não poderia argumentar contra os deuses do Olimpo em geral; suas objeções estavam dirigidas muito mais especificamente à arrogância de Malatesta ao usá-los como símbolos de sua riqueza e poder pessoais. Malatesta era um arrivista traiçoeiro, bastardo e mercenário, determinado a estabelecer o próprio estado de Rimini perto demais do do papa. O que não era nada conveniente. E tampouco era aceitável que mobilizasse os deuses do Olimpo como aliados: no que dizia respeito à Igreja, eles se destinavam a ficar ao lado de Deus.

A partir de nossa posição atual, as divindades do Olimpo parecem improváveis defensoras do cristianismo. Mas é preciso lembrar que a literatura clássica era fundamental na educação cristã; professores eclesiásticos haviam passado muitos séculos lidando com os deuses do Olimpo, apresentando-os como alegorias morais e advertências, e essa tradição continuou a florescer na Renascença. Podemos ficar surpresos, por exemplo, ao encontrar uma Juno nua pendurada em correntes em um convento de freiras – mas o quadro de Correggio, baseado no episódio do "engodo de Júpiter" da *Ilíada*, supostamente destinava-se a advertir as noviças contra abandonar seus votos.[18] Na história de Homero, depois que Juno seduziu o marido Júpiter a fim de ajudar seus amados gregos contra os troianos, ele a repreendeu, zangado: lembrou a Juno que ele a tinha torturado certa vez por causa de uma infração anterior, pendurando-a em correntes, e ameaçou fazer isso de novo se algum dia ela tentasse repetir esse truque da sedução. O mito poderia ser encarado como poderosa advertência contra o comportamento lascivo, mesmo dentro do casamento. A lição era simples: as freiras deveriam, a todo custo, evitar se comportar como Juno. Por conseguinte, os deuses do Olimpo eram temas adequados para os olhos cristãos, desde que suas imagens fossem acompanhadas pela explicação adequada.

O problema era que, na Renascença, essa explicação não estava mais apenas nas mãos da Igreja. Eruditos e artistas começaram a exercer um considerável poder: eles podiam interpretar os deuses e torná-los úteis para uma variedade de diferentes patronos em diferentes contextos. O próprio Alberti trabalhava como secretário na corte papal, mas também podia aceitar incumbências de pessoas como Malatesta. Outros humanistas e artistas foram ainda mais longe, oferecendo serviços ao próprio sultão otomano. A decisão deles de trabalhar para o arqui-inimigo do cristianismo resume primorosamente quanto o estudo da Antiguidade na Renascença se emancipava do controle cristão.

Relatos tradicionais da Renascença insistem em afirmar que foi a queda de Constantinopla, em 1453, que precipitou o revivescimento da Antiguidade grega no Ocidente latino. De acordo com essa história, eruditos bizantinos, ao fugir aterrorizados, levaram com eles valiosos manuscritos de autores da Antiguidade, o que despertou a imaginação de outros eruditos, poetas e artistas italianos. Assim como a maioria dos clichês, essa versão dos eventos contém certo tanto de verdade. Embora os manuscritos tivessem começado a viajar para o Ocidente muito antes da queda de Constantinopla, a invasão turca por certo aterrorizou os bizantinos, e os refugiados orientais de fato desempenharam um papel fundamental na revivescência da Antiguidade clássica. Mehmet II, "o Conquistador", era famoso por sua crueldade: todos que moravam em Constantinopla antes de 1453 sabiam que o sultão gostava de observar as pessoas morrerem lenta e dolorosamente. Na realidade, ele usava essa reputação para intimidar os inimigos. Às vezes, mandava que uma estaca fosse empurrada através do corpo de um adversário, do ânus até o ombro, evitando os principais órgãos, e depois esperava durante dias enquanto o homem empalado aos poucos sucumbia; ou então ordenava que as pessoas fossem esfoladas vivas e penduradas pelos pés, para garantir uma dor prolongada e intolerável. Quando Mehmet II enfim capturou Constantinopla, o medo já derrotara os habitantes da cidade – e isso foi antes de igrejas serem saqueadas; altares serem profanados; freiras, estupradas; monges, torturados e assassinados.

Alguns dos cristãos que sobreviveram e escaparam de fato trouxeram preciosos manuscritos antigos e conhecimento para o Ocidente (embora sua colaboração com os ocidentais raramente fosse objetiva e descomplicada). Mas essa não foi a única contribuição de Mehmet II para a Renascença italiana. Ele logo começou a atuar como patrono de humanistas ocidentais: também queria conquistar Roma, e com esse intuito era útil se apresentar como governante universal e moderno. Ele atraía as pessoas que se interessavam mais pelo poder secular do que pelo poder divino. Malatesta, por exemplo, enviou certa vez seu amigo Matteo de' Pasti, o fabricante de medalhas requintadas, ao sultão com um tratado em latim sobre máquinas de guerra. O governante de Rimini enxergou corretamente que a Antiguidade poderia proporcionar uma linguagem comum, uma cultura compartilhada, na qual basear uma aliança secular eficaz. Seu presente foi bem escolhido, mas nunca chegou ao pretendido destinatário. Emissários papais interceptaram de' Pasti na ilha de Creta — fato que não ajudou o processo de Malatesta em Roma.

O século XV, portanto, foi um período de confusas contracorrentes para os deuses do Olimpo: ainda podiam ser usados como alegorias cristãs, mas também começaram a agradar a pessoas que desafiavam a supremacia da Igreja. Na realidade, a ameaça deles à autoridade cristã às vezes parecia ser bastante direta. Em 1468, por exemplo, Paulo II — exatamente o papa que, alguns anos antes, tinha organizado uma serenata de Cupido para si mesmo — desfrutava as celebrações da Terça-Feira de Carnaval em seu assento papal elevado quando um homem "vestido como filósofo" se aproximou e o advertiu de um grande perigo. Vários humanistas logo foram presos e levados para a prisão papal de Castel Sant'Angelo em Roma. Não ficou claro se tinham mesmo conspirado para matar o papa, mas foram acusados de simpatizar com o sultão e de serem pagãos — ou seja, de venerar os deuses do Olimpo.[19]

Entre os que foram presos estavam os humanistas Bartolomeo Platina, que se promovia como um especialista em amor, e seu colega Pomponio Leto, que mal tinha escapado de um julgamento por sodomia em Veneza e agora se via acusado de paganismo em Roma. Os dois crimes andavam de mãos dadas, como atestou a poesia do próprio Leto. Enquanto trabalhava como preceptor em Veneza, ele havia elogiado um de seus alunos – o filho de uma família nobre – comparando-o com Ganimedes, o amado de Zeus. Era uma pena, sugeriu Leto, que o menino veneziano não tivesse vivido na era de ouro dos deuses, porque, se isso tivesse ocorrido, Zeus com certeza o teria violado em vez do troiano Ganimedes, que não poderia ter sido tão belo. O preceptor foi mais adiante no elogio: "Feliz é aquele a quem as estrelas concederam um belo traseiro; o traseiro seduz Cupido. Riquezas e honras são derramadas sobre o traseiro; e um destino benigno protege um magnífico traseiro".[20] Não é de estranhar que ele tenha acabado se metendo em dificuldades, mesmo antes de ser acusado em Roma. E, além de apreciar o traseiro de meninos, Leto também demonstrou um alarmante interesse por aprender árabe: aparentemente, seu objetivo era estudar o pensamento islâmico clássico, mas é possível que também estivesse desejoso de agradar ao sultão otomano para conseguir o patrocínio dele. De qualquer forma, o papa insistiu em que era o próprio sultão, junto com os devotos dos antigos deuses que tinham sido aprisionados, que queria vê-lo assassinado.

Com o tempo, os humanistas foram libertados, e alguns deles chegaram a trabalhar para o papa – aparentemente conseguindo esquecer suas experiências no Castelo Sant'Angelo, onde tinham sido submetidos a extensas sessões de tortura. Mesmo assim, já no final do século XV, ficava bastante claro que os especialistas italianos em Antiguidade não estavam necessariamente subordinados à Igreja. Tornava-se igualmente evidente que os deuses do Olimpo não eram mais apenas alegorias cristãs, figuras históricas ou demônios. Eles agora falavam do amor e da força humanos. E podiam inspirar luxúria e arrogância. Se essa transformação dos deuses foi de fato um retorno à Antiguidade clássica, e se anunciou um futuro distintamente europeu, são assuntos que permanecem em debate – mas me parece que os deuses de Malatesta oferecem uma resposta específica a essas questões. As divindades do Tempio Malatestiano não eram obviamente apenas de inspiração grega ou romana, mas também egípcia e do Oriente Próximo, e não estavam satisfeitas em se estabelecer em Rimini. Haviam se tornado símbolos da confiança e do poder humanos, e iriam viajar até onde seus defensores fossem.

18

ANTIGOS DEUSES NO NOVO MUNDO

A EXPLORAÇÃO ATRAVÉS DO TEMPO e do espaço era simultânea na Renascença: as pessoas tanto estudavam a Antiguidade quanto avançavam para novas paisagens. Muitos historiadores assinalaram que a descoberta do "Novo Mundo" foi diretamente inspirada pela revivescência da antiga cultura. Ao mesmo tempo, explorações transatlânticas lançaram nova luz à Antiguidade – especialmente porque novas formas de religião descobertas pelos exploradores pareciam, para observadores europeus, se assemelhar aos antigos cultos dos deuses do Olimpo.

No século II d.C., Ptolomeu havia calculado a circunferência da Terra com extraordinária precisão. Sua monumental obra *Geografia* explicou, além disso, como traçar uma grade geométrica com linhas marcando a latitude e a longitude, e forneceu informações detalhadas a respeito de cerca de 8 mil lugares diferentes nessa grade. Eruditos árabes preservaram e revisaram o texto de Ptolomeu, adicionando a ele os próprios avanços teóricos e descobertas empíricas. No final do século XIV, *Geografia* de Ptolomeu foi enfim traduzida para o latim, mas a obra não causou um impacto imediato no Ocidente. Em um nível prático, os chamados mapas "portulanos" usados por mercadores e navegadores que cruzavam o Mediterrâneo de um lado para o outro eram mais úteis; e, em nível teórico, a visão de mundo de Ptolomeu não se encaixava nas suposições medievais. A geografia cristã era simbólica e esquemática: os mapas colocavam

Jerusalém no centro e organizavam a Terra ao redor dela. Representavam o plano de Deus, em vez de quaisquer perspectivas humanas e mensuráveis. Lentamente, contudo, *Geografia* de Ptolomeu começou a obter atenção, e uma nova edição publicada em 1482 iria estimular a imaginação de muitos europeus instruídos – entre eles, Cristóvão Colombo.

Mesmo antes disso, contudo, as explorações geográficas haviam ganho ímpeto em uma estreita interação com a literatura antiga. Em 1341, uma expedição comandada pelo genovês Nicoloso da Recco e o florentino Angiolino de' Corbizzi iniciou uma viagem para explorar as Ilhas Canárias. Para sua surpresa, os marujos europeus descobriram que as ilhas eram habitadas por um povo desconhecido, que tinha uma cultura estranha e singular. A descoberta fez ecoar outros acontecimentos da Renascença. Essa foi a época em que poetas como Petrarca ofereciam uma nova visão para a humanidade: como vimos, o personagem mais humanitário dos poemas épicos de Petrarca foi Mago, um africano pagão. Mago foi modelado inteiramente por antigos textos latinos, mas agora os capitães de navios italianos estavam diante de pagãos de carne e osso, que moravam ao largo da costa africana. Na realidade, o historiador David Abulafia argumentou que a Renascença foi marcada por duas descobertas simultâneas da humanidade: uma alcançada por meio da pesquisa histórica, a outra por intermédio da exploração geográfica – embora a segunda tenha se revelado incompleta, porque nem todos os observadores aceitaram que as pessoas recém-encontradas eram de fato humanas.[21] Seu argumento é convincente, em particular porque os mesmos homens da Renascença que estudavam o mundo antigo também estavam profundamente interessados em explorações transatlânticas.

Boccaccio, o amigo de Petrarca, por exemplo, autor de *A Genealogia dos Deuses Pagãos*, também escreveu um breve relato da expedição de 1341 às Ilhas Canárias, um texto que está hoje praticamente esquecido. Ele baseou seu relato nas narrativas dos próprios marujos, emprestando assim sua opinião erudita à descoberta deles. *Sobre as Canárias e as Outras Ilhas Recentemente Descobertas no Oceano Além da Espanha* adotou o estilo simples e fatual dos relatórios das explorações, ao mesmo tempo que revelou a intensa curiosidade de Boccaccio a respeito das pessoas que viviam nas ilhas.[22] Seu interesse não estava limitado à possibilidade do comércio. Sequioso por detalhes da cultura das Canárias, lastimou que os relatos disponíveis só oferecessem escassas informações: "Eles viram muitas outras coisas que esse Nicoloso optou por não relatar", queixou-se ele. Sua obra *De Canaria* forneceu informações a respeito da manufatura e da agricultura, mas também se estendeu nas características e hábitos das pessoas do local:

> Sua linguagem era, segundo eles relatam, bastante refinada, e falavam rápido, como os italianos... Eles não entendiam nenhuma outra linguagem, pois tentaram se dirigir a eles por meio de vários idiomas. Não são mais altos do que nós, têm uma boa constituição, são animados, fortes e muito inteligentes, como é imediatamente óbvio. Falaram com eles gesticulando, e eles responderam gesticulando, como fazem os surdos. Tratam uns aos outros com respeito e parecem ter uma consideração especial por um homem... Cantam muito melodiosamente e dançam de certa forma como os franceses. Eles são agradáveis e vivazes, e mais caseiros do que muitos espanhóis.

Boccaccio descreveu as casas de pedra onde os habitantes das ilhas moravam e a reação assustada deles quando os europeus entraram nelas à força. Então acrescentou que os exploradores tinham descoberto uma edificação religiosa:

> Eles encontraram um local para preces, ou um templo, que não continha nenhuma pintura ou decoração a não ser uma estátua talhada na pedra, a imagem de um homem que segurava uma bola na mão: ele estava nu, exceto nos órgãos genitais, que eram cobertos por palmas, de acordo com o costume local. Pegaram a estátua e a trouxeram no navio para Lisboa quando regressaram.

A incerteza de Boccaccio a respeito da natureza exata do prédio na ilha de Gran Canaria é evidente, já que ele usou tanto um termo cristão quanto um termo pagão para descrevê-lo: talvez ele fosse um local de prece, um *oratorium*, ou ainda um *templum*. Essa incerteza a respeito de como categorizar a religião de nativos transatlânticos durou muitos séculos. Eles pareciam ser pagãos, pois adoravam múltiplos deuses, como os gregos e os romanos – o que levantou a questão de por que Deus os tinha deixado na ignorância durante tanto tempo. Outra teoria sustentava que os nativos, de alguma maneira, conheciam a verdadeira natureza de Deus, mesmo sem ter uma Escritura. Uma escultura de madeira de uma figura feminina com uma criança foi apresentada em apoio a essa ideia: o frade dominicano Alonso de Espinosa argumentou que os habitantes de Tenerife tinham levado uma vida tão pura e simples antes da chegada dos europeus que a Virgem Maria os tomara sob sua direta proteção, deixando uma estátua de si mesma na praia deles. O próprio Espinosa viu essa incrível relíquia quando viajou para a ilha em 1590, descrevendo-a em detalhes. A figura aparentemente tinha a metade do tamanho natural, era "muito bela" e decorada com uma escrita incompreensível. Espinosa negou que ela pudesse pertencer a fragmentos de um naufrágio – por exemplo, a figura de proa de uma embarcação europeia que tivesse naufragado, com letras góticas gravadas nela; a aparência dessa relíquia na praia, insistiu Espinosa, era de uma época muito anterior à das viagens transatlânticas.

Quanto à estátua de pedra de um homem nu segurando uma bola descrita por Boccaccio, nada se sabe a respeito do que aconteceu a ela depois que chegou a Lisboa – isto é, se é que ela um dia existiu. Alguns leitores do seu relato, contudo, partiram do princípio de que a estátua devia ter uma aparência clássica. No final do século XVI, Leonardo Torriani desenhou um *Fquenes* – um templo dos Majoreros, o povo que vivia na ilha de Fuerteventura das Canárias. Seu desenho não pode ser facilmente correlacionado com ruínas arqueológicas específicas no local, mas parece que a forma espiralada do templo é mais ou menos verossímil. A estátua no centro, contudo, não é: possivelmente inspirada no relato de Boccaccio, assemelha-se a um Apolo, e não a uma divindade local. Já tendo chegado a distantes regiões orientais como a Índia e a China, os deuses do Olimpo continuavam a expandir seu raio de ação.

É bastante compreensível que os observadores europeus tenham reconhecido no Novo Mundo aspectos do Antigo: a descoberta, afinal de contas, envolve conectar o inesperado com o que já é conhecido. Assim

18. Desenho de Leonardo Torriani de um Fquenes, ou templo, na ilha de Fuerteventura, no Atlântico. A estátua clássica sobre um plinto parece ser uma fantasia europeia, talvez inspirada na obra <u>De Canaria</u> de Boccaccio.

como Alexandre achou ter visto indícios de Dionísio na Índia, e Júlio César insistiu em afirmar que os gauleses veneravam Mercúrio, também o conquistador Pedro Cieza de León aventou que as mulheres incas cujo dever era servir ao deus Sol se assemelhavam às virgens Vestais.[23] No processo de sua documentação, mitos e rituais das Américas não raro perderam as características que os faziam parecer novos. Os primeiros conquistadores europeus que presenciaram o culto inca do Sol, por exemplo, assinalaram com precisão que a divindade era representada como um menino esculpido em ouro. Quando Frei Bartolomeu de las Casas – que não vira a estátua de culto – escreveu a respeito dela, contudo, pressupôs que o Sol dos incas tinha um rosto redondo com raios emanando dele, exatamente como o deus-sol Hélio grego fora retratado na Antiguidade, e como os horóscopos da Renascença o representavam. No início do século XVII, o erudito em assuntos incas Garcilaso de la Vega pressupôs, do mesmo modo, que essa deveria ser a aparência do Sol do culto original. Em pouco tempo, estatuetas peruanas da divindade combinavam a iconografia inca original com o círculo de raios no estilo europeu.[24]

Esse processo de assimilação se assentava em profundos argumentos teológicos. A partir de textos clássicos, eruditos europeus tinham aprendido que, de acordo com gregos e romanos, as mesmas divindades pagãs governavam em toda parte, em diferentes formas e disfarces. Quando os Pais da Igreja tentaram integrar o conhecimento pagão à teologia cristã, adotaram e reinterpretaram essa antiga suposição, incorporando cuidadosamente descrições clássicas a uma cronologia que começava com o Jardim do Éden, continuava com o Dilúvio e depois relacionava eventos da história bíblica e pagã em tabelas cronológicas paralelas. Diferentes nações tinham se separado depois de Noé e do dilúvio, mas todas podiam remontar a Adão, a um verdadeiro e estreito relacionamento com Deus.

Baseados nesse esquema cronológico, os eruditos cristãos havia muito tempo liam a literatura e a filosofia clássica como *praeparatio evangelica*, uma preparação para a chegada de Cristo. Agora, no século XVI, essa abordagem parecia especialmente relevante. Missionários que trabalhavam no Novo Mundo achavam possível ouvir nas lendas locais ecos das mesmas narrativas que já conheciam dos textos clássicos. E todas essas histórias, segundo acreditavam, preservava um conhecimento inicial de Deus, por mais encoberto e obscuro que tivesse se tornado com o tempo. É fácil perceber como essa abordagem à mitologia seria útil para as missões evangélicas transatlânticas: a mitologia ameríndia poderia ser apresentada como passo inicial em direção à verdadeira fé.

Tentativas de alinhar os mitos indígenas e os clássicos prosseguiram durante séculos. Ainda em 1724, o jesuíta Joseph-François Lafitau, que trabalhava como missionário no Canadá, publicou dois volumes ilustrados comparando os costumes dos índios americanos com os dos antigos gregos e romanos. Ele achava que o mito das origens dos iroqueses, por exemplo, contava essencialmente a mesma história que o *Hino Homérico a Apolo*.[25] De acordo com os iroqueses, antes da criação da Terra, uma mulher que vivia no céu foi seduzida por um homem-lobo, tendo sido, portanto, expulsa do céu. Quando ela caiu do céu, sua queda foi aparada por uma tartaruga marinha, e uma ilha passou a existir debaixo dela. Lá, nessa ilha, a mulher deu à luz dois irmãos gêmeos. Lafitau identificou essa ilha iroquesa como Delos, e argumentou que a mulher em questão era na verdade Leto, embora nem todos os detalhes míticos coincidissem com exatidão. A fim de confirmar que os iroqueses tinham, em linhas gerais, as mesmas histórias ancestrais que todas as outras pessoas, Lafitau também recolheu cuidadosamente referências às tartarugas marinhas na mitologia e na arte gregas, romanas, egípcias, indianas e chinesas. Todo esse esforço tinha a intenção de provar a verdade da Bíblia, de acordo com a qual toda a humanidade descendia de Adão e de Noé antes que Deus "deixasse que todas as nações seguissem o próprio caminho".[26] A tarefa, como o conservador Lafitau a percebia, era reagrupar uma visão unificada do passado: em última análise, tanto o mito iroquês quanto a história de Leto eram apenas memórias deturpadas de Eva expulsa do paraíso terreno.

Certamente, alguns observadores que tinham notado o vasto leque de mitos e cultos humanos se opuseram à tentativa de torná-los coerentes. Apesar de ter misturado as visões inca e clássica do deus-sol, Garcilaso de la Veja, por exemplo, insistiu em que as histórias andinas a respeito dos deuses fossem mais bem compreendidas por si sós, sem que se tentasse identificá-las com "alegorias" europeias.[27] (Sendo filho de um conquistador espanhol e uma nobre inca, Garcilaso estava especialmente bem situado para avaliar o quanto o processo de transferência (translação) e convergência poderia ser problemático.) Mas, apesar desses comentários razoáveis, o processo de assimilação deixou uma marca duradoura. Até hoje, muitos historiadores acreditam, sem maior análise, nos primeiros relatos espanhóis de que os astecas adoravam um panteão de doze divindades, sem se dar conta de que esses são, na verdade, os olimpianos disfarçados.[28]

Entretanto, o empenho dos missionários em fundir todas as mitologias pagãs não eliminou universalmente as distinções entre as divindades do Velho e do Novo Mundo. Na Europa, afastados da necessidade imediata de salvar almas nativas, os eruditos estavam bem mais interessados na diversidade da mitologia humana e no seu potencial criativo. Esse impulso talvez esteja mais óbvio no desenvolvimento dos manuais mitológicos. A *Genealogia dos Deuses Pagãos* continuou a ser, durante um longo tempo, o guia básico sobre os olimpianos, sendo, com o tempo, substituído por outros manuais. À medida que os leitores se tornaram cada vez mais curiosos a respeito das várias manifestações dos deuses, a concorrência e a demonstração de superioridade moldaram o trabalho dos escritores mitológicos: eles queriam ser mais precisos que seus predecessores, mas também mais abrangentes.

Georg Pictorius foi o primeiro autor a renovar o projeto de catalogar os deuses pagãos. Sua obra *Teologia Mitológica*, de 1532, assumiu a forma de um diálogo entre professor e discípulo, e teve decididamente uma orientação mais visual do que o livro de Boccaccio. Quando o professor deixava de apresentar a descrição de um deus, o discípulo imediatamente exigia: "*Dic imaginem!*" – "Descreva a aparência!" Pictorius também se esforçou para fornecer, sempre que possível, novas e invulgares informações a respeito dos deuses a fim de satisfazer a insaciável curiosidade do seu discípulo. Repetidamente, o discípulo na sua história indagava: "Além dessas, o senhor tem outras imagens menos comuns?" O professor então ampliava sua abrangência geográfica, estendendo-se através de fontes clássicas para descrever estranhas manifestações dos deuses africanos e do Oriente Próximo. Ele falava a respeito de um Apolo assírio com um acessório de cabeça com formato de cesta, por exemplo, e introduziu seu discípulo a uma peculiar Vênus barbada de Chipre. Esses relatos, embora soassem bizarros, eram de fato baseados em uma meticulosa pesquisa. A Vênus barbada, por exemplo, foi confirmada pelo autor latino Macróbio: Pictorius aprendeu com ele que houve certa vez, em Chipre, uma bela estátua de aparência feminina que também ostentava uma barba e um pênis, e que os homens faziam sacrifícios para ela vestidos de mulher enquanto as mulheres a adoravam vestidas de homem, a fim de prestar um tributo a uma divindade do amor que era simultaneamente masculina e feminina. Pictorius também recorreu a autores clássicos para apresentar ensaios sobre os deuses egípcios, tentando imaginar como deveria ser a aparência deles com base nas escassas evidências disponíveis.

Três outros manuais se seguiram ao de Pictorius: *História dos Deuses [History of the Gods]*, de Lilio Gregorio Giraldi, *Mitologia [Mythology]*, de Natale Conti, e *Imagens dos Deuses [Images of the Gods]*, de Vincenzo Cartari, todos publicados com um intervalo de uma década uns dos outros em meados do século XVI. Com cada manual, o conhecimento se tornou mais exato, e Boccaccio foi corrigido em muitas questões. Seu erro mais famoso foi o misterioso Demogorgon, que ele acreditava ser uma divindade pagã, mas que provavelmente era apenas uma interpretação incorreta do conceito de Platão do "demiurgo". (Como afirmou Jean Seznec, esse foi "um erro de gramática que se tornou um deus".)[29] O Demogorgon de Boccaccio, uma espécie de príncipe mitológico das trevas, desfrutou algum sucesso na Renascença, aparecendo em carros alegóricos de Carnaval e em outras exibições celebrativas, aparecendo mais tarde nas obras de Spenser, Marlowe, Dryden e até mesmo de Milton e Shelley.[30] Em seu manual de 1548, contudo, Giraldi ficou bastante preocupado com relação à autenticidade dele, e alguns anos depois Cartari explodiu: "Até hoje nunca encontrei ou vi qualquer menção a esse Demogorgon em nenhum autor da Antiguidade!"[31]

Além de cotejar suas afirmações com fontes antigas, os autores mitológicos agora levavam cada vez mais em consideração as evidências arqueológicas, em especial porque tentavam ajudar os artistas. Giraldi explicitamente omitia mitos e explicações quando eles não apresentavam nenhum interesse para aqueles que desejavam desenhar os deuses, enquanto Cartari se concentrava deliberadamente em fornecer representações autênticas das divindades do Olimpo. "Autêntico", porém, não significava "autenticamente grego ou romano". Como os mitógrafos da Renascença queriam satisfazer uma ampla curiosidade a respeito dos deuses pagãos, informações sobre estranhos cultos, mitos e imagens em terras recém-descobertas começaram a causar impacto nos manuais deles. Cartari, por exemplo, discutiu os deuses da Grécia, de Roma, do Egito, da Síria, Fenícia, Scítia e Arábia – e depois mencionou brevemente os deuses das "novas ilhas" descobertas do outro lado do Atlântico.

Em 1615, Lorenzo Pignoria expandiu ainda mais a obra de Cartari adicionando um suplemento que lidava extensamente com os deuses do México e do Japão. Reunindo o que era conhecido com base nas poucas descrições e artefatos que tinham chegado à Europa, produziu desenhos cuidadosos e precisos. Os deuses do Olimpo estavam agora acompanhados por um estonteante Tonacatecuhtli, o senhor da vida e da nutrição, e vários outros deuses "das Índias orientais e ocidentais", nas palavras de Pignoria. Divindades do "novo" e do "antigo" mundo vieram, portanto, a aparecer juntas no mesmo grupo da mitologia. Quanto ao relacionamento entre eles, Pignoria endossava a opinião dominante de que eram representações dos mesmos deuses pagãos, em formas e disfarces diferentes. Na realidade, ele argumentou que esses deuses eram originalmente egípcios, e não greco-romanos. Recordou que, de acordo com Heródoto, os sacerdotes egípcios eram os guardiães de tradições mais antigas e abalizadas do que os gregos, e que Homero e Hesíodo tinham supostamente aprendido com eles. Portanto, pressupôs que, de uma maneira ou de outra, esses sacerdotes egípcios tinham conseguido transmitir seu conhecimento a locais distantes como o México e o Japão.

De acordo com o argumento a respeito da *praeparatio evangelica*, Pignoria acreditava que os egípcios falavam de maneira enigmática e alegórica a respeito dos deuses, ocultando verdades cristãs em sua mitologia. A fascinação pela incompreensível escrita hieroglífica ajudou a fomentar a impressão na Renascença de que os egípcios eram guardiães de um conhecimento esotérico. Mas Pignoria não estava excessivamente interessado no argumento teológico ou na interpretação alegórica. Queria, sobretudo, apresentar descrições precisas, originais e abrangentes dos deuses, como seu título deixou claro: *Sobre as Verdadeiras e Novas Imagens dos Antigos Deuses.* Toda a trajetória dos manuais mitológicos exprimia o desejo de um novo conhecimento e de prazer diante das diversas manifestações de variadas divindades. Os deuses do Olimpo, por conseguinte, exemplificavam dois elementos da humanidade que, no meu ponto de vista, devem sempre estar fortemente unidos: a busca de um conhecimento cada vez mais preciso e a dedicação à imaginação humana – em toda a sua variedade multiforme.

EPÍLOGO

CABEÇA DE MÁRMORE

OS DEUSES DO OLIMPO não desapareceram depois da Renascença. Continuaram a viver durante muitos séculos, e parecem estar prontos para a imortalidade enquanto escrevo estas linhas. A noção popular de que eles morreram no final da Antiguidade e depois renasceram, anunciando a chegada da modernidade, é uma ficção bastante flagrante: a história não funciona dessa maneira e, na verdade, não pode, de modo nenhum, ser impecavelmente acondicionada em períodos. Os antigos deuses sobreviveram ao longo dos séculos: jamais morreram; mais exatamente, evoluíram, reinventando-se conforme era exigido pelas circunstâncias. Ainda assim, não é por acaso que suas diferentes manifestações se encaixem nas divisões convencionais que os acadêmicos usam para acondicionar a História: esses períodos foram definidos, pelo menos em parte, pelo seu relacionamento com a civilização clássica. Foi estendendo-se em direção à Antiguidade, e lamentando os séculos cristãos que o separavam dela como uma época de escuridão, que Petrarca facilitou a invenção da Idade Média.

Os deuses do Olimpo passaram pela sua mais importante transformação precisamente no final desse período "intermediário". Em vez de um renascimento, a Renascença, em primeiro lugar, confirmou uma perda: poderes sobrenaturais, quer demoníacos, quer divinos, não eram mais atribuídos aos deuses. Estes eram cada vez mais considerados produtos da imaginação, e foi assim – apesar da variedade das subsequentes aparições

— que permaneceram. Embora alguns eruditos e artistas da Renascença tenham sido acusados de cultuar os antigos deuses, e alguns florescimentos pagãos tenham ocorrido posteriormente, os olimpianos deixaram de atrair um difundido interesse religioso. A alegoria saiu vencedora. Os deuses continuaram a existir, mas apenas como figuras por meio das quais as pessoas podiam expressar diferentes verdades. Uma vez que o medo dos deuses do Olimpo desapareceu, o que restou foi admiração pelo povo que os criara na poesia e na arte.

O vínculo entre as divindades olímpicas e a celebração do talento humano não era novo. Na Antiguidade, competições atléticas, torneios de poesia, festivais de teatro, estátuas e pinturas se destinavam tanto a agradar aos deuses quanto a exibir as mais esplêndidas realizações humanas. Não foi por coincidência que Platão e Aristóteles desenvolveram suas teorias sobre literatura envolvendo-se com os deuses do Olimpo. Tampouco foi por acaso que os pintores de vasos escolheram refletir sobre o progresso na arte — em inovações da capacidade humana de representar o corpo humano — representando deuses ao lado de imagens de deuses. E, à medida que o tempo foi passando, os olimpianos se tornaram o padrão pelo qual os mais esplêndidos mortais eram avaliados.

As realizações de Alexandre, o Grande, que afirmou ter viajado para mais longe do que Dionísio, pareciam divinas; o mesmo é verdadeiro com relação às doutrinas de Epicuro, o filósofo do prazer cujos seguidores o aclamavam como um benfeitor ainda maior do que o deus do vinho. Foi porque os olimpianos governavam a cultura da Grécia, e porque os romanos admiravam essa cultura, que os deuses, com o tempo, vieram a se sentir à vontade em Roma. E, mais uma vez, foi porque os leitores cristãos reconheceram o valor da cultura clássica que preservaram a memória de divindades pagãs bastante censuráveis. (Afinal de contas, só podemos ler Homero e Virgílio hoje em dia porque monges e bispos copiaram e estudaram seus poemas épicos.) No final, foi esse enobrecimento do talento humano, hoje desprendido das práticas da religião, que possibilitou a longa jornada dos deuses do Olimpo da Antiguidade à modernidade.

Depois da Renascença, os olimpianos continuaram a inspirar magníficos empreendimentos humanos. Na realidade, se quisermos entender o

19. *Um Cupido barroco cujo autor é da escola de Guido Reni, possivelmente Elisabetta Sirani (1638-1665).*

que as pessoas valorizavam e desejavam em diferentes épocas ao longo dos últimos séculos, uma boa opção é examinar como representavam os deuses do Olimpo. A seguir, na descrição apressada que faço das modernas manifestações dos deuses, portanto, continuo a me referir aos períodos convencionais da história europeia – ciente o tempo todo de que são ficções, mas também estão relacionados a ficções mais específicas, que são os deuses do Olimpo.

No barroco, os deuses participavam de todos os tipos de excesso. Faziam travessuras na literatura e nas telas; no entanto, sobretudo, irrompiam no palco. As tecnologias básicas do teatro que usamos ainda hoje – cordas, cortinas, roldanas e outros mecanismos de bastidores – foram quase todas projetadas naquela época, e não raro a fim de facilitar o movimento dos

20. Josiah Wedgwood (1730-1795), ceramista, industrial e cientista, criou representações refinadas dos deuses do Olimpo, adequadas para serem usadas na sala de estar.

deuses. Assim como o antigo *deus ex machina*, as divindades barrocas desciam dos céus e saltavam sobre o palco, resgatando heróis, resolvendo conflitos e, em geral, interferindo nas tramas mais complicadas, maravilhosas e improváveis. A ópera nasceu como uma recriação do teatro da Antiguidade: os textos clássicos deixavam claro que o teatro grego envolvia cantos líricos e odes corais misturados a recitativos, e foi o teatro musical da Grécia antiga que os compositores barrocos buscavam recriar. *Orfeo* de Monteverdi era em grande medida uma desculpa para Apolo começar a cantar novamente. Nesse meio-tempo, na literatura, na pintura e na escultura, os gestos dos deuses se tornaram mais teatrais, refletindo sua extraordinária presença de palco. O desejo de ser maravilhoso e inacreditável, de deslumbrar e seduzir, caracterizou o período, sendo muito conveniente para os deuses. Vênus e, sobretudo, uma proliferação de cupidos se tornaram símbolos do barroco. Mas o principal problema de tudo isso já tinha sido localizado com precisão por Ovídio: "o amor e a dignidade não combinam bem".[1]

A reação adversa foi veloz e brutal. Durante o Iluminismo, quando as bases científicas do conhecimento se apoderaram da imaginação, os deuses do Olimpo uma vez mais se esconderam. Ou, para ser mais exato, eles se tornaram gregos. Foi em decorrência do Iluminismo que a Grécia antiga foi redescoberta como cultura à parte da de Roma. Em um ato de resistência contra os excessos do barroco e do rococó, artistas e intelectuais se voltaram para os gregos como defensores da medida estética, da contenção racional, da investigação científica e da justiça social, enquanto os romanos foram amplamente descartados como gladiadores horripilantes e imperadores dementes. O historiador da arte Johann Joachim Winckelmann foi uma importante figura nesse fenômeno: ele elevou a arte grega a um ideal (é preciso mencionar que baseado em escassas evidências, tendo em vista que praticamente nenhuma tinha sobrevivido) e tratou as cópias romanas como derivadas e, em decorrência, inferiores. Os templos gregos se tornaram modelos para os novos prédios cívicos: câmaras municipais, hospitais, museus e até mesmo prisões eram construídos como antigos santuários, tendo inclusive colunas, frontões triangulares e figuras de mármore dos deuses do Olimpo. Na Inglaterra, Wedgwood colocou os deuses em uma dieta e suavizou os traços deles: com essa aparência, ocupavam um lugar de honra na sala de estar, embelezando bules de chá, pires e xícaras. As divindades gregas foram, assim, aceitas na sociedade civilizada, mas somente como pálidas imagens de virtude, moderação, beleza e justiça.

Nada nessas anêmicas figuras deixava transparecer sua agressiva vitalidade. No entanto, por volta da virada do século XIX, ela irrompeu de repente, uma vez mais sinalizando uma mudança de disposição – ou, como os historiadores poderiam dizer, de período. Na era romântica, os deuses do Olimpo pareceram abandonar a civilidade. Escapando de suas efígies de mármore, inspiravam paixão e, às vezes, até mesmo loucura. Apolo, por exemplo, derrubou o poeta Hölderlin quando ele viajava a pé de

Bordeaux, em retorno para sua Alemanha natal, em um dia de novembro de 1802. Exatamente o que aconteceu não está claro, apesar da carta aterrorizada que o poeta escreveu a um amigo, mas o encontro não foi nada cortês. Parece que Hölderlin experimentou na própria vida a trágica queda de Hiperião, uma vítima de Apolo cujo destino descrevera com comoção na "Canção do Destino de Hiperião". Por sorte, Ernst Zimmer, um carpinteiro cujo poema favorito, por acaso, era esse, ouviu falar do colapso nervoso de Hölderlin e se ofereceu para ajudar. Durante quarenta e poucos anos, Hölderlin morou com Zimmer e a família deste, e, durante esse período, eles o alimentaram, cuidaram dele e esperaram que se recuperasse. Isso nunca aconteceu, mostrando que a bondade humana não era páreo para a beleza e a crueldade romântica dos deuses.

Outros ataques divinos da época foram mais joviais e essencialmente franceses. Baudelaire, por exemplo, descreveu um rapaz que se levantou e propôs um brinde para os deuses em uma elegante festa parisiense. "Eles estão prestes a voltar", declarou ele com toda a sinceridade.[2] Baudelaire e seus amigos ridicularizaram esse jovem pagão, mas ele foi inflexível. "Juno olhou favoravelmente para mim", afirmou ele. "Eu estava triste e infeliz; implorei a ela, e ela me lançou um olhar profundo e benevolente, me animou e me deu coragem." Baudelaire comentou com uma piscadela: "Juno lançou a ele um de seus *regards de vache*, a Hera de olhos de vaca. É provável que o pobre rapaz esteja louco". Os amigos concordaram com ele: "Ele viu todas aquelas moças com olhos pagãos no circo ontem à noite. Ernestine fazia o papel de Juno – ela lançou a ele um olhar sugestivo, realmente indecente". "Chame-a de Ernestine, se quiser", replicou o rapaz, "mas seu efeito na minha disposição de ânimo não sofreu alteração por isso."

Heine, que se mudou da Alemanha para a França, captou o espírito da época. Em *Os Deuses no Exílio*, afirmou que os deuses estavam prestes a retornar depois de uma vida longa e terrível se escondendo "entre as corujas e os sapos nas cabanas escuras do antigo esplendor".[3] Sua chegada seria surpreendente: "Vênus chegará e nos encontrará como um demônio, uma mulher satânica que, debaixo de toda a sua arrogância olímpica, se revela como uma cortesã perfumada com ambrosia, uma divindade *aux*

21. *Este cartum,* publicado no The Philadelphia Record em 7 de dezembro de 1935, compara as Olimpíadas de Berlim aos valores representados pelo antigo Mercúrio, percebido aqui como um embaixador da boa vontade internacional.*

camélias, uma obsequiadora divina". É o fim dos deuses de mármore nobres, quietos e iluminados de Winckelmann. O romantismo remetia-se à Idade Média e a visões medievais dos olimpianos: sapos, cabanas e demônios eram referências àquele período anterior de escuridão.

---

* Tradução dos dizeres do cartum: Ideais Olímpicos do Desportismo e da Boa Vontade Internacional. Intolerância e Discriminação. O Mercúrio Moderno. (N. dos trads.)

Os poetas românticos não raro usavam a linguagem da religião para expressar a recente devoção aos deuses, mas, na verdade, o que veneravam era a criatividade humana. Giagomo Leopardi celebrava os deuses como sobreviventes de uma época em que a razão ainda não tinha "propagado seu apavorante poder, tornado tudo pequeno, trivial e inanimado".[4] No entanto, também compreendeu intuitivamente que os deuses permaneceriam para sempre observadores externos; que nunca poderiam se enquadrar no mundo moderno. Parte da sua prosa mais violenta condenava a afetação, as afrontosas ilusões de poetas que "fingem ser italianos antigos e ocultam o mais possível o fato de serem italianos modernos".[5] O problema dessa atitude, como Leopardi enxergou com acerto, era que os modernos careciam da convicção necessária: "embora tenhamos herdado a literatura deles, não herdamos junto com ela a religião grega e romana". Para ele e muitos artistas, escritores e poetas românticos, os deuses correspondiam a um senso de alienação do presente, mesclado a sentimentos de exclusão social, solidão e uma aguçada conscientização da beleza.

Friedrich Nietzsche foi o herdeiro de grande parte disso — da paixão, da solidão, das visões cristalinas, das visitas divinas, da justificação estética de todas as coisas, das atrações do *demimonde* e, enfim, da loucura. Tudo isso foi expresso em uma de suas últimas cartas ao professor Jacob Burckhardt, eminente acadêmico da Antiguidade clássica e da Renascença na Universidade da Basileia: "Na realidade, preferiria ser um professor na Basileia do que Deus: mas não ousei forçar meu egoísmo pessoal a ponto de negligenciar, apenas para mim mesmo, a criação do mundo".[6] Assinado: Dionísio. Com relação a qual era esse mundo que Nietzsche/Dionísio estava encarregado de criar, as opiniões estavam (e continuam) divididas.

Pensadores, poetas e artistas da Europa do século XIX em geral afirmavam ter um relacionamento especial e exclusivo com os deuses do Olimpo. Faziam isso por várias razões: convenção, vaidade, admiração, mas também, pura e simplesmente, para parecerem inspirados e originais. Foi somente no século XX que a conexão com os deuses se tornou uma aspiração coletiva. As Olimpíadas de Berlim foram provavelmente a ocasião na qual os deuses gregos e as massas modernas mantiveram um contato mais próximo. Os atletas imitavam as posturas de antigas estátuas, e, pela primeira vez, milhares de corredores carregaram, de Olímpia até Berlim, o fogo que Prometeu havia roubado de Zeus. Essa brilhante propaganda – a primeira corrida de revezamento da tocha olímpica – destinou-se a simbolizar a conexão especial entre a Grécia antiga e a Alemanha moderna, embora esse fosse um vínculo contestado por muitos. Um cartum no *The Philadelphia Record* intitulado "O Mercúrio Moderno", por exemplo, comparou o nobre deus grego do atletismo com seu agressivo equivalente alemão. Em resposta às Olimpíadas de 1936, antifascistas no mundo inteiro planejaram uma Olimpíada do Povo alternativa em Barcelona. De modo lamentável, nunca saberemos o que os deuses do Olimpo teriam apresentado naquele evento, porque a guerra civil espanhola irrompeu antes que ele pudesse acontecer.

De Apolo entoando melodias de Monteverdi a Juno piscando para um jovem parisiense impressionável, das refinadas divindades da sala de estar de Wedgwood à louca correspondência de Dionísio com um professor na Basileia, os deuses do Olimpo apareceram por toda a Europa em um sem-número de formas desde a Renascença. Um traço comum em todas essas aparições, contudo, foi sua distância da antiga prática religiosa. Foi em grande medida aventurando-se além da Europa que os olimpianos se reconectaram com os rituais que um dia desfrutaram. Em 1973, por exemplo, o dramaturgo nigeriano Wole Soyinka apresentou Dionísio como o deus Ogun dos iorubás em uma aclamada versão de *As Bacantes* de Eurípides. Nesse mesmo ano, o escritor italiano e diretor de cinema Pasolini levou as peças de Ésquilo para a Tanzânia e Uganda em seu filme *Notas para uma Oresteia Africana*. Essas visões afro-gregas da tragédia (quer concebidas na África, quer na Europa) insistiam em que o mundo dos deuses do Olimpo não era de modo nenhum exclusivamente europeu, e apelaram para o antigo ritual a fim de defender essa ideia. Os sacrifícios rituais – com animais abatidos, moscas zumbindo, sangue, calor e poeira – eram tanto africanos quanto gregos. As comparações entre diversas culturas também inspiraram um novo interesse acadêmico pela antiga religião, à medida que os historiadores desenvolveram novas abordagens antropológicas para o estudo dela.

Nesse meio-tempo, em Buenos Aires, Jorge Luis Borges dormia. Enquanto o fazia, sonhou que estava tendo uma conversa com um professor na universidade antes de uma de suas palestras. De repente, no sonho, um grande tumulto se deu do lado de fora do auditório. Borges pensou que houvesse músicos de rua do lado de fora, ou talvez uma manifestação estudantil. Mas em seguida uma multidão irrompeu no auditório, gritando sobre uma ponderosa chegada: "Os deuses! Os deuses!". De súbito, quatro ou cinco criaturas saltaram do meio da multidão e ocuparam a tribuna. "Todo mundo bateu palmas, aos prantos", recorda Borges. "Eram os deuses, retornando depois de um banimento de muitos séculos." Os eventos se desenrolaram com rapidez:

> Talvez incentivadas pelos nossos aplausos, uma delas – não me lembro mais de qual – irrompeu em um cacarejar triunfante, incrivelmente amargo, que era metade gorgolejo e metade assobio. A partir desse ponto, as coisas mudaram. Tudo começou com a suspeita (talvez exagerada) de que os deuses fossem incapazes de falar. Séculos de uma selvagem vida de fuga haviam atrofiado aquela parte deles que era humana; a lua do Islã e a cruz de Roma tinham sido implacáveis com esses fugitivos. Testas proeminentes, dentes amarelados, a barba rarefeita de um mulato ou de um chinês, além de papadas animalescas, eram evidências da degeneração da linhagem olímpica... De repente, sentimos que eles tocavam sua trombeta derradeira, que eram astuciosos, ignorantes e cruéis, como predadores envelhecidos, e que, se nos permitíssemos ser dominados pelo medo ou pela compaixão, eles acabariam nos destruindo. Sacamos nossos pesados revólveres (de repente, no sonho, havia revólveres) e alegremente matamos os deuses.[7]

Portanto, aqui estão eles, esses multifacetados deuses migrantes do Olimpo. Na visão de Borges, assim como em muitas outras manifestações modernas, existe a sensação de que os deuses podem ir e vir; que podem morrer e reaparecer; e que, quando aparecem, podemos não gostar nem um pouco deles. Existe ansiedade a respeito da identidade e da pureza racial deles na história de Borges: os deuses acabam se revelando bem diferentes das visões prístinas da Grécia antiga promovidas por séculos de erudição idealizadora. Na realidade, há uma sugestão de que os professores matarão os deuses se, finalmente, os encontrarem, embora (pelo menos a julgar pelo esforço ao escrever este livro) pareça mais provável que os deuses acabem com os professores. Ainda assim, toda a trama do assassinato – não importa quem esteja matando quem – parece bastante irrelevante. Os deuses sempre viverão, desde que as pessoas se importem com eles. Não precisam, necessariamente, de adoradores, mas sim de pessoas. Surge, então, a questão de por que os deuses do Olimpo ainda atraem um interesse tão difundido.

Existe, é claro, a possibilidade de que os deuses sejam passados de geração em geração sem nenhum motivo. Na Renascença, essa ideia ocorreu, de súbito, às pessoas, e pareceu bastante convincente. Talvez os deuses não fossem nem divindades nem demônios, escreveu Bernard de Fontenelle no século XVII, e sim "simples quimeras, devaneios e absurdidades".[8] Fontenelle leu a respeito das supostas semelhanças entre mitos clássicos e histórias ameríndias, chegando à conclusão de que todas as descrições dos deuses, onde quer que tivessem se originado, eram inevitavelmente primitivas – produto de uma estupenda ignorância, e não da cultura.

Mas existem outras maneiras de pensar a respeito dos deuses. Os antigos filósofos, por mais céticos que fossem, tratavam os deuses com respeito precisamente porque, como declarou Cícero, "nenhum povo, nenhuma raça de homens, carece de alguma concepção primitiva dos deuses".[9] Encarados a partir dessa perspectiva, os deuses do Olimpo nos ajudam a ver a nós mesmos como parte de uma humanidade ampla e diversificada. A história deles, e a nossa, sempre estiveram entrelaçadas. Hoje, as pessoas às vezes se inclinam a achar que as antigas culturas eram de algum modo "puras", sem nenhuma espécie de mistura, e que só se entremesclaram no mundo multicultural de nossos dias. Mas não é o caso: sempre, desde o início, os deuses do Olimpo foram moldados por encontros remotos entre diferentes povos, e o resultado desses encontros foi ponderoso. Eles tiveram importância.

Em um poema grego moderno intitulado "Mythistorema", George Seferis afirma que não sonhou com os deuses — ao contrário, acordou certo dia com uma cabeça de mármore nas mãos. A cabeça era pesada, deixava seus cotovelos exaustos, e ele não sabia onde depositá-la. Às vezes, receber algo substancial e inexplicável é a melhor coisa que pode nos acontecer. Enquanto nos esforçamos para encontrar significado e coerência nos deuses do Olimpo — debatendo suas origens, natureza e utilidade —, falamos de coisas que são importantes para nós e que não entendemos muito bem. Nisso, talvez, ainda haja um vestígio de divindade.

APÊNDICE

OS DOZE DEUSES

OS GREGOS CONCORDAVAM em que doze deuses supremos moravam juntos no Olimpo, embora nem sempre estivessem de acordo a respeito de quais eram esses doze deuses. O friso do Partenon inclui os seguintes deuses, relacionados na ordem em que estão dispostos no friso, a partir de Zeus, deslocando-se para a esquerda, e, depois de Atena, deslocando-se para a direita (veja figura 1 na p. 15 para observar um desenho linear):

Zeus é o supremo governante do universo, filho de Cronos e Reia, neto de Gaia e Urano (Terra e Céu). É o único deus do Olimpo cujo nome tem uma etimologia claramente rastreável. Uma comparação entre algumas formas do nome Zeus (por exemplo, o genitivo *Dios*) como o deus do céu índico Dyáus Pitār, o romano Diespiter/Júpiter, e formas germânicas do deus supremo (das quais, por exemplo, deriva o dia da semana *Tues-day* [terça-feira em português]) apontam para a existência de um governante do céu indo-europeu primitivo.

Hera, filha de Cronos e Reia, é irmã e esposa de Zeus. Seu casamento com Zeus viola o tabu do incesto, ao mesmo tempo apontando uma igualdade de nascimento singular entre marido e mulher, que desfrutam exatamente a mesma linhagem elevada. O casamento é instável, e Hera tem ciúmes dos outros parceiros e parceiras sexuais de Zeus. Ela é identificada com a romana Juno e a cartaginesa Tanit (esta última identificação é importante na epopeia romana).

Ares é o único filho de Zeus e Hera, e representa a guerra no que ela tem de mais violento e insensato. Zeus o descreve como "o mais odiado dos deuses" na *Ilíada* 5.890. Ele é uma divindade secundária no panteão grego, e os gregos acreditam que receba grandes homenagens na Trácia, uma terra bárbara do norte. Ele é identificado com Marte, um deus que é, ao contrário, muito importante na religião romana.

Deméter, irmã de Zeus e Hera, é a deusa da agricultura. Ela é mãe de Perséfone, que foi estuprada e raptada por Hades, senhor do Mundo Subterrâneo. (Hades também é irmão de Zeus, Hera e da própria Deméter.) Deméter e Perséfone são comumente veneradas juntas como as Duas Deusas; presidem os mistérios eleusinos, rituais que prometem suavizar a transição para o Mundo Subterrâneo. São identificadas com as romanas Ceres e Proserpina, respectivamente.

Dionísio é filho de Zeus com a mortal Sêmele (filha de Harmonia e Cadmo, o fundador da cidade de Tebas). Ele é o deus do vinho e do êxtase, inclusive da loucura coletiva e do sexo orgíaco. O vinho e a hera são sagrados para ele; muitas tragédias e comédias gregas foram compostas para serem apresentadas na Grande Dionísia, um festival ateniense em sua homenagem. Em Roma, ele é conhecido pelo seu título de culto (grego) Baco.

Hermes é filho de Zeus com a deusa secundária Maia. Assim que nasceu, Hermes roubou o gado que pertencia ao seu meio-irmão Apolo, e costuma se envolver em todos os tipos de trapaças e travessuras. Ele é o deus das fronteiras e do cruzamento de fronteiras, protetor dos ladrões e dos intérpretes, e acompanhante das almas que viajam para Hades. Hermes é às vezes identificado com o egípcio Thot, o babilônio Nabu e sempre com o romano Mercúrio.

Atena nasceu, totalmente armada, da cabeça de Zeus, e com frequência cumpre os planos dele. Ela é a deusa da guerra, da tática militar e da disciplina; também supervisiona atividades pacíficas, em especial o trabalho das mulheres no fuso e no tear. Ela é **uma deusa** virgem, embora os atenienses a tratassem quase como uma mãe mítica. Em Roma, é identificada com Minerva.

Hefesto é filho de Hera e não tem pai. No mito, isso explica sua imperfeição física: ele é coxo porque Hera não conseguiu gerar um filho perfeito sem o sêmen masculino, ou porque Zeus o aleijou por ciúme e raiva. Ele é o deus das forjas e dos ofícios, sendo identificado com o romano Vulcano. É casado com Afrodite, que é infiel a ele.

Posêidon explica, na *Ilíada 15.185-93*, que ele e os outros dois filhos de Cronos e Reia tiraram a sorte para repartir o mundo: Zeus ficou com o céu, Hades com o Mundo Subterrâneo e Posêidon com o mar, enquanto a terra e o Olimpo continuaram a ser compartilhados. Posêidon é, portanto, igual a Zeus em princípio, porém subordinado na prática. Em parte por esse motivo, esse deus é bastante explosivo: um de seus cognomes é "o que faz a terra tremer". Ele é identificado com o romano Netuno.

Apolo é o filho de Zeus e da deusa Leto, bem como irmão gêmeo de Ártemis. Preside o oráculo em Delfos e é patrono da profecia, da música, da proporção e da beleza. Apolo é visto com frequência como o oposto ritual de Dionísio; ele está estreitamente associado às Musas, sendo pai de Asclépio, deus patrono dos médicos. Ele é conhecido em Roma pelo seu nome grego e está associado ao sol.

Ártemis, filha de Zeus e da deusa Leto, e irmã gêmea de Apolo, é uma deusa virgem. Patrona tanto dos caçadores quanto da presa, nas obras de Homero ela é chamada de "senhora dos animais", sendo comumente retratada na companhia de animais na arte antiga. Está associada ainda ao parto e à puberdade feminina, supervisionando as mudanças na vida das quais ela própria está isenta. Em Roma, é identificada com Diana. É amplamente associada à lua.

Afrodite é a deusa do amor e do sexo, especialmente do sexo com mulheres. De acordo com Hesíodo, ela nasceu dos órgãos genitais decepados de Urano que, jogados ao mar, foram levados pelas águas até a costa de Chipre, onde ela emergiu. Essa descrição a torna uma geração mais velha do que Zeus. Homero, ao contrário, afirma que Afrodite é filha de Zeus e Dione, uma deusa secundária. Ela é identificada com a Vênus romana; para identificações com deusas do Oriente Próximo na Antiguidade, consulte a p. 58s.

Dionísio e Deméter nem sempre estão incluídos nas antigas listas dos doze deuses do Olimpo. Entre os possíveis candidatos para substituí-los estão **Héracles** (o Hércules romano), filho de Zeus e da mortal Alcmena, que conquista a imortalidade depois de completar doze trabalhos heroicos; **Leto** (a romana Latona), mãe de Apolo e Ártemis; e **Héstia** (identificada com a romana Vesta), que preside o fogo doméstico e, na condição de uma deusa "caseira", não figura muito na arte e na literatura da Antiguidade.

LISTA DE ILUSTRAÇÕES

PRETO E BRANCO

1. Os doze deuses do Olimpo como representados no friso do Partenon; desenho linear baseado em J. Neils, *The Parthenon Frieze* (Cambridge, 2001).   15
2. Detalhe do friso do Partenon, com representação de Posêidon, Apolo, Ártemis e fragmentos de Afrodite, *c.* 440-430 a.C. (Museu Britânico, Londres).   19
3. Mapa: as jornadas de Leto e Apolo.   33
4. A pedra que marcava o "umbigo da Terra" no período helenístico (Museu Arqueológico, Delfos).   41
5. Mapa do Mediterrâneo oriental.   44
6. Cópia romana de Apolo Sauroktonos de Praxiteles, *c.* 350 a.C. (Louvre, Paris). Superstock.   70
7. Desenho do século XIX de A. L. Millin, baseado na imagem de uma hidra negra calcídica, *c.* 550 a.C. (Staatliche Antikensammlungen, Munique).   95
8. Mapa da jornada de Alexandre.   104
9. Moeda emitida por Lisímaco, retratando Alexandre com os chifres de Zeus Amon, *c.* 305-281 a.C. (Museu britânico, Londres). Curadores do Museu Britânico.   113

10. Capitel em estilo grego com Buda sentado entre folhas de acanto, datado do século III ou IV d.C. (Musée Guimet, Paris). RMN-Grand Palais (Musée Grimet, Paris)/Matthieu Ravaux. 128
11. Estátua de Marte, século I d.C. (Musei Capitolini, Roma). Jean-Pol GRANDMONT. 143
12. Pintura em uma catacumba do século IV que retrata dois homens derrubando a estátua de um deus pagão (Roma). 187
13. Vitória de Júpiter sobre Saturno, ilustração de Raoul Lefèvre, *Recueil des histoires de Troye*, 1464, MS fr. 22 552, fol. 39, verso (Bibliothèque Nationale, Paris). 195
14. A constelação de Héracles, ilustração de MS arab. 5036 (Bibliothèque Nationale, Paris). 204
15. *Jupiter* por Andrea Pisano, Campanile di Giotto, Santa Maria del Fiore, final da década de 1330 (Florença). 206
16. Agostino di Duccio, Júpiter, *c.* 1450, Tempio Malatestiano (Rimini). 231
17. Matteo de' Pasti, medalha que comemora Sigismondo Malatesta e seu "famoso templo de Rimini", 1450 (National Museum of Art, Washington DC). Samuel H. Kress Collection. 233
18. Leonardo Torriani, *Fquenes* dos Majoreros de Fuerteventura, *c.* 1590 (Biblioteca da Universidade de Coimbra). 243
19. Cupido, escola de Guido Reni, século XVII (Walters Art Museum, Baltimore). Adquirido por Henry Walters antes de 1929. 251
20. Prato azul com decoração branca de Josiah Wedgwood, 1730-1795. Lionel Allarge. 252
21. Cartum, publicado no *The Philadelphia Record*, 7 de dezembro de 1935 (Holocaust Memorial Museum, Washington DC). Fornecido pela Historical Society of Pennsylvania. 255

EM CORES

1. Monte Olimpo. Georg Gerster/Panos.
2. Ruínas do templo de Apolo em Delfos, século IV a.C. De Agostini/Getty Images.

3. Hermes da ilha de Sifnos, *c.* 520 a.C. (Museu Arqueológico de Atenas; fotógrafo: D. Yalouris). Ministério Helênico da Cultura e do Esporte/Fundo de Recebimentos Arqueológicos.
4. Cratera apuliana retratando Apolo ao lado de uma estátua de Apolo, início do século IV a.C. (Museu Allard Pierson, Amsterdã).
5. Sileno segurando um bebê nos braços: cópia romana de um original de Lisipo, século I d.C. ou século II d.C. (Louvre, Paris).
6. O nascimento de Afrodite, Trono de Ludovisi, *c.* 460 a.C. (Museu Nacional, Roma). Gianni Dagli Onti/Corbis.
7. Sandro Botticelli, *O Nascimento de Vênus*, 1486 (Uffizi, Florença). Getty Images.
8. Rafael, *O Sacrifício em Listra*, desenho para a Capela Sistina, 1515-1516 (Victoria and Albert Museum, Londres). © Victoria & Albert Museum, Londres.
9. Diego Velázquez, *Las Hilanderas*, *c.* 1657 (Museu do Prado, Madri). Diego Rodriguez de Silvay Velasquez.
10. Antonio da Correggio, *A Punição de Juno*, 1519, Camera di San Paolo (Parma). The Yorck Project: *10,000 Meisterwerke di Malenei*, 2002.
11. Romare Bearden, *Roots Odyssey*, 1977, Romare Bearden Foundation (Nova York). © Romare Bearden Foundation/DACS, Londres/VAGA, Nova York 2013.

Embora tenha sido feito todo o esforço possível para entrar em contato com os detentores dos direitos autorais das ilustrações, o autor e os editores ficariam gratos por informações a respeito de quaisquer ilustrações em que não tenham sido capazes de rastreá-los, tendo prazer em fazer as correções em edições futuras.

LEITURA ADICIONAL E NOTAS*

PREFÁCIO: SIMÔNIDES ERA SÁBIO

1. A história de Simônides é narrada em Cícero, *On the Nature of the Gods* 1.22.60. Sobre tentativas antigas e modernas de definir o que é um deus, consulte o breve e brilhante artigo de autoria de A. Henrichs, "What is a Greek god?", *in* J. N. Bremmer e A. Erskine (orgs.). *The Gods of Ancient Greece: Identities and Transformations* (Edimburgo, 2010), pp. 19-42. A. B. Lloyd (org.) oferece uma boa coleção de ensaios sobre o assunto: *What is a God? Studies in the Nature of Greek Divinity* (Londres, 1997).

INTRODUÇÃO: RETRATO DE FAMÍLIA

Os gregos encontraram os deuses do Olimpo, como um grupo de doze, principalmente na poesia e na arte. Os antigos cultos tinham a tendência de se concentrar em uma, duas ou, no máximo, três divindades, embora houvesse alguns cultos com os doze juntos; para isso consulte I. Rutherford, "Canonizing the Pantheon: the dodekatheon in Greek religion and its origins", *in* J. N. Bremmer e A. Erskine (orgs.), *The Gods of Ancient Greece: Identities and*

---

* O nome das obras, quando em referência a um texto específico, será mantido em inglês, tal como no original, já que as páginas citadas se referem a estes últimos. (N. dos trads.)

Transformations (Edimburgo, 2010), pp. 43-54; C. R. Long, *The Twelve Gods of Greece and Rome*, Leiden, 1987, que reúnem e discutem uma vasta gama de antigas representações textuais e visuais dos doze deuses do Olimpo. Alguns acadêmicos, em particular os associados à escola de Paris, argumentam que os deuses do Olimpo só podem ser estudados como grupo, porque suas características individuais emergem nas interações que têm uns com os outros: consulte, por exemplo, G. Sissa e M. Detienne, *The Daily Life of the Greek Gods*, trad. de J. Lloyd (Stanford, 2000). Essa opinião está sendo hoje cada vez mais questionada, e a editora Routledge atualmente vem publicando livros finos e informativos sobre deuses e heróis individuais da Antiguidade. Os seguintes estudos já foram publicados: K. Dowden, *Zeus* (2006), R. Seaford, *Dionysos* (2006), S. Darcy, *Athena* (2008), F. Graf, *Apollo* (2008), M. S. Cyrino, *Aphrodite* (2010) e E. Stafford, *Herakles* (2011). Embora retratos individuais constituam, em minha opinião, uma possível abordagem, começar com os deuses como família de doze faz sentido: E. Simon *Die Götter der Griechen*, segunda edição (Munique, 1998), apresenta ensaios belamente ilustrados sobre os doze deuses do Olimpo, ao mesmo tempo que enfatiza como interagem uns com os outros, especialmente na poesia de Homero. Os doze deuses do Partenon são judiciosamente interpretados por J. Neils, *The Parthenon Frieze* (Cambridge, 2001). M. Beard, *The Parthenon* (Londres, 2002), é uma instigante introdução geral ao templo e a seu acolhimento posterior.

 Dentro de qualquer comunidade local considerada, era possível venerar cada um dos deuses do Olimpo, de modo que, ao estudar o relacionamento entre diferentes cultos em uma cidade específica, começamos a ver como os deuses funcionavam juntos para as pessoas que moravam lá: R. Parker, *Athenian Religion: A History* (Oxford, 1997) apresenta a melhor interpretação possível do relacionamento entre os diferentes deuses e cultos em Atenas. V. Pirenne--Deforge (org.), *Les Panthéons des cités, des origines à la Périégèse de Pausanias* (Liège, 1998) reúne ensaios sobre diferentes cidades, começando assim a oferecer um panorama mais geral. A religião grega é tratada, de modo geral, como um aspecto da antiga vida cívica, em parte devido à influência de dois ensaios seminais de C. Sourvinou-Inwood, "What is polis religion?" (1988) e "Further aspects of polis religion" (1990), convenientemente reeditados em R. Buxton (org.), *Oxford Readings in Greek Religion* (Oxford, 2000), pp. 13-55. Para uma boa introdução geral à religião cívica, consulte L. Bruit Zaidman e P. Schmitt Pantel, *Religion in the Ancient Greek City*, trad. de P. Cartledge (Cambridge, 1992). Novas abordagens, que exploram como os deuses atuavam além das estruturas sociais e políticas da cidade da Antiguidade, estão agora começando a ganhar ímpeto: consulte, por exemplo, J. Kindt, *Rethinking Greek Religion* (Cambridge, 2012). Meu livro contribui de duas maneiras para essa reconsideração: ele se concentra nos viajantes que levavam suas opiniões a respeito dos deuses para diversas cidades; e discute obras de literatura, filosofia e arte que agradavam (sempre tiveram a intenção de agradar) a um vasto leque de diferentes comunidades.

1. O mais famoso banquete de reconciliação no Monte Olimpo conclui o primeiro livro da *Ilíada*.
2. Sigo a interpretação mais amplamente aceita da cena retratada no friso do Partenon: para uma cuidadosa defesa dessa interpretação, e uma discussão das principais alternativas, consulte J. Neils, *The Parthenon Frieze* (Cambridge, 2001).
3. Homero, *Illiad 5.890*.
4. Para Deméter e as mágoas das mães da Antiguidade, consulte H. P. Foley (org.), *The Homeric Hymn to Demeter: Translation, Commentary, and Interpretive Essays* (Princeton, 1993).

PARTE I:
NASCIMENTO: A GRÉCIA ARCAICA

R. Osborne, *Greece in the Making: 1200-479 a.C.*, segunda edição (Londres, 2009), apresenta uma excelente síntese do período arcaico: a obra discute rompimentos e continuidades com relação à Grécia micênica, à ascensão das *polis*, à disseminação da poesia épica, à fundação dos santuários pan-helênicos e ao desenvolvimento das estátuas de culto e dos templos – ao mesmo tempo que mantém à vista, o tempo todo, a maneira como nós, observadores modernos, construímos um período histórico. M. Gaifman, *Aniconism in Greek Antiquity* (Oxford, 2012) oferece um saudável lembrete de que, mesmo depois que os templos e as estátuas de culto se tornaram cruciais para a prática religiosa, os gregos continuaram a representar e adorar os deuses também de outras maneiras: pedras sagradas, tábuas de madeira, pilares e outros objetos misteriosos continuaram a ser tratados como imagens dos deuses. M. Scott, *Delphi and Olympia: the Spatial Politics of Panhellenism in the Archaic and the Classical Periods* (Cambridge, 2010) investiga como os dois santuários mais importantes do período arcaico moldaram e definiram a religião e a cultura gregas. S. Price apresenta uma breve análise de como o oráculo de Delfos operava: "Delphi and divination", *in* P. E. Easterling e J. V. Muir (orgs.), *Greek Religion and Society* (Cambridge, 1985), pp. 128-54. J. Fontenrose, *The Delphic Oracle: Its Responses and Operations with a Catalogue of Responses* (Berkeley, 1978) reúne as evidências. A respeito dos deuses na poesia épica grega primitiva, consulte J. Strauss Clay, *The Politics of Olympus: Form and Meaning in the Major Homeric Hymns* (Princeton, 1989), e B. Graziosi e J. Haubold, *Homer: The Resonance of Epic* (Londres, 2005), capítulo 3. R. Lane Fox, *Travelling Heroes: Greeks and their Myths in the Epic Age of Homer* (Londres, 2009) investiga o impacto da viagem sobre as visões épicas dos deuses. Sobre as primeiras críticas aos deuses em Homero e Hesíodo, consulte D. C. Feeney, *The Gods of Epic: Poets and Critics of the Classical Tradition* (Oxford, 1991), capítulo 1. Considerei o seguinte artigo sobre os deuses particularmente estimulante: G. R. Boys-Stones, "Ancient philosophy of religion: an introduction", *in* G. Oppy e N. Trakakis (orgs.), *History of Western Philosophy of Religion*, vol. 1 (Durham, 2009), pp. 1-22.

Existem muitas traduções de Homero disponíveis em inglês: as de R. Lattimore e A. Verity são as mais fiéis, e respeitam a numeração das linhas do grego original, possibilitando, portanto, que os leitores acompanhem referências a trechos específicos. A melhor tradução inglesa de Hesíodo é a de M. L. West, *Hesiod: Theogony and Works and Days* (Oxford, 1988). Para os *Homeric Hyms*, consulte D. J. Rayor, *The Homeric Hymns: A Translation with Introduction and Notes* (Berkeley, 2004). Os fragmentos de Xenófanes, Teágenes e outros críticos pioneiros da tradição épica estão reunidos em H. Diels e W. Kranz (orgs.), *Die Fragmente der Vorsokratiker*, três volumes, sexta edição (Berlim, 1951-1952), e estão traduzidos em inglês em G. S. Kirk, J. E. Raven e M. Schofield, *The Presocratic Philosophers*, segunda edição (Cambridge, 1983). A abreviatura "DK" nas notas abaixo se referem à edição de Diels e Kranz.

1. Homero, *Odyssey* 6.43-5.
2. Consulte J. Chadwick, *The Decipherment of Linear B* (Cambridge, 1958), e L. M. Bendall, *The Decipherment of Linear B and the Ventris-Chadwick Correspondence* (Cambridge, 2003).
3. Com grande capacidade de percepção, Walter Otto descreveu Dionísio como *der kommende Gott*, o deus que está perpetuamente chegando, mesmo antes da decifração da escrita Linear B, em *Dionysos: Mythos und Kultus* (Frankfurt, 1933), pp. 71-80.
4. A frase "o mais grego dos deuses" é de Walter Otto, em *Die Götter Griechenlands* (Bonn, 1929), p. 78.
5. Consulte M. L. West, *The East Face of Helicon: West Asiatic Elements in Greek Poetry and Myth* (Oxford, 1997), p. 55.
6. Heródoto, *Histories* 8.144.2.
7. De acordo com *Histories* 1.14.2 de Heródoto, os primeiros "bárbaros" que consultaram o oráculo de Delfos e lá deixaram seus presentes foram o rei Midas da Frígia e o rei Giges da Lídia.
8. Heródoto, *Histories* 2.53.2-3.
9. Hesíodo, *Theogony* 18-20.
10. Hesíodo, *Theogony* 26.
11. Hesíodo, *Theogony* 115.
12. Hesíodo, *Theogony* 176-78.
13. Pensadores gregos posteriores desenredaram as implicações do mito de Hesíodo das origens. Platão, por exemplo, etimologizou o nome de Atena como "a mente de deus" (*Cratylus*, p. 407b).
14. Hesíodo, *Works and Days* 640.
15. Homero, *Odyssey* 8.360-66.
16. Homero, *Odyssey* 8.62-4.
17. Homero, *Odyssey* 8.487-91.
18. Consulte Homero, *Iliad* 20.22-5.
19. *Homeric Hymn to Aphrodite* 6.
20. Essa descrição foi cunhada por K. Reinhardt, *Das Parisurteil* (Frankfurt, 1938), p. 25: "erhabener Unernst".
21. O texto e a tradução são publicados por L. R. LiDonnici, *The Epidaurian Miracle Inscriptions* (Atlanta, 1995), pp. 104-05. F. Naiden oferece uma

excelente discussão dele em "*Hiketai* and *Theōroi* at Epidauros", in J. Elsner e I. Rutherford (orgs.), *Pilgrimage in Graeco-Roman and Early Christian Antiquity: Seeing the Gods* (Oxford, 2005), pp. 73-96.

22. Homero, *Iliad* 15.80-3.
23. Homero, *Iliad* 13.18-9.
24. Safo, fr. 1.9-12 Voigt.
25. Citei os seguintes fragmentos de versos hexâmetros de Xenófanes, e eles constituem uma proporção significativa de tudo o que resta de seu trabalho: fragmentos 21 B 16, 15, 11, 23, 26 e 18 DK.
26. Heráclito, fr. 22 B 5 DK.
27. Heráclito fr. 22 B 32 DK.
28. Consulte Homero, *Iliad* 14.225-30 e 15.80-3, citados acima, p. 52.
29. Consulte adicionalmente M. Beard, *The Parthenon* (Londres, 2002), p. 147.
30. De acordo com Pausanias, escrevendo no século II d.C.: "nos tempos primitivos, todos os gregos veneravam pedras sem forma em vez de estátuas" (*Description of Greece*, 7.22.4).
31. Heródoto, *Histories* 1.131.1-3.
32. Teágenes, 8 fr. 2 DK. Para uma excelente discussão, consulte D. C. Feeney, *The Gods in Epic: Poets and Critics of the Classical Tradition* (Oxford, 1991), p. 9.
33. Este é um resumo apresentado por Philodemus no século II d.C., no segundo livro do seu trabalho *On Poems 2* (*P. Herc.* 1676 fr. 2); consulte também Metrodorus of Lampsacus, fr. 61 A 4 DK.
34. Homero, *Iliad* 21.6-7.
35. Heráclito, *Homeric Problems* 1.1.
36. Xenófanes, fr. 21 B 1.22 DK.

PARTE II
DIÁLOGO: A ATENAS CLÁSSICA

P. J. Rhodes, *A History of the Classical Greek World, 478-323 BC*, segunda edição (Oxford, 2010) é um magnífico guia da história grega clássica. Para o termo "clássica", consulte as reflexões reveladoras de Edith Hall em "Putting the class into classical reception", *in* L. Hardwick e C. Stray (orgs.), *Blackwell Companion to*

Classical Receptions (Oxford, 2008), pp. 386-97. M. H. Hansen, como diretor do Copenhagen Polis Centre, fez mais do que qualquer outro acadêmico ao investigar o advento da democracia não apenas em Atenas, mas também em outras cidades gregas, como o testificam os *Acts of the Copenhagen Polis Centre I-VII* (Copenhagen, 1993-2005) e os *Papers of the Copenhagen Polis Centre I-VIII* (Copenhagen, 1994-2007). J. D. Mikalson, *Athenian Popular Religion* (Chapel Hill, 1983) oferece orientação sobre a vida religiosa da Atenas clássica, mas exagera, na minha opinião, a separação entre a cultura popular e novas abordagens intelectuais dos deuses: a arte clássica, por exemplo, era ao mesmo tempo popular e, não raro, inovadora no seu tratamento dos deuses, assim como o teatro ateniense. Robin Osborne, *Archaic and Classical Greek Art* (Oxford, 1998) apresenta uma orientação geral sobre as representações visuais dos deuses; o capítulo 7 da sua obra *The History Written on the Classical Body* (Cambridge, 2011) discute, em particular, como os corpos divinos eram representados no período clássico. Para vasos que ostentam deuses com aparência clássica ao lado de estátuas arcaicas de si mesmos, consulte M. de Cesare, *Le statue in immagine: studi sulle raffigurazioni di statue nella pittura vascolare greca* (Roma, 1997), especialmente p. 91-106.

W. K. C. Guthrie, *The Sophists* (Cambridge, 1971) apresenta uma introdução de fácil leitura sobre as principais correntes intelectuais da Grécia no século V; Jacqueline de Romilly, *The Great Sophists in Periclean Athens*, trad. de J. Lloyd (Oxford, 1992) avalia o impacto delas na cultura ateniense. Os fragmentos dos sofistas são reunidos por H. Diels e W. Kranz (orgs.), *Die Fragmente der Vorsokratiker*, três volumes, sexta edição (Berlim, 1951-52), e estão traduzidos em G. S. Kirk, J. E. Raven e M. Schofield, *The Presocratic Philosophers*, segunda edição (Cambridge, 1983). Sobre os ateus, consulte J. Bremmer, "Atheism in antiquity", *in* M. Martin (org.), *The Cambridge Companion to Atheism* (Cambridge, 2007), pp. 11-26. R. Waterfield, *Why Socrates Died: Dispelling the Myths* (Londres, 2009) apresenta uma completa orientação sobre as evidências existentes do julgamento de Sócrates, embora eu discorde da sua interpretação. Sobre o *daimon* de Sócrates e sua extraordinária vida após a morte – ou seja, a subsequente proliferação de demônios –, consulte W. Burkert, *Greek Religion*, trad. de J. Raffan (Oxford, 1985), capítulo 7, que também discute a religião filosófica em sentido mais amplo. S. Halliwell avalia a teoria de imitação de Platão e seu acolhimento posterior em *The Aesthetics of Mimesis: Ancient Texts and Modern*

Problems (Princeton, 2002); também é o autor de uma excelente tradução e comentário de *Poetics* de Aristóteles (Londres, 1987). Sobre como Platão e Aristóteles desenvolveram suas teorias de literatura criticando as visões poéticas dos deuses, consulte D. C. Feeney, *The Gods of Epic: Poets and Critics of the Classical Tradition* (Oxford, 1991), capítulo 1.

1. O primeiro livro de F. Nietzsche, *O Nascimento da Tragédia a Partir do Espírito da Música,* publicado pela primeira vez em Leipzig em 1872, postula a oposição do dionisíaco e do apoloniano. Embora altamente criativo na sua abordagem da antiga cultura, ele se inspira em uma oposição entre Dionísio e Apolo que pode ser claramente percebida no mito, na arte e no culto gregos.
2. Protágoras, fr. 80 B 1 DK: "homem", ou mais corretamente "ser humano", já que Protágoras usou o termo neutro quanto ao gênero *anthrōpos*, e não *anēr* ("homem", em oposição a "mulher").
3. Eurípides, *Hecuba* 799-801.
4. Protágoras, fr. 80 B 4 DK.
5. Diógenes Laércio, *Lives of Eminent Philosophers* 9.24, escreve a respeito de Melisso: "Quanto aos deuses, ele negou que houvesse qualquer ocasião para oferecer uma definição deles, já que não havia ao certo um conhecimento deles". (Melisso fr. 30 A 1 DK.)
6. Cícero, *On the Nature of the Gods*; consulte acima p. 10.
7. Pródico, fr. 84 B 5 DK.
8. Demócrito, fr. 68 A 75, cf. B 30 DK.
9. Consulte Anaxágoras, fr. 59 A 42 DK: além de afirmar que o Sol era maior do que o Peloponeso, Anaxágoras argumentou que os corpos celestes eram "pedras em brasa apanhadas pela rotação do éter". Para o interesse de Anaxágoras em um meteorito que caiu em Egospótamos em 467 a.C., consulte Diógenes Laércio, *Lives of Eminent Philosophers* 2.10 (= fr. 59 A 1 DK). O evento deve ter contribuído para sua convicção de que os corpos celestes eram feitos de pedra.
10. Os fragmentos de Diágoras estão reunidos em M. Winiarczyk, *Diagorae Melii et Theodori Cyrenaei reliquiae* (Leipzig, 1981).
11. Consulte Strabo, *Geography* 8.3.30.
12. Tucídides, *History of the Peloponnesian War*, 2.37-41.

13. Tucídides, *History of the Peloponnesian War*, 5.84-116.
14. Górgias, *Encomium of Helen*, 6.
15. Górgias, *Encomium of Helen*, 8.
16. Górgias, *Encomium of Helen*, 21.
17. *On What is Fine and What is Shameful* 2.28: o texto é publicado em T. M. Robinson (org.), *Contrasting Arguments: An Edition of the Dissoi Logoi* (Nova York, 1979).
18. Homero, *Iliad* 3.383-420.
19. Eurípides, *Trojan Women* 989.
20. Eurípides, *Heracles* 1345-46.
21. Consulte Aristófanes, *Thesmophoriazusae* 450-52.
22. Para Mubaššir, consulte F. Rosenthal, *Greek Philosophy in the Arab World* (Londres, 1990), p. 33 (= *Orientalia* 6, 1937, 33).
23. Diógenes Laércio, *Lives of Eminent Philosophers* 2.40; Platão, *Apology* 24b-c; Xenofonte, *Memorabilia* 1.1.1.
24. Tucídides, *History of the Peloponnesian War* 2.53.3.
25. Lisias, *Against Eratosthenes* 12.5.
26. Platão, *Republic* 378a.
27. Platão, *Republic* 390c.
28. Platão, *Republic* 388e-89a.
29. Platão, *Republic* 381e. As mães descritas nesse trecho se inspiram na *Odisseia* de Homero (Homero, *Odyssey* 17.485-6):
    Os deuses que parecem estrangeiros errantes assumem todos os tipos de aparência, e vagam de cidade em cidade.
30. D. Roochnik, "The political drama of Plato's *Republic*", in S. Salkever (org.), *The Cambridge Companion to Ancient Greek Political Thought* (Cambridge, 2009), p. 165.
31. Homero, *Iliad* 1.47-8.
32. Homero, *Odyssey* 1.320.
33. Platão, *Phaedrus [Fedro]* 229b-d.
34. Homero, *Iliad* 6.181.
35. Platão, *Phaedrus* 229e-30a.
36. Platão, *Phaedrus* 247a-b.
37. Aristóteles, *Poetics* 1449b 24-8.

38. Aristóteles, *Poetics* 1451a 36-8. M. Hubbard apresenta um bom resumo das diferenças entre Platão e Aristóteles na questão da poesia: "Platão havia afirmado que um caso de mimetismo encerra menos realidade do que um particular individual, que por sua vez tem menos realidade do que a *ideia*. Aristóteles replica que as declarações do poeta, longe de ser inferiores às declarações de particulares, são mais abrangentes e filosóficas"; *in* D. A. Russell e M. Winterbottom (orgs.), *Ancient Literary Criticism: The Principal Texts in New Translations* (Oxford, 1972), p. 88.
39. Aristóteles, *Poetics* 1460b 13-5.
40. Aristóteles admite que os poemas podem conter coisas que são, a rigor, impossíveis: "isso é uma falha", diz ele, mas é desculpável se o poema desse modo alcançar *katharsis* das emoções e produzir algo mais emocionante (*ekplēktikōteron*) do que poderia normalmente produzir: *Poetics* 1460b 22-6.

PARTE III
VIAGEM: O EGITO HELENÍSTICO

Existem muitas histórias e biografias de Alexandre, o Grande. Uma das mais abalizadas é a de A. B. Bosworth, *Conquest and Empire: The Reign of Alexander the Great* (Cambridge, 1988), especialmente porque Bosworth também escreveu comentários sobre o mais importante relato da Antiguidade das conquistas de Alexandre: *History of Alexander* de Arriano, aos quais ele dedica dois volumes (Oxford, 1980-1995). A. de Sélincourt traduz Arriano em *The Campaigns of Alexander*, rev. J. R. Hamilton (Londres, 1971). Outras fontes importantes estão reunidas e traduzidas em I. Worthington (org.), *Alexander the Great: A Reader*, segunda edição (Londres, 2011). R. Lane Fox, *Alexander the Great* (Londres, 1973) é tanto uma leitura emocionante quanto um romance histórico, e serviu de inspiração para o filme de Hollywood de Oliver Stone, *Alexandre, o Grande* (2004). P. Cartledge, *Alexander the Great: The Hunt for a New Past* (Londres, 2004) apresenta um relato igualmente acessível para o leitor médio. P. Briant oferece um importante corretório para as opiniões greco-cêntricas de Alexandre na sua obra seminal, e breve, *Alexander the Great and His Empire: A Short Introduction*, trad. de A. Kuhrt (Princeton, 2010; original francês de 1974): Brian também examina Alexandre através de olhos persas, avaliando-o como o sucessor de Dario.

Sobre a divindade de Alexandre, consulte E. A. Fredricksmeyer, "Alexander's religion and divinity", *in* J. Roisman (org.), *Brill's Companion to Alexander the Great* (Leiden, 2003), pp. 253-78, e o excelente estudo de A. Chaniotis, "The divinity of Hellenistic rulers", *in* A. W. Erskine (org.), *A Companion to the Hellenistic World* (Oxford, 2005), pp. 431-45. R. L. Gordon discute estátuas antropomórficas e, indiretamente, contribui para explicar como elas poderiam ajudar a estabelecer a divindade dos governantes, em "The real and the imaginary: production and religion in the Graeco-Roman world", *Art History 2* (1979), pp. 5-34. Especificamente sobre o oráculo de Siwa, consulte S. Caneva, "Depuis Hérodote à Alexandre. L'appropriation gréco-macédonienne d'Ammon de Siwa, entre pratique oraculaire et légitimation du pouvoir", *in* C. Bonnet, A. Declercq e I. Slobodzianek (orgs.), *Les représentations des dieux des autres* (Palermo, 2011), pp. 193-220. O *Alexander Romance* é traduzido por R. Stoneman (Londres, 1991), que também apresenta uma boa introdução às lendas mais amplas que ele inspirou. Na sua pioneira monografia *Seeing Double: Intercultural Poetics in Ptolemaic Alexandria* (Berkeley, 2003), S. Stephens discute tanto o *Alexander Romance* quanto o *Sacred Register* de Evêmero no capítulo 1, "Conceptualizing Egypt".

Sobre os deuses do Olimpo como planetas, consulte T. Barton, *Ancient Astrology* (Londres, 1994), e R. Beck, *A Brief History of Ancient Astrology* (Oxford, 2007). Sobre Alexandria, P. M. Fraser, *Ptolemaic Alexandria* (Oxford, 1972) permanece a obra-padrão de referência; sobre a erudição no Museu, o primeiro porto de escala continua a ser R. Pfeiffer, *A History of Classical Scholarship, from the Beginnings to the End of the Hellenistic Age* (Oxford, 1968). A. Sens. "Hellenistic poetry", *in* G. R. Boys-Stones, B. Graziosi e P. Vasunia (orgs.), *The Oxford Handbook of Hellenic Studies* (Oxford, 2009), pp. 597-607 apresenta uma introdução sucinta e magistral aos poetas alexandrinos. M. Fantuzzi e R. Hunter, *Tradition and Innovation in Hellenistic Poetry* (Cambridge, 2004) é um excelente estudo geral; e G. Radke, *Die Kindheit des Mythos. Die Erfindung der Literaturgeschichte in der Antike* (Munique, 2007) examina, em particular, por que os gregos do egito helenístico se concentravam na infância de seus deuses. Os fragmentos de Calímaco mencionados nas notas que se seguem estão reunidos e numerados em R. Pfeiffer, *Callimachus*, dois volumes (Oxford, 1949-1953). Vários outros fragmentos foram descobertos desde então: alguns estão reunidos em H. Lloyd--Jones e P. Parsons, *Supplementum Hellenisticum* (Berlim, 1983). Recomendo as seguintes traduções inglesas da poesia helenística: P. Green, *Apollonius: The Argonautika* (Berkeley, 1997); F. Nisetich, *The Poems of Callimachus* (Oxford, 2001) e A. Verity, *Theocritus: Idylls* (Oxford, 2002).

1. Quase todos os aspectos da campanha asiática de Alexandre são calorosamente debatidos, mas, como Bosworth enfatiza: "não há nenhuma dúvida a respeito da historicidade dos altares"; *A Historical Commentary on Arrian's History of Alexander*, segundo volume (Oxford, 1995), p. 356. Os altares são mencionados em todas as tradições de Alexandre na Antiguidade e, como um ato de celebração e conclusão, eles fazem perfeito sentido.
2. Sobre os altares dos doze deuses como símbolos do helenismo, consulte "Canonizing the Pantheon: the dodekatheon in Greek religion and its Origins", *in* J. N. Bremmer e A. Erskine (orgs.), *The Gods of Ancient Greece: Identities and Transformations* (Edimburgo, 2010), p. 53.
3. Consulte Arriano, *Anabasis of Alexander*, 2.14.5: "Meu pai foi assassinado por conspiradores que vocês persas organizaram".
4. Arriano, *Anabasis of Alexander* 1.16.7.
5. Arriano, *Anabasis of Alexander* 3.1.5.
6. Consulte Aeschines, *Against Ctesiphon* 3.160; compare com *Lexixon* de Harpocration sob o título Margites.
7. Consulte A. Kuhrt, *The Persian Empire: A Corpus of Sources from the Achaemenid Period* (Londres, 2007), p. 447.
8. Sobre esses montes fúnebres, consulte A. B. Bosworth, *A Historical Commentary on Arrian's History of Alexander*, segundo volume (Oxford, 1995), p. 31.
9. R. Lane Fox, *Alexander the Great* (Londres, 1973), p. 313.
10. Arriano, *Anabasis of Alexander* 5.2.1.
11. Arriano, *Anabasis of Alexander* 4.28.1-30.9.
12. Arriano, *Anabasis of Alexander* 7.23.2.
13. Para Zeus em Olímpia, consulte Strabo, *Geography* 8.3.30. Para Ártemis, consulte Plínio, *Natural History* 36.4: a estátua parecia austera quando os adoradores entraram no templo, e alegre quando partiram, depois de prestar um tributo a ela.

14. Arriano, *Anabasis of Alexander* 7.1.4.
15. Todas as citações de Evêmero são extraídas do resumo em Diodoro Sículo, *The Library of History*, 5.42-6.
16. Diodoro Sículo, *The Library of History* 1.70.1-4 = FGrHist 264 F 25.
17. Para o relevo no templo de Amenhotep II em Luxor, consulte B. J. Kemp, *Ancient Egypt: Anatomy of a Civilisation* (Londres, 1989), pp. 198-99.
18. As citações são extraídas do *Alexander Romance* grego, 1.3 (Nectanebo e os navios de cera), 1.7 (o encontro entre Olímpia e o faraó) e 1.11 (o nascimento de Alexandre).
19. Consulte o prefácio do Dalai Lama a M. Wenzel, *Echoes of Alexander the Great: Silk Route Portraits from Gandhara* (Londres, 2000).
20. Sobre os deuses do vento viajando ao longo da Rota da Seda, consulte K. Tanabe, "The Kushan representation of Anemos/Oado and its relevance to the Central Asian and Far Eastern wind gods", *Silk Road Art and Archaeology*, 1 (1990), pp. 51-80; para um estudo mais geral, consulte R. C. Foltz, *Religions of the Silk Road: Overland Trade and Cultural Exchange from Antiquity to the Fifteenth Century* (Nova York, 1999).
21. Teócrito, *Idyll* 17.16-9.
22. Teócrito, *Idyll* 17.126-34.
23. S. Stephens, *Seeing Double: Intercultural Poetics in Ptolemaic Alexandria* (Berkeley, 2003) discute a Ptolemaia, 245-46.
24. Consulte Calímaco, *Epigram* 28 Pfeiffer, e *Hymn to Apollo*, 107-12.
25. Eles são mencionados no início da *Aitia* de Calímaco.
26. Calímaco, *Aitia*, fr. 178 Pfeiffer.
27. Teócrito, *Idyll* 11.
28. Meleagro de Gadara na *Palatine Anthology* 7.417. 5-8 = 3988-91, *in* A. S. F. Gow e D. L. Page (orgs.), *The Greek Anthology: Hellenistic Epigrams*, 2 volumes (Cambridge, 1965).

PARTE IV
TRANSFERÊNCIA: O IMPÉRIO ROMANO

A segunda série de *The Cambridge Ancient History*, volumes 7.2 a 10 (Cambridge, 1990-1996), apresenta relatos abalizados da história de Roma, desde suas origens ao final do principado augustano. Para uma síntese básica (e de preço acessível), consulte M. T. Boatwright, D. J. Gargola e R. J. A. Talbert, *The Romans: From Village to Empire* (Oxford, 2004). Sobre a história republicana, consulte M. H. Crawford, *The Roman Republic*, segunda edição (Cambridge MA, 1993). R. Syme, *The Roman Revolution* (Oxford, 1939) é o estudo mais influente do final de república e do principado augustano: inspirado pela ascensão dos regimes fascistas na Europa, oferece um retrato brilhante, e imparcial, de Augusto. M. Beard, J. North e S. Price, *Religions of Rome*, dois volumes (Cambridge, 1998), é essencial para qualquer estudo da religião romana. D. C. Feeney, *The Gods of Epic: Poets and Critics of the Classical Tradition* (Oxford, 1991) é o melhor estudo dos deuses na literatura romana.

S. Hinds, *Allusion and Intertext: the Dynamics of Appropriation in Roman Poetry* (Cambridge, 1998) apresenta um brilhante relato de como Lívio Andrônico, Névio e Ênio decidiram traduzir as Musas. Lívio Andrônico ainda é mais bem apresentado por S. Mariotti, *Livio Andronìco e la traduzione artistica* (Urbino, 1950). Os fragmentos de Ênio estão reunidos em O. Skutsch, *The Annals of Q. Ennius* (Oxford, 1985), ao qual se referem as notas que se seguem. E. Gowers apresenta um relato detalhado dos três corações de Ênio, "The *cor* of Ennius", *in* W. Fitzgerald e E. Gowers (orgs.), *Ennius Perennis: The Annals and Beyond* (Cambridge, 2007), pp. 17-37. Sobre Ênio, Fúlvio Nobilior e o templo de Hércules das Musas, consulte M. Martina, "Aedes Herculis Musarum", *Dialoghi di Archeologia*, 3 (1981), pp. 49-68.

Cícero, *On the Nature of the Gods* é traduzido por H. Rackham (Cambridge MA, 1961). A. S. Pease apresenta uma completa introdução e comentários a esse trabalho: *M. Tulli Ciceronis: De Natura Deorum*, 2 vols. (Cambridge, MA 1955-1958); A. R. Dyck introduz e faz comentários sobre o livro 1 (Cambridge, 2003). A. Momigliano, "The theological efforts of the Roman upper classes in the first century BC", *Classical Philology* 79, 1984, pp. 199-211 é um excelente livro sobre o discurso religioso romano, assim como também o é M. Beard, "Cicero and divination: the formation of a Latin discourse", *Journal of Roman Studies* 76 (1986), pp. 33-46. Sobre a revolução cultural de Augusto, e seu "classicismo" eclético na arte, consulte G. K. Galinsky, *Augustan Culture* (Princeton, 1996). Sobre os cultos romanos do imperador, consulte dois artigos seminais de autoria de S. Price: "Between man and god: sacrifice in the Roman imperial cult", *Journal of Roman Studies* 70 (1980), pp. 28-43, e "Gods and Emperors: the Greek language of the Roman imperial cult", *Journal of Hellenic Studies* 104, 1984, pp. 79-95. Existem muitas excelentes traduções da *Eneida* de Virgílio e de *Metamorfoses* de Ovídio; recomendo a versão de Virgílio de D. West, segunda edição (Londres, 2002), e a tradução em verso de Raeburn do poema de Ovídio, que tem a vantagem de incluir uma excelente introdução de D. C. Feeney (Londres, 2004).

1. Para a maioria dos italianos de hoje, "Carneades" significa simplesmente "grego ou romano desconhecido". Isso acontece porque, no romance de Alessandro Manzoni do século XIX, *The Betrothed*, Don Abbondio resmunga com seus botões: "Carneades [...] quem ele?", quando os dois amantes inocentes, Renzo e Lucia, irrompem no seu escritório exigindo se casar. O pobre padre de Manzoni nunca consegue pesquisar quem é Carneades; ele já tem problemas suficientes para impedir que esses dois se casem. E assim Carneades permanece um nome sem rosto – embora Manzoni, é claro, esteja fazendo uma pequena pilhéria: na realidade, o ceticismo de Carneades é uma correspondência perfeita para a própria falta de orientação moral de Don Abbondio.
2. Ênio, *Annales* 240-41 Skutsch.
3. Catão, o Censor, fr. 98 i E. Malcovati (org.), *Oratorum Romanorum Fragmenta*, quarta edição (Turim, 1976).
4. Os métodos utilizados para calcular a população de Roma são discutidos em W. Scheidel (org.), *Debating Roman Demography* (Leiden, 2001).
5. César, *Gallic War* 6.17. Para a discussão, consulte M. Beard, J. North e S. Price, *Religions of Rome*, volume 2 (Cambridge, 1998), p. 55.
6. Plutarco, *Life of Pompey* 27.3.
7. Cícero, *On the Nature of the Gods* 1.4.7.
8. M. Beard, "Cicero and divination: the formation of a Latin discourse", *Journal of Roman Studies* 76 (1986), p. 40.
9. Horácio, *Epistles* 2.1.156.
10. Tácito, *Histories* 1.3.
11. Plutarco, *Life of Antony* 4.1-2.
12. Plutarco, *Life of Antony* 24.3-4.

13. Plutarco, *Life of Antony* 26.1-3.
14. R. Syme, *The Roman Revolution*, edição corrigida (Oxford, 1960), p. 448.
15. Virgílio, *Aeneid* 8.698.
16. Virgílio, *Aeneid* 1.279.
17. Virgílio, *Aeneid* 1.279-82.
18. Ovídio, *Metamorphoses* 6.7-8.
19. Ovídio, *Metamorphoses* 6.103-4.
20. Ovídio, *Tristia ex Ponto* 2.207.

PARTE V
DISFARCE: CRISTIANISMO E ISLAMISMO

A History of Christianity (Londres, 2009) de D. MacCulloch é um livro imprescindível, bem informado e de fácil leitura. M. Beard, J. North e S. Price, *Religions of Rome*, de dois volumes (Cambridge, 1998), oferece uma excelente orientação sobre os primeiros tempos da história do cristianismo, dentro do contexto dos muitos outros cultos e religiões que floresceram nos primeiros séculos d.C. A queda do Império Romano e a ascensão do cristianismo é o tema de numerosos livros: E. Gibbon escreveu o famoso *History of the Decline and Fall of the Roman Empire* no final do século XVIII, e o livro está disponível em uma edição crítica abalizada de D. Womersley, três volumes, segunda edição (Londres 2005). A. von Harnack, *Die Mission und Ausbreitung des Christentums*, escrito na virada do século XX, quarta edição (Leipzig, 1924), foi influente; argumentos sociológicos e demográficos permeiam R. Stark, *The Rise of Christianity: A Sociologist Reconsiders History* (Princeton, 1996). J. N. Bremmer discute proveitosamente esses três livros em suas palestras de despedida, *The Rise of Christianity Through the Eyes of Gibbon, Harnack and Rodney Stark* (Groningen, 2010). R. Lane Fox, *Pagans and Christians in the Mediterranean World from the Second Century AD to the Conversion of Constantine* (Londres, 1986) é perspicaz e belamente escrito. P. Brown talvez seja o acadêmico mais influente especializado no final da Antiguidade: consulte especialmente *The World of Late Antiquity: ad 150-750*, segunda edição (Nova York, 1989). Sobre os últimos pagãos, consulte A. Cameron, *The Last Pagans of Rome* (Oxford, 2011); sobre o período 400-600 d.C., consulte R. Markus, *The*

End of Ancient Christianity (Cambridge, 1990). Aprendi muito a respeito das atitudes cristãs com relação às estátuas dos deuses pagãos com C. Mango: "Antique statuary and the Byzantine beholder", *Dumbarton Oaks Papers* 17 (1963), pp. 55-75, e com J. Elsner, *Imperial Rome and the Christian Triumph: The Art of the Roman Empire ad 100-450* (Oxford, 1998). Sobre o acolhimento cristão de Ovídio, bem como sobre o problema da alegoria em sentido mais amplo, consulte L. Barkan, *The Gods Made Flesh: Metamorphosis and the Pursuit of Paganism* (New Haven, 1986). Para investigar as atitudes cristãs com relação aos deuses pagãos, o melhor guia é o próprio Agostinho em *The City of God Against the Pagans*: R. W. Dyson apresenta uma boa tradução, com uma introdução e notas (Cambridge, 1998).

Sobre as conquistas árabes e a história do islamismo em sentido mais amplo, consulte I. M. Lapidus, *A History of Islamic Societies*, segunda edição (Cambridge, 2002). Sobre o acolhimento da antiga cultura grega pelos muçulmanos, consulte F. Rosenthal, *The Classical Heritage in Islam*, trad. de E. e J. Marmorstein (Londres, 1975); G. Strohmaier, *Von Demokrit bis Dante: Die Bewahrung antiken Erbes in der arabischen Kultur* (Hildesheim, 1996); e D. Gutas, *Greek Thought, Arabic Culture: The Graeco-Arabic Translation Movement in Baghdad and Early 'Abbasid Society* (Londres, 1998). Mais especificamente sobre os deuses, consulte D. Urvoy, *Les penseurs libres dans l'Islam classique: L'interrogation sur la religion chez les penseurs arabes indépendants* (Paris, 2003), e A. Etman, "Homer in the Arab World", *in* J. Nelis (org.), *Receptions of Antiquity: Festschrift for F. Decreus* (Gent, 2011), pp. 69-79. Para os deuses como estrelas, consulte P. Kunitzsch, *The Arabs and the Stars: Texts and Traditions on the Fixed Stars and their Influence in Medieval Europe* (Northampton, 1989). J. Seznec, *The Survival of the Pagan Gods: The Mythological Tradition and Its Place in Renaissance Humanism and Art*, tradução de B. F. Sessions (Nova York, 1953), presta uma estreita atenção ao acolhimento árabe e à mensagem dos antigos deuses.

1. E. Gibbon, *The History of the Decline and Fall of the Roman Empire*, ed. D. Womersley, vol. 1 (Londres, 2005), p. 446.
2. Tácito, *Annals* 15.44.
3. O Evangelho segundo São Mateus 5:5.
4. R. Seaford, *Dionysos* (Londres, 2006) defende essa tese no capítulo 9.

5. J. Bremmer, *The Rise of Christianity Through the Eyes of Gibbon, Harnack and Rodney Stark* (Groningen, 2010), p. 69.
6. Parece-me irrelevante insistir em que "os julgamentos dos cristãos poderiam ter origem em inimizades pessoais e locais", como fazem Mary Beard, John North e Simon Price em *Religions of Rome* (Cambridge, 1998), vol. 1, p. 238. As inimizades pessoais sempre desempenham um papel, durante todas as perseguições, mas o que é específico a respeito das acusações contra os cristãos diz respeito ao fato de se recusarem a oferecer sacrifícios.
7. Atos dos Apóstolos 14.
8. R. Lane Fox, *Pagans and Christians* (Londres, 1986), pp. 99-101, contesta a conexão com Ovídio com bastante eficácia, embora essa conexão tenha continuado a vir à tona posteriormente.
9. E. Haenchen, *Die Apostelgeschichte* (Göttingen, 1961), p. 374.
10. Agostinho, *The City of God Against the Pagans* 7.9.
11. Ovídio, *Metamorphoses* 2.846-47.
12. Jerome, *Chronicon*, org. J. K. Fotheringham (Londres, 1923), p. 314.
13. O poema, de autoria do egípcio Cristodoro, compõe o livro 2 de *Palatine Anthology*.
14. Os historiadores, via de regra, afirmam que os cristãos representavam entre oito e doze por cento da população total por volta do ano 300, mas existem pouquíssimas evidências nas quais basear os cálculos; consulte R. MacMullen, *The Second Church: Popular Christianity A.D. 200-400* (Atlanta, 2009), p. 102, n. 18. O fato de que a mais recente estimativa da população do Império Romano como um todo oscila entre 60 e 100 milhões de pessoas mostra a medida do problema: consulte W. Scheidel (org.), *Debating Roman Demography* (Leiden, 2001), pp. 63-4.
15. Eusébio, *Life of Constantine* 3.54.
16. Coríntios 10:20.
17. Marcus Diaconus, *Life of Porphyry* 59-61.
18. São Gregório, o Grande, *Second Dialogue (Life of St Benedict)* 8.
19. Zósimo, *New History* 5.24.8.
20. Um importante projeto, fundado pelo Arts and Humanities Research Council (Reino Unido), e dirigido pelo professor R. R. R. Smith e pelo Dr.

Bryan Ward-Perkins, investiga as informações arqueológicas das antigas estátuas no período entre 284 e 650 d.C.
21. Teofilato Simocata, *History* 8.13.7-15.
22. Arnóbio, *Against the Pagans* 4.25.
23. Arnóbio, *Against the Pagans* 7.41; consulte também o Apêndice ao texto.
24. Arnóbio, *Against the Pagans* 3.15.
25. Arnóbio, *Against the Pagans* 4.21.
26. Arnóbio, *Against the Pagans* 5.34.
27. Arnóbio, *Against the Pagans* 5.23.
28. L. Barkan, *The Gods Made Flesh: Metamorphosis and the Pursuit of Paganism* (New Haven, 1986), p. 98.
29. Lactâncio, *The Divine Institutes* 1.11.24.
30. Agostinho, *The City of God Against the Pagans* 7.18.
31. Esta versão do sonho está preservada em Ibn-Nubāta, Sarḥ al-ʿuyūn fī šarḥ risālat Ibn Zaydūn, org. M. Abū-l-Faḍl Ibrāhīm (Cairo, 1964), p. 213; traduzido e discutido em D. Gutas, *Greek Thought, Arabic Culture: The Graeco-Arabic Translation Movement in Baghdad and Early ʿAbbāsid Society (2-4/8th-10th centuries)*, (Londres, 1998), pp. 97-104.
32. F. Rosenthal traduz esta e outras importantes fontes sobre teorias árabes de tradução em *The Classical Heritage in Islam* (Londres, 1975), p. 18.
33. G. Strohmaier, "Homer in Baghdad", *Byzantinoslavica* 41 (1980), pp. 196-200.
34. O comentário aparece à margem de um manuscrito hoje guardado na Biblioteca Medicea Laurenziana, em Florença, 226/173 fol. 73 recto, 13s. Para uma discussão, consulte G. Strohmaier, "Homer in Baghdad", *Byzantinoslavica* 41 (1980), pp. 196-200.
35. Consulte P. Nwyia e K. Samir (orgs.), "Une correspondance islamochrétienne entre Ibn al-Munağğim, Ḥunayn ibn Isḥāq et Qusṭā ibn Lūqā", Patrologia Orientalis 40.4 (1981), pp. 664-69.
36. A ilustração relevante encontra-se em um manuscrito hoje guardado em Viena: Nationalbibliothek, MS 14.38, fol. 247 verso. Para reprodução e discussão da imagem, consulte J. Seznec, *The Survival of the Pagan Gods*, trad. de B. F. Sessions (Nova York, 1953), pp. 180-83.

37. F. Saxl foi pioneiro do trabalho nesse campo de investigação; consulte "Beiträge zu einer Geschichte der Planetendarstellungen im Orient und Okzident", *Islam* 3 (1912), pp. 151-77.
38. Tertuliano, *De Idolatria* 9.
39. Dante, *Inferno* 20.115-17.
40. Para uma discussão, consulte J. Seznec, *The Survival of the Pagan Gods*, trad. de B. F. Sessions (Nova York, 1953), pp. 162-63.
41. B. Caseau, "Late antique paganism: adaptation under duress", *in* L. Lavan e M. Mulryan (orgs.), *The Archaeology of Late Antique "Paganism"* (Leiden, 2011), pp. 111-34, destrói quaisquer argumentos fáceis a respeito da continuidade.
42. As artes liberais seguiram o seguinte sistema: Lua/Diana (gramática), Mercúrio (lógica), Vênus (retórica), Sol/Apolo (aritmética), Marte (música), Júpiter (geometria), Saturno (astronomia/astrologia).

PARTE VI
RENASCIDO: A RENASCENÇA

J. Brotton, *The Renaissance: A Very Short Introduction* (Oxford, 2006) expõe proveitosamente como o período foi conceitualizado e definido; L. Jardine e J. Brotton, *Global Interests: Renaissance Art between East and West* (Londres, 2000) examina além dos limites da Europa, investigando, em particular, as conexões entre a Renascença italiana e o Império Otomano. Para investigações na Renascença do Ocidente transatlântico, consulte D. Abulafia, *The Discovery of Mankind: Atlantic Encounters in the Age of Columbus* (New Haven, 2008) e K. Ordahl Kupperman (org.), *America in European Consciousness* 1493-1750 (Chapel Hill, 1995), especialmente o ensaio de autoria de S. MacCormack, "Limits of understanding: perceptions of Greco-Roman and Amerindian paganism in early modern Europe", pp. 79-129. Sobre Petrarca, e todos os seus diferentes empreendimentos, consulte V. Kirkham e A. Maggi (orgs.), *Petrarch: A Critical Guide to the Complete Works* (Chicago, 2009). Sobre a abordagem dos deuses do Olimpo em *África*, consulte T. Gregory, *From Many Gods to One: Divine Action in Renaissance Epic* (Chicago, 2006), capítulo 2; o poema foi traduzido para o inglês por T. G. Bergin e A. S. Wilson (New Haven, 1977). A. Pertusi apresenta uma interpretação extremamente bem informada e sensível do relacionamento de Petrarca com Homero, mostrando como ele se cruza com sua amizade na vida real com Boccaccio, bem como seu relacionamento bem mais turbulento com Leôncio Pilato, professor e tradutor de grego: A. Pertusi, *Leonzio Pilato fra Petrarca e Boccaccio* (Veneza, 1964).

J. Seznec, *The Survival of the Pagan Gods: The Mythological Tradition and Its Place in Renaissance Humanism and Art*, trad. de B. F. Sessions (Nova York, 1953), questiona qualquer separação rígida entre a Idade Média e a Renascença: S. Settis, na sua introdução a uma nova edição italiana do trabalho de Seznec (Turim, 2008), pp. vii-xxix, assinala corretamente que Seznec exagera a continuidade porque ele se concentra nos temas da arte da Renascença, e não nos novos idiomas visuais utilizados para representá-los. M. Bull, *The Mirror of the Gods: Classical Mythology in Renaissance Art* (Londres, 2005) leva em consideração muitos objetos e veículos, revendo assim as tradicionais distinções entre a decoração e a grande arte; ele apresenta então capítulos individuais sobre Hércules, Júpiter, Vênus, Baco, Diana e Apolo. L. Freedman, *The Revival of the Olympian Gods in Renaissance Art* (Cambridge, 2003), discute as estátuas independentes e argumenta que elas apresentavam desafios teológicos especiais, porque lembravam as estátuas de culto da Antiguidade. Para uma agradável descrição do Tempio Malatestiano, consulte E. Hollis, *The Secret Lives of Buildings: From the Ruins of the Parthenon to the Vegas Strip In Thirteen Stories* (Nova York, 2009), pp. 157-81. I. Pasini discute o templo em um catálogo de exposição editado por F. Arduini: *Sigismondo Pandolfo Malatesta e il suo tempo: mostra storica* (Vicenza, 1970). A. F. D'Elia, *A Sudden Terror: The Plot to Murder the Pope in Renaissance Rome* (Cambridge MA, 2009) apresenta um retrato dinâmico dos humanistas de meados do século XV (ou "pagãos" na descrição do papa), suas redes e aspirações.

1. Consulte *Divine Comedy, Paradiso,* 1.13-33 e *Purgatorio* 6.118 de Dante.
2. Por exemplo, J. Brotton, *The Renaissance: A Very Short Introduction* (Oxford, 2006), pp. 12-3.
3. Petrarca, *Africa* 7.506-728.
4. Petrarca, *Africa* 3.136-262.
5. Petrarca, *Africa* 6.839-918.
6. Petrarca em uma carta para seu amigo Boccaccio, *Seniles* 2.1.108.

7. Os trechos relevantes das cartas estão reunidos em A. Pertusi, *Leonzio Pilato fra Petrarca e Boccaccio* (Veneza, 1964), pp. 40-1.
8. A segunda carta de Petrarca para Cícero: *Familiares* 24.4.12.
9. T. E. Mommsen, "Petrarch's conception of the 'Dark Ages'", *Speculum* 17.2 (1942), pp. 226-42.
10. A citação é de *Familiares* 8.3.12. Sobre seus segundos planos, mais inclusivos, para *De viris illustribus*, consulte R. G. Witt, "The rebirth of the Romans as models of character", *in* V. Kirkham e A. Maggi (orgs.), *Petrarch: A Critical Guide to the Complete Works* (Chicago, 2009), pp. 106-08. Petrarca planejava incluir ilustres homens judeus, asiáticos, africanos, gregos e romanos na sua coleção.
11. M. Bull, *The Mirror of the Gods: Classical Mythology in Renaissance Art* (Londres, 2005), p. 60.
12. Papa Pio II, *Commentaries [Comentários]* 2.32.
13. E. Hollis, *The Secret Lives of Buildings* (Nova York, 2009), p. 163.
14. Papa Pio II, *Commentaries* 2.32.
15. Macróbio, *Saturnalia* 1.23.10.
16. F. Nietzsche, *Vom Nutzen und Nachteil der Historie für das Leben in Kritische Studienausgabe*, ed. G. Colli e M. Montinari (Munique, 1999), vol. 1, pp. 243-334.
17. Leon Battista Alberti, *De re aedificatoria* 6.1.
18. Um preocupado comentarista eclesiástico sugeriu que o quadro "se destinava a impressionar as freiras que pudessem ser tentadas a abandonar seus votos"; consulte o *Ragionamento del Padre Ireneo Affò sopra una stanza dipinta del celeberrimo Antonio Allegri da Correggio nel monasterio di San Paolo in Parma* (Parma, 1794), pp. 47-8.
19. As acusações são discutidas em A. F. D'Elia, *A Sudden Terror: The Plot to Kill the Pope in Renaissance Rome* (Cambridge MA, 2009), p. 87: "Alguns dizem que você é mais pagão do que cristão e que segue as práticas pagãs mais do que as nossas; alguns dizem que você chama Hércules de seu deus, outros Mercúrio, Júpiter, Apolo, Vênus ou Diana; que você habitualmente jura por esses deuses e deusas, especialmente quando está na presença de homens com superstições semelhantes".

20. Pomponio Leto, em um manuscrito não editado: MS Marc. Lat. Classe XII, n. 210 (4689) fol. 34 página direita.
21. D. Abulafia, *The Discovery of Mankind: Atlantic Encounters in the Age of Columbus* (New Haven, 2008), especialmente 312s.
22. *De Canaria* de Boccaccio está publicado em *Monumenta Henricina*, vol. 1 (Lisboa, 1960), pp. 202-06.
23. Consulte Justo Lipsio, *De Vesta et Vestalibus Syntagma* (Antuérpia, 1603), capítulo 15, citando comparações de Cieza. Para uma discussão, consulte S. MacCormack, *Religion in the Andes: Vision and Imagination in Colonial Peru* (Princeton, 1991), p. 106s.
24. Para uma reprodução, consulte K. Ordahl Kupperman (org.), *America in European Consciousness* 1493-1750 (Chapel Hill, 1995), p. 105, junto com a excelente discussão de Sabine MacCormack, pp. 98-101.
25. J.-F. Lafitau, *Moeurs des sauvages Amériquains comparées aux moeurs des premiers temps* (Paris, 1724), vol. 1, pp. 97-98.
26. Atos dos Apóstolos 14:16, discutido acima, pp. 154-56.
27. Garcilaso de la Vega, *Comentarios reales de los Incas* (Lisboa, 1609), vol. 1, 30b (na edição de C. Saenz de Santa Maria, Madri, 1963).
28. Esta é uma ideia que A. Laird defende no seu importante e esclarecedor estudo das influências clássicas nos primeiros relatos sobre o Novo Mundo, "Aztec and Roman gods in sixteenth-century Mexico: strategic uses of classical learning in Sahagún's *Historia general*", in J. Pohl (org.), *Altera Roma: Art and Empire from the Aztecs to New Spain* (Los Angeles, 2014).
29. J. Seznec, *The Survival of the Pagan Gods: The Mythological Tradition and Its Place in Renaissance Humanism and Art*, trad. de B. F. Sessions (Nova York, 1953), p. 222.
30. Notoriamente, Demogorgon encabeçou uma procissão de carros olímpicos que celebrava o casamento de Francesco de' Médici com Joana da Áustria em 1565. M. Castelain reuniu referências a Demogorgon em Spenser, Marlowe, Dryden, Milton e Shelley em um artigo inquietantemente intitulado "Démogorgon ou le barbarisme déifié", *Bulletin de la Association Guillaume Budé* 36 (1932), pp. 22-39.
31. Lilio Gregorio Giraldi, *De deis gentium historia* (Basileia, 1548), epístola dedicatória; e V. Cartari, *Le imagini con la sposizione de i dei degli antichi*

(Veneza, 1556), pp. 8-9. Para uma discussão, consulte S. Gambino Longo, "La fortuna delle *Genealogiae deorum gentilium* nel '500 italiano: da Marsilio Ficino a Giorgio Vasari", *in Cahiers d'études italiennes* 8 (2008), pp. 115-30.

EPÍLOGO:
CABEÇA DE MÁRMORE

O primeiro porto de escala para uma investigação dos deuses do Olimpo desde a Renascença até o presente é J. D. Reid (org.), *The Oxford Guide to Classical Mythology in the Arts*, 1300-1990s, dois volumes (Oxford, 1993). Essa obra de referência fundamental oferece orientação sobre trabalhos de literatura, arte, música e cinema organizados sob os nomes de deuses individuais. Seriam necessárias várias vidas atuais e futuras para acompanhar até mesmo uma pequena parte das referências contidas nessa obra. Para um breve e estimulante relato que se concentra no período romântico, consulte R. Calasso, *Literature and the Gods*, trad. de T. Parks (Londres, 2001), p. 28.

1. Ovídio, Metamorphoses 2.846-47.
2. C. Baudelaire, "L'École païenne", *in Oeuvres complètes*, ed. C. Pichois (Paris, 1976) vol. 2, pp. 44-5.
3. H. Heine, *Elementargeister, in Sämtliche Schriften,* ed. K Briegleb (Munique, 1978) vol. 3, p. 686.
4. G. Leopardi, *Zibaldone*, org. R. Damiani (Milão, 1997) vol. 2, p. 1856.
5. G. Leopardi, *Zibaldone*, org. R. Damiani (Milão, 1997) vol. 2, p. 288s.
6. F. Nietzsche, carta para Burckhardt, 4.1.1889, *in Briefwechsel*, org. G. Colli e M. Montinari (Berlim, 1984) vol. 3.5, p. 574.
7. J. L. Borges, "Ragnarök", *in El Hacedor* (Buenos Aires, 1960), pp. 63-5.
8. Consulte B. de Fontenelle, *Oeuvres complètes*, org. A. Niderst, vol. 3 (Paris, 1989), pp. 187-202.
9. Cícero, *On the Nature of the Gods* 1.16.43.

AGRADECIMENTOS

Eu gostaria de agradecer a:

Catherine Clarke, minha agente, que esperou cerca de dez anos, mesmo que fosse para ver apenas a proposta de um livro, e que foi uma constante fonte de incentivo, sabedoria e inspiração;

Sara Bershtel e Grigory Tovbis da Metropolitan Books, que insistiram em que eu me saísse melhor, e me mostraram como fazer isso, com grande entusiasmo e humor;

Peter Carson, John Davey e Penny Daniel da Profile Books, pela aguçada visão editorial, paciência e confiança;

Susanne Hillen, minha copidesque, que trabalhou com extrema rapidez e precisão, a fim de me conceder mais tempo para escrever e mesmo assim cumprir os prazos finais;

Robin Osborne, por sugerir o que eu considero a sagacidade e a sabedoria de Apolo de Praxiteles, e por corrigir meus numerosos erros espalhados pelo livro;

Robin Lane Fox, por dar um longo telefonema, revelando alguns truques do setor da atividade literária, e por sugerir ideias suficientes para um livro novo e melhor;

George Boys-Stones, por me dizer que Cícero foi efetivamente um excelente filósofo e por ler o material impresso em tempo recorde, como um "presente de São Nicolau";

Philip Hardie, por falar a respeito do *África* de Petrarca durante uma frenética viagem de carro entre São Paulo e Campinas, e por ler e corrigir as seções sobre os romanos e a Renascença;

Andrej e Ivana Petrovic, que leram vários capítulos e ofereceram observações detalhadas sobre o antigo ritual e a poesia helenística;

Anna Leone, pela sua hospitalidade em Roma, por encontrar a incrível figura da página 187 e por me dizer o que ler;

Massimo Brizzi, pelas suas habilidades de produzir mapas e pelos conselhos arqueológicos;

Julia Kindt, por conversar comigo da Austrália no Skype, bem cedinho, para me dizer o que está errado com a maneira como as pessoas estudam a religião grega;

Greg Nagy e todos no Centro de Estudos Helênicos (Harvard) pelos belos seis meses que passei escrevendo e pesquisando lá, ao Instituto de Estudos Avançados (Universidade de Durham) por me aceitarem como membro do corpo docente e a todos os colegas do Departamento de Filologia Clássica e História Antiga (Universidade de Durham) por me dispensarem de dar aulas durante algum tempo;

Laura e Roberto Haubold, por me manterem feliz e distraída, mesmo enquanto me esforçava para escrever este livro;

e Johannes Haubold, por tudo.

Impresso por :

gráfica e editora
Tel.:11 2769-9056